自分を超える法

How to master your life

ピーター・セージ［著］ Peter Sage
駒場美紀＋相馬一進［訳］

The five keys to excellence

Key1 Unstoppable mindset Key2 Financial freedom Key3 Ultimate leadership
Key4 Live by your values Key5 The skill of copywriting

ダイヤモンド社

はじめに
Prologue

はじめに
自分を超える「5つの法則」

こんにちは！　ピーター・セージです。

この本を手に取っていただき、心から感謝いたします。ありがとうございます。

今、世界では、いつも「お金」と「時間」が投資されています。**お金を取り戻すのは簡単ですが、「時間」は取り戻せません**。決して戻ってこない時間をこの本に投資してくれるのなら、私はあなたの信頼に確実に報いると、ここにお約束しましょう。

私にできるのは、あなたに「自分を超える経験」「人生が変わる経験」をしてもらうことです。

難しくありません。ただ、自分と向き合えばいい。

「状況は変えられません」が、「あなた自身は変わることができる」のです。

あなた自身が変わっていけば、人生も180度変わっていきます。もし、あなたが「自分を超えていきたい！」「自分を変えたい！」と思っているなら、本書で「最高の情報」をお伝えしましょう。

私が経験してきたことや学んできたことの中には、「あなたが、より大きな目的に向かって自分自身をインスパイアできるようなこと」が、たくさんあるからです。

私がどんな経験をしてきたか、少しだけ「自己紹介」をしましょう。

生まれたのはイギリス。**ビジネスの道に進むために高校を中退し、「資金なし、人脈なし、学歴なし」で起業をしました**。17歳のときです。以来、約20年間、ビジネスの世界にいます。

二度ほど「一文なし」にもなりましたが、そのたびに立ち上がり、これまでにさまざまな業種「22の会社」を成功に導いてきました。コンサルティングとしての成功ではなく、

「事業の実績としての成功」です。

とくに、この10年間に立ち上げたビジネスのほとんどが「初年度に年商1億円」を超えました。現在は500億円以上の規模で、ビジネスを展開しています。

今もっとも力を入れているのは、宇宙空間で太陽エネルギーを発電し、地球に供給するという壮大なプロジェクトです。

そして、私は、この20年の間に成功者たちから絶えず学び続けてきました。

世界No.1コーチのアンソニー・ロビンズからもあらゆることを教わり、私は27歳にして、アンソニー・ロビンズの「史上最年少トレーナー」になりました。

全米No.1コンサルタントのジェイ・エイブラハムは、私のビジネスパートナーです。

学んできたことを広く伝えるため、私は人間行動学や心理学の専門家として講演もしています。講演の依頼は世界中からいただきます。もちろん、あなたのいる日本からも。

ほかにもアスリートであったり、ボランティアをしていたり、ときには空を飛んでいたり（ホントです！）、さまざまなことをしていますが、すべて書くと、それだけで1冊が終わってしまいそうですので、詳しくは「プロフィール」を読んでください（笑）。

では、さっそく、この本にどんな内容が盛り込まれているか、簡単にお話しようと思います。まずは、私が世界各国で講演する際に、いつもお伝えしていることを言いましょう。

「聞いただけでは何も変わらない。知っていても行動しないなら、知らないのと同じ」ということです。

つまり「行動しなければ何も変わらない」し、「行動すれば何かが変わる」ということです。

この本も同様です。真剣に読んでいただき、読んだあとは「行動」に移してください。本書に書かれている法則を使って、自分自身と向き合うのです。

あなたが自分自身と真剣に向き合えば、人生は変わります。自分を超えて、人生を真の成功へ導くことができるのです。私が保証します。

ただの「成功」ではありません。「真の成功」です。

お金がたくさんあっても、大豪邸に住んでいても、忙しく仕事をするだけで、恋人や友人、家族と会話をする時間がないのでは、成功とはいえません。

経済的豊かさを味わい尽くすライフスタイルを手に入れ、「人生が充足していると感じる心が伴ってこそ、真の成功といえる」はずです。

私が手に入れていただきたいのは「真の成功」です。

本書では、そのための「5つの法則」を、実例を交えながら、次のようなステップでお伝えしていきます。

【自分を超える　5つの法則】

■法則1「成功の心理学」

「成功は80％の心理学と20％のシステムまたは戦略から構成される」。これが私の考えです。成功のための心理学を理解してはじめて、戦略に移ることができるのです。戦略を練って成功しても、「幸せだと感じる心」ができなければ、成功とはいえません。

■法則2「お金のつくり方」

私がもっとも情熱を注いでいるテーマです。「リストラされない働き方」や「資金ゼロで起業する方法」「お金を使わずに新品ベンツを手に入れる方法」まで、実例を豊富に交えてお伝えします。「お金」や「ビジネス」に関する考え方が変わるでしょう。

■法則3「リーダーシップを高める」

企業でも、社会でも、今ほどリーダーシップが求められている時代はないでしょう。リーダーシップを高めるために必要な「時間管理の方法」や「感情のマスター法」「人間関係のマスター法」などを具体的に紹介します。

■法則4「世界観をつくる」

恋人に振られたとき「僕がダメだから」と数カ月落ち込むか、「新しい出会いのチャンスがやってきた」と思えるかで、その後の人生が大きく変わります。後者のような、人生に力を与えるような考え方ができるよう、「世界観のつくり方」を伝授します。

■法則5「10倍強くなる文章術」

どのようなビジネスでも「マーケティング」は最重要です。マーケティングで欠かせないのが、PRや広告であり、それを作る「文章術（コピー）のスキル」です。

PRや広告を作る際の「コピーライティングのポイント」や「ワクワクする見出しの作り方」「コピーライティングの練習法」など、私が長年、ビジネスの現場で実践しながら学んだコピー術をお教えします。

ではさっそく始めましょう！　時間はどんどんすぎていきますからね。

あなたの人生を変える、記念すべき最初の1ページが待っています。

ピーター・セージ

『自分を超える法』推薦者の方々（50音順）

・「ダイナミックな経験を積みながら、どんどん輝きを増していくピーター。彼を突き動かす信念がこの本に隠されているはずです」

日本ウェルスダイナミクス協会 代表　宇敷珠美

・「ピーターの実績は言わずとも明らかだ。そのピーターが実体験で養った人生とビジネス界の知識が、彼の新刊には盛り込まれている。彼の情熱と叡智に浸れば、得られるものは大きいだろう。これは、読まない手はない」

リアル・ピープル・ミュージック設立者　エドウィン・コパード

・「優れた実績をあげるビジネスリーダーは、左脳と右脳のバランスが絶妙。ピーターも然り。数字や分析に長けているだけでなく、豊かな感性と感情で、なんと作詞作曲もするのです。力強い声で明確なビジョンや正直な感情を歌うピーターの姿は、真のリーダーとは、己の感情を表現することを恐れないことを教えてくれます」

株式会社エドウィン・コパード・ジャパン 代表取締役　賀集美和

・「僕の知る限りピーターはアンソニーのトレーナーの中でも最も情熱に生きる男だ！　語ることを実践する起業家！　彼を見てると『天は二物を与えず』は嘘だと思うよ！」

ベストセラー『億万長者 専門学校』『30分で英語が話せる』著者
日本No.1成功コーチ　クリス岡崎

・「ピーターは、私の信頼できる友人です。ものごとに真正面から取り組む誠実な態度は、成功者としての風格を感じます。今回の新刊書は、成功を目指す人々のバイブルとなるでしょう」

元P&Gトップトレーナー　商談力伝道師（年間講演回数200回）
小森コンサルティングオフィス 代表　小森康充

・「新しい時代が必要とするのは、たくさんの成功を獲得するリーダーではない。維新の志士たちのように、全体性に貢献・奉仕するリーダーの登場を、時代は待ち望んでいる」

有限会社ルネサンスジャパン 代表取締役　斎東亮完

・「ピーター・セージは人の人生を次のステージへと導く名人である。自分の次の可能性を発見したいなら、『自分を超える法』を買って、読むべし」

『お金の科学』著者　ジェームス・スキナー

・「ピーターは、情熱があり、面白く、飛び抜けてコミュニケーションがうまい。功績だけがすごいのではなく、ユニークな洞察をシェアすることにコミットしているので、多くの人の人生を変えてきたんだと思う」

アンソニー・ロビンズのヘッド・トレーナー　ジョセフ・マクレンドン三世

・「ピーターとは初来日する以前から6年以上親交があり、無限大の貢献心が底知れぬ可能性を生み出していることを身を持って示し続けてくれています」

ロイス・クルーガーコンサルティングサービス日本総代理店
株式会社グローバルグレースリンク・ジャパン（GGL Japan）代表取締役社長　寺田和未

・「ピーターの『無一文から3カ月後に5億円の豪邸を手に入れた伝説』は持たざる者も成功できることを身を持って証明しています。この事実は世界に勇気を与えています」

国際 Toka!! 協会理事長　『朝バナナダイエット』（120万部）著者　はまち。

・「諦めなければ夢は、叶う…。改めて素直に確信できます。ピーターの考えは、日本経済の底上げにつながると思います」

日本最大のベンチャー経済団体主宰　日本リーディング総合法務事務所 代表　早川周作

・「人の心に情熱の炎を灯すことができる、抜群の影響力を持つリーダーです。ピーターの話を聞けば、誰もがこれまでの自分の枠を超えて行動を始めるでしょう」

スピードチェンジ・ジャパン株式会社 代表取締役　堀江信宏

・「リーダーという言葉にふさわしく、先を行き、導く存在。この宇宙、人生を拡げてくれるだけでなく、人の可能性や能力まで拡げてしまう志と愛の塊に触れ、ともに地球を輝かせたいと再燃いたしました」

心美人学校 校長　ワールドロー株式会社 代表取締役　松田一完

・「ピーターは、夢を現実にするヒントを与えてくれます。彼のミラクルは、思考速度の速さです。『思考』とは『情報』であり、『情報』とは『お金』を産み出す鍵です」

株式会社天才工場 代表取締役　No.1出版プロデューサー　吉田浩

・「ピーターは、あなたの人生とビジネスを成功させるためのインスピレーションとなるだろう。たぐいまれな人生とビジネスの経験が集約されていて、まさに非凡な男による非凡な本である！」

アジア最大のセミナーオーガナイザー　リチャード・タン

・「ピーターは、インスピレーションを与えるリーダーであり、改革者だ。彼は行動によって人を導く、殿堂入りの講演家でもある。この本をおすすめする」

社会起業家　『億万長者の秘密をきみに教えよう』著者　ロジャー・ハミルトン

アンソニー・ロビンズからの推薦文

" In 2002 Peter Sage became
the youngest official trainer for Tony Robbins
and has since gone on to create magic ! "

RRI : Robbins Research International

【和訳】
「ピーター・セージは、2002年に、
アンソニー・ロビンズの
史上最年少の公式トレーナーになり、
今でも魔法をつくり出しています」

RRI（ロビンズ・リサーチ・インターナショナル）
アンソニー・ロビンズのセミナーの
企画・集客・運営・マネジメントを行なう会社

How to master your life

自分を超える法

目次

Contents

Key 1

法則1 成功の心理学

Unstoppable mindset

Contents

自分を超える「5つの法則」
The five keys to excellence
Key 2

法則2 お金のつくり方
Financial freedom

法則3 リーダーシップを高める

Ultimate leadership

Contents

法則5 10倍強くなる文章術

The skill of copywriting

Contents

Special presents

ピーターからの〝格言〟

Peter Sage "ISM"

シックス・ヒューマン・ニーズ
～自分を変える最強のツール～

人間の行動の裏には「6つ」の理由がある

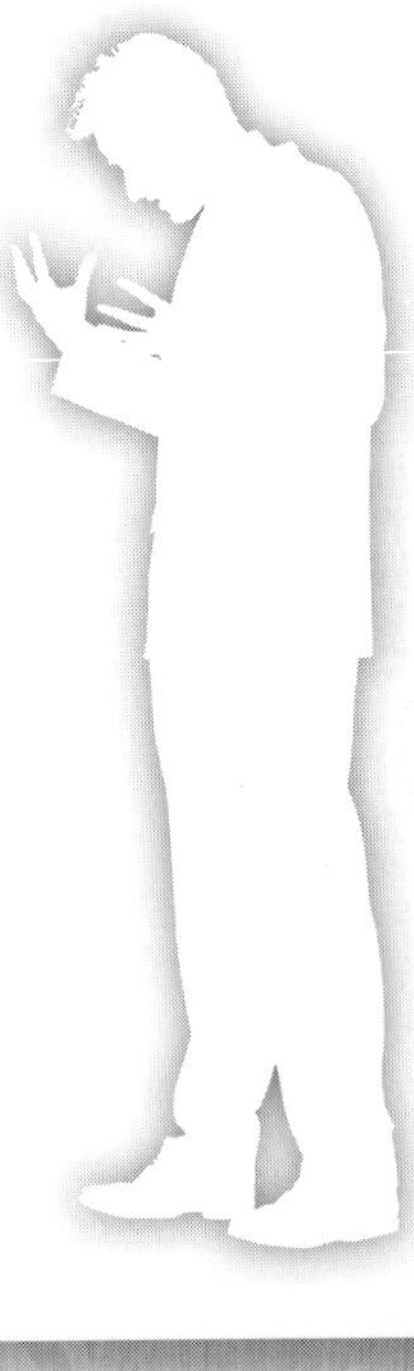

安定感
「安定したい！」
という欲求

不安定感
「変化がほしい」
という欲求

重要感
「価値ある
存在でありたい」
「自分は
特別でありたい」
という欲求

愛とつながり
「愛されたい」
「誰かとつながりを
持ちたい」
という欲求

成長
「成長したい！」
という欲求

貢献
「何かに
貢献したい！」
という欲求

この2つが
とくに大切

The five keys to excellence

Key 1

自分を超える「５つの法則」

法則 1

成功の心理学

Unstoppable mindset

1
成功の心理学
Unstoppable mindset
2
お金のつくり方
Financial freedom
3
ーダーシップを高める
Ultimate leadership
4
世界観をつくる
Live by your values
5
倍強くなる文章術
The skill of copywriting

Key 1
Unstoppable mindset

「人間の6つの欲求」こそが、人間の行動を突き動かす

行動を起こす真の動機は「人間の6つの欲求」にある

自分を変えるための最強のツールが「シックス・ヒューマン・ニーズ」。日本語に訳すと「人間の6つの欲求」です。

私たち人間は、誰でもニーズ（＝欲求）を持っています。「大企業で働きたい」「ナンバーワンになりたい」「恋人とすごしたい」……。人によって、場合によって、そのニーズはさまざまでしょう。

でも、人の行動の裏にある真の動機を、たまねぎの皮を一枚一枚むくようにつきつめていくと、それはたいてい次の6つの理由**「シックス・ヒューマン・ニーズ」**のどれかにあてはまります。

【1】「安定感」……安定したいというニーズ
【2】「不安定感」……変化がほしいというニーズ
【3】「重要感」……価値ある存在でありたい、自分は特別でありたいというニーズ
【4】「愛とつながり」……愛されたい、誰かとつながりを持ちたいというニーズ
【5】「成長」……成長したいというニーズ
【6】「貢献」……何かに貢献したいというニーズ

「大企業で働きたい」のは安定感を求めているからであり、「ナンバーワンになりたい」のは重要感を満たしたいから。「恋人とすごしたい」のは愛がほしいからです。

「シックス・ヒューマン・ニーズ」は、「人間の行動を突き動かしている核とは何かを知るためのツールであり、人間を理解するための強力な武器」となりえます。

「シックス・ヒューマン・ニーズ」をきちんと理解すれば、けた違いな洞察力が得られるようになり、多くの問題を「いとも簡単に解決できる」ようになるでしょう。成功もつかめるようになるはずです。

では、早速、「6つのニーズ」のそれぞれについて、詳しく見ていきましょう。

「人間の６つの欲求」とは？

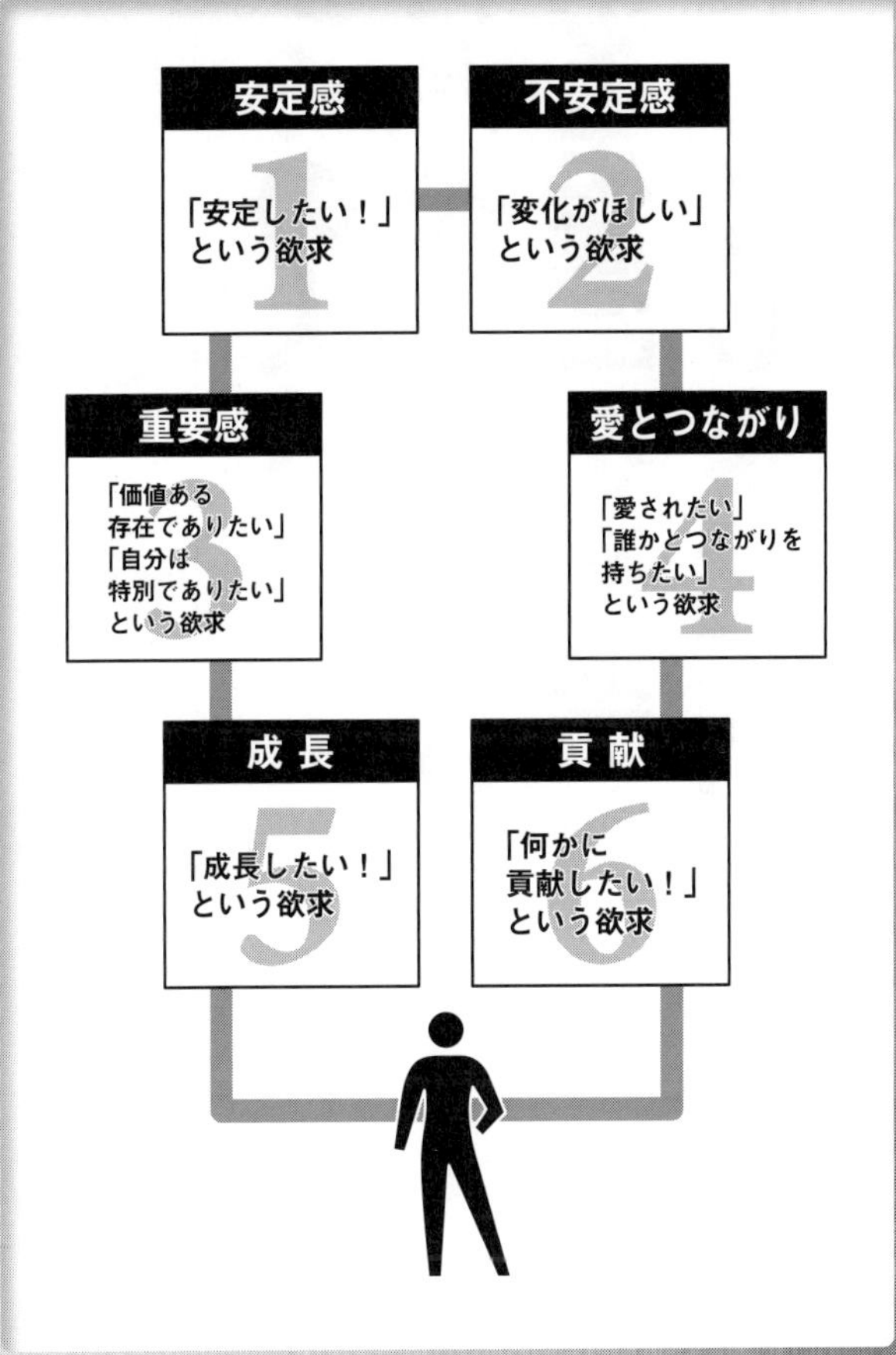
安定感
1
「安定したい！」という欲求
不安定感
2
「変化がほしい」という欲求
重要感
3
「価値ある存在でありたい」「自分は特別でありたい」という欲求
愛とつながり
4
「愛されたい」「誰かとつながりを持ちたい」という欲求
成長
5
「成長したい！」という欲求
貢献
6
「何かに貢献したい！」という欲求

❶［安定感のニーズ］

多くの人は何かを決めるとき「安定感」を基準にしてしまっている

「安定感」は6つの中で、もっとも重視されるニーズである

では、【ニーズ1】の「安定感」から見ていきましょう。「安定感」は、もっとも多く人が求めているニーズです。

「安定感」が【ポジティブ】に働いた場合は、自分の中に自信や一貫性、コントロールを生み出し、安定や快適といった感情へつながります。

一方、「安定感」が【ネガティブ】に働いた場合は、成長を嫌ったり、人の意見を無視したりして、過信や退屈といった感情につながります。

もちろん、当然ですが、一定以上の「安定感」は人間にとっての必須条件です。

今あなたがいる空間について考えてみてください。部屋の天井がいつ落ちてくるかわからない状態だとしたらどうしますか? すぐに部屋から逃げ出したくなりますね。

あるいは、今からしばらく酸素を吸えるかどうかわからないとしたらどうでしょう？

あなたはあわてて酸素のある場所に移動することでしょう。

「安定感を求める無意識のニーズ」が、そうした行動を起こさせています。

「安定感は人間にとって必須な基本的欲求であり、多くの人にとって、6つの中でもいちばん重視されているニーズ」です。

ところが、現代社会においては、この安定感のニーズが多分に求められすぎています。

それは、「安定感」を求めすぎて、人々の「人生の質にマイナスの影響を与える」ほどにいきすぎているのです。

自然界にも、人生にも、「確実なこと」など何もない

実際のところ、「安定」は存在するのでしょうか。

では、「大自然」に目を向けてみましょう。自然界はいつも人間のすばらしいお手本です。

自然界を見ることは、「今の問題の答えが真実かどうか？」を確かめる手段として、最良の方法なのです。なぜなら、起きてくることのすべては「自然の摂理に即して起きてくる」からです。進化しない生物はやがて滅びますし、ある生物は別の生物に必ず貢献しています。それはすべて「人間界」にもあてはまる、これが「自然の摂理」なのです。


さて、その自然界で「安定や確実性が保証されているところ」はありますか？

正解は「ノー」。どこにもありません。

自然界に「安定や確実性が保証されているところ」などどこにもない。私たちの人生もしかりです。


想像してみてください。あなたが巨大な樫の木だとします。「明日嵐がきて、根こそぎ倒されてしまったらどうしよう」と心配しながらそこに立っているでしょうか？　もちろん、樫の木はそんな心配はしないでしょう。

そこに立ち、今という瞬間に存在し続けるのみです。そこに安定や確実性はありません。今夜、嵐で吹き飛ばされる可能性はゼロではないはずです。でも、「そこに存在し続ける選択」をしているのです。

「多くの人は何かを決めるとき、意識的にせよ、無意識にせよ、結果に安定性や確実性を感じられるかどうか、を基準にする」のです。

会う人を決めるとき、結婚相手を決めるとき、就職先や仕事を選ぶとき……、さまざまな場面で、無意識のうちに「安定感へのニーズをもとに決断をしている」のです。

しかし、絶対の確信で決めたにもかかわらず、一瞬にして何かが起こり、不安定なものに変わることが現実にはあります。そう、「人生に安定はない」のです。

それにもかかわらず安定を求めてしまうのはなぜでしょう。理由はさまざまです。国や文化によっても異なります。

これから、「安定感のニーズ」と、そのほかの5つのニーズをさらに学ぶことで、おのずとその気づきが生まれてくるはずです。

Key 1
成功の心理学
Unstoppable mindset
Key 2
お金のつくり方
Financial freedom
Key 3
リーダーシップを高める
Ultimate leadership
Key 4
世界観をつくる
Live by your values
Key 5
10倍強くなる文章術
The skill of copywriting

❷［不安定感のニーズ］

人生の質は、あなたが居心地のよさを感じられる、不安定の量に正比例する

人間には、「変化やバラエティ」が必要である

「不安定感」は、新しい刺激を求めるニーズです。

【ポジティブな面】では、刺激的な冒険や話、新しい仕事や友人を求め、ドキドキする感情へつながります。【ネガティブな面】では、好奇心からアルコールやドラッグにつながることがあります。


しかし、現代は、**多くの人が「不安定感」ではなく「安定感」の中毒になっています。**

どの会社で働くか、誰とつきあうか、レストランで何を注文するか……。「安定感」は、無意識に、私たちの生活を支配してしまっています。

では、完全な「安定感」を手に入れてしまったとしたら、人間はどうなってしまうのでしょう。

今日から毎日、死ぬまでの間の、3度の食事の献立がすべて安定的に決まっています。すべての行動をする時間も決まっています。起床は毎日7時で就寝は毎日23時。偶然はなく、起きてくることも、すべて全部わかっており、いつ誰に会うか？　いつ何が起こるか？　いつどんな天気になるか？　いつ自分が死ぬか？　なども、すべて自分で把握できています。今日から死ぬまでの間の「パーフェクトな安定」が保証されています。すると、どうなるでしょう。

人間は、そんな「パーフェクトな安定」には耐えられないでしょう。それに窮屈さを感じて、たまには予定外のものを食べたくなったり、ちょっと変化のある暮らしがしたくなります。

つまり、人には、「不安定感」、変化、バラエティも必要なのです。

では、逆に、「不安定感」が強くなったらどうなるでしょう。

「もし、突然仕事を失って、収入の保証がなくなったら？」「パートナーが家を出て行ってしまったら？」「愛犬が自分を愛してくれなくなったら？」「転勤で知らない街へ突然引越ししたら？」……。 今度は「安定感」を、強く切望するようになります。

「安定感」と「不安定感」は、両方同時に存在することはありません。片方が満たされたら、片方が満たされなくなる関係です。私たちは、常にこのバランスを取り続けながら生きているのです。

人生の質は、居心地のよさを感じられる不安定の量に正比例する

「安定感」と「不安定感」のバランスの取り方は、人によって異なります。

ある人は「安定感」に傾き、ある人は「不安定感」に傾いたバランスを取っています。

確信を持っていえることは、「不安定感」に傾いた生き方をしている人の典型が、「起業

家」であるということです。

一方、たいていの人は、「安定感」に傾いた生き方をします。その典型が「国家公務員」で、日本では、非常に人気の高い職種です。そして、非常に安定している「大企業の会社員」もそうでしょう。もったいないことに、「安定感」にとらわれすぎて、結果的に「人生の本当の醍醐味」を味わえなくなっているのです。

さて、あなたはどちらですか？　何かを決めるとき、結果が保証されないと決断できない性質でしょうか？　それとも、**「不確実性」を前向きに受け入れながら、人生を進んでいく性分**でしょうか？

「安定感」と「不安定感」がシーソーのようになっているとします。たしかに、シーソーのバランスを取るのは容易ではありません。微妙な「さじ加減の技能」が要求されます。どちら側をどこまでいくのかは、その人自身が、何に安定感を求め、何に不安定感を求めるかによっても異なります。

恋愛関係では、非常に変化を求める人もいます。また、恋愛は安定を求め、仕事面で変化を求める人もいます。あるいは、仕事も給料も安定していて、週末だけは思いっきり気分転換して楽しむ、という人もいるでしょう。

あなたのシーソーはどんなバランスですか？　左右のバランスが自分にとっていちばん取れていると感じるのは、「どのポイント」でしょうか？

もし、「安定感のほうに過度に傾いた人生」を送っているのであれば、今すぐに覚えてほしい言葉があります。

「人生の質は、あなたが居心地のよさを感じられる、不安定感の量に正比例する」

いいですか？

これは、非常に大切なことなので、もう一度いいますよ。

「人生の質は、あなたが居心地のよさを感じられる、不安定感の量に正比例する」

つまり、「居心地よいと感じられる程度の不安定感の領域」が多くなればなるほど、人

人生の質は、心地よいと感じる不安定感の量に正比例する

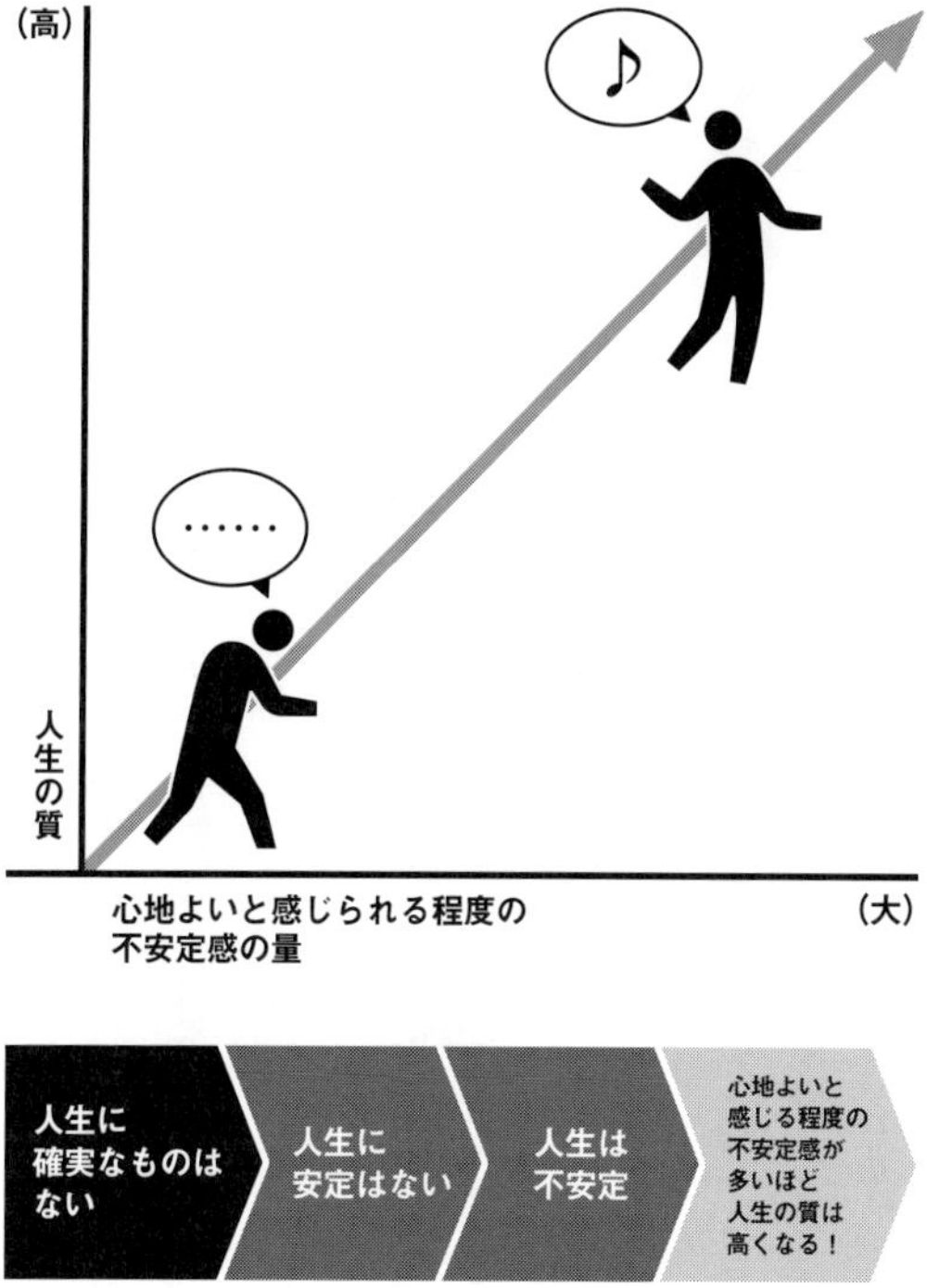
(高)
♪
……
人生の質
心地よいと感じられる程度の
不安定感の量
(大)
人生に
確実なものは
ない
人生に
安定はない
人生は
不安定
心地よいと
感じる程度の
不安定感が
多いほど
人生の質は
高くなる！

生の質が高くなる、ということです。

私は世界最高の成功のコーチ、アンソニー・ロビンズからこの言葉を学びました。そして、この言葉を聞いたとき、私は「弾丸」で眉間を射抜かれたように感じたのです。「人生に確実なものなど何もない」ということを理解すればするほど、この言葉がいかに真実であるかがわかるようになるでしょう。

歴史は、常にリスク（＝不安定感）を取る人の味方をする

わたし自身、20年間の起業家人生の中で、収入面において保証されたことなど、一度もありませんでした。事業においても、来年何をしているかを確実に予測できたことなどありませんでした。それは「自然界」と同じであり、起業家の本質といえます。

「歴史書」をひもとけば、すぐにわかることがあります。

「歴史は常にリスク（＝不安定感）を取る者の味方をする」

ということです。リスク（＝不安定感）を取ろうとせず、「安定感の中毒」になっていると、結局、長期的には、少ない取り分で生涯を終わります。つまり、簡単にいうと、リスクを取らずに「お金持ち」になる方法など、存在しないということです。

成功へのたった1つの答えは不安定感に対処する能力を持つこと

「その人が起業家向きであるかどうかを判断する、重要な資質を1つ挙げるとしたら、それは何ですか？」という質問を受けることがよくあります。私の答えはこうです。

「『不安定感』に対処できる能力を持っていること」

人によっては、起業家の特徴を「情熱」と言うかもしれません。たしかに、それは大切ですし、事実、多くの起業家に見られる大きな特徴です。ただ、起業家だけでなく、スポーツ選手や主婦にだって、「情熱」はあります。

ですから、起業家の資質は「『不安定感』に対処できる能力」なのです。

なぜなら、**ビジネスは、他のどんな分野よりも、「確実さを見つけることができない領域」だから**です。「新しいビジネス」を開始すれば、予想外のことや事業計画書に書かなかったことが、次々に起こってきます。

あなたの人生で、「不安定感」にうまく対処していくことができればできるほど、「あなたの人生の質」は上がっていくでしょう。

だからこそ、たった1つの成功への究極の答え…、それは、「『不安定感』にうまく対処していくこと」なのです。

❷【不安定感のニーズ】

行動のさなかでは、恐怖は消える

「新しいこと」を学んでも、人はすぐには行動に移せない

「『不安定感』にうまく対処すること」が成功へのカギであることはわかりましたね。

では、どうやればうまく対処することができるのでしょうか？

私はそれを「60秒のある経験」で学びました。そのときの話をしましょう。

「スカイダイビング」に初挑戦したときの話です。

数年前、小さな頃からの夢だったスカイダイビングを実行しようと決め、資格を取るためにスクールに入りました。約1週間のコースで、実技と座学のテストに合格すれば、「認定スカイダイバーの資格」が取れるというものでした。

嬉しさで舞い上がった私は、「難しいことなどあるはずがない」と考えていました。

ところが、現地に到着してみると違いました。最初の8時間半は、教室でみっちり勉強。

講義、講義の連続で、私は実に圧倒されました。ものすごい情報量なのです。

装備品の名前、不測の事態が起こるあらゆる可能性、機内に乗り込んでから飛び降りるまでの手順など、あらゆる知識を詰め込まれ、私の脳ミソはパンク寸前でした。

馴染みのないことを学んで圧倒され、講義が修了するころには「安定感がほしい！」と思いながら、荷物を片づけていました。そのとき、私にとって「安定感」を得る唯一の方法は、「早く自分のホテルの部屋に戻って、ノートを開いて復習すること」でした。

「新しいこと」を学んだとき、人はすぐに行動には移しません。机の上で学んだことを「実践に移すこと」に、十分に確信が持てないからです。それよりも、**ノートを読み返して、学んだことを復習することで、「ひとまず安心していたい」と思う**のです。

これが、みなさんが「セミナー」などで学ばれた後、なかなか「行動に移す」ことができない大きな理由なのです。

恐怖を前にすると、「やらない言い訳」がどんどん出てくる

ところが、そのとき、担当のインストラクターが興奮気味に教室に入ってくるなり、こう言いました。

「ピーター！　1人分枠が空いたよ。今日の最終ジャンプだ！　僕がインストラクターでつくから、一緒に飛ぼう！　もう、予約は済ませたからね！」

私は心の中で、**「冗談だろ、まだ準備ができてないよ。これからノートで復習しようと思っていたのに！」**とつぶやき、さまざまな「言い訳」を考えました。思考は完全に「安定感」の中毒。どうにか、うまい言い訳をして、なんとかジャンプをやめさせようとしていたのです。

でも、うまい言い訳が思いつきませんでした。逃げ場はありません…。

私が飛行場に着くと、すぐに30人ほどのスカイダイバーを乗せた飛行機に搭乗しました。するとそこに、スカイダイビング初挑戦の男がもう一人乗っているのがわかりました。私たちが飛行機に乗り込むと、いよいよ離陸です。

あっという間に、空の上でした。旋回しながら3000メートルの高さまで上昇する頃には、私は「心をコントロールすること」が、非常に重要だと気づきました。というのも、隣を見ると、初ジャンプの男が、すでに恐怖におののいていたからです。

私はとにかく、先ほど習った知識を、頭の中で何度も何度も復習していました。

約3800メートルまで上昇すると「赤いランプ」が点灯し、みんなが装備を点検し始めました。やがて「緑色のランプ」が点灯。スカイダイバーたちはみんな、まったく躊躇せずに、次々に、空に飛び込み始めました。

数秒後に機内に残されたのは、私と例の男と、それぞれに2人ずつついているインストラクターの、計6人だけでした。

インストラクターが彼に言いました。

「スカイダイビングをする用意はできましたか？」

これは、決まりになっていて、「初ダイビング」のときに必ずしなければならない質問です。でも、恐怖で凍りついた彼は、一言も発しません。インストラクターは、もう一度言いました。

「スカイダイビングをする用意はできましたか？」

男は外を見たあと、こちらを振り返りながら首を振り、「ノー！　ノー！　ノー！」と答えました。

もう1人のインストラクターは手のひらを耳にあてて、「今何て言った？『ゴー、ゴー、ゴー！』って言ったんだよな、よしわかった！」と言いながら、男を空に放り出しました。信じられない光景をまのあたりにし、私は仰天しました。

私は自分のインストラクターに「何であんなことするんですか？」と聞きました。すると、インストラクターは私の目をまっすぐ見据えて、ひと言こう言いました。

「だって、飛んでもらわないと、俺たちゃ給料がもらえないんだ」

突然、私は置かれている状況を把握しました。2人のインストラクターは、自分の金銭的動機だけで、私を空に放り出そうとしている。言い訳もききません。まさに片道切符状態でした。

いよいよ、私の番がきました。インストラクターの「スカイダイビングをする用意はできましたか?」という言葉が聞こえましたが、私は何と答えても、もう無駄だと思いながら、下を見下ろし、一息深呼吸をすると、**勇気を振り絞って一気に飛び降りました**。

落下が始まり、時速200kmくらいのスピードまで、毎秒ごとに加速していきました。轟音とともに、顔に吹き付ける風を感じながら、教えられたとおり、体を「弓なり」にしならせました。もう、恐怖感は消えていました。

そして、2人のインストラクターの指示を受けながら、1500メートルまでの降下を確認。そこで「手元のひも」を引くと、パラシュートがふわりと空気をはらみました。時速200kmの猛スピードから、一気に、十分の一の、25kmまで減速。

突然、まわりが静けさと安らぎに包まれました。

それまでの人生で、もっとも静穏ですばらしい感覚の1つでした。最高に嬉しい瞬間。人生でもっとも爽快で、もっともすばらしい経験の1つでした。以来、私はスカイダイビングにハマッています。

一瞬の恐怖に打ち勝って、行動を起こす勇気

あの60秒で得た「教訓」は、本当に深いものでした。

機内での私は、不安で心配ばかりしていました。飛行機から飛び降りない言い訳を、いくつも、いくつも考えました。

しかし、空に飛び出した瞬間、飛行機を離れた瞬間、すべてが変わりました。恐怖は一瞬で吹っ飛び、爽快感に変わりました。「不安定感」を感じたのは、飛び降りる一瞬だけで、その後、「不安定感」を感じる時間はありません。「心配」はどこにもありませんでした。

なぜでしょう？ 「怖いと思っていたことを、実際にやってみた」からです。そして…、

「行動のさなかでは、恐怖は消える」

ということに気づいたのです。

これは、とても大切なことなので、もう一度、言います。

「行動のさなかでは、恐怖は消える」

のです。そうです、つまり、

「怖いのは、行動を開始する瞬間だけ」

なのです。

私にとって大きな学びでした。それまでの人生を振り返り、今まで、「自分に降りかかってきた問題」についても、自問することができたからです。

　このスカイダイビングの飛行機から行なった

「一瞬の恐怖に打ち勝って、行動を起こす勇気」

が、私にとって重要な学びを得る「チャンス」だったように、過去においても、さまざまな飛行機に乗っていて、「チャンスを得るジャンプ」を行なう機会が、何度もあったのではないか？　と思いました。

　であれば、「ほんの一瞬の恐怖に打ち勝って、行動を起こす勇気」を持ち、一歩踏み出して、空に飛び込むだけで、「すべてを変えるチャンス」をつかむことができたはずなのです。

　なのに、「どうせできない」と自分に言い訳をして、どれだけ機内にとどまり続け、チャンスを逃していたことか……。

「不安定感」を積極的に受け入れると、まったく別次元の人生になる

同じような「質問」をあなたにします。

現在、あなたがしていることや直面していること、あるいは、過去に行なったことの中で、あなたが「まだ飛行機の中にいてチャンスを逃している」と考えられるのはどんなことですか？

何かの試練、あるいは仕事やビジネス上の悩みかもしれません。あるいは、ささいなことで口げんかして、以来口をきいていない友人との関係かもしれません。

さて、あなたはどうしますか？　飛行機の中で、燃料がなくなるまで、ただじっとしていますか？　それとも、少しだけ許容度を上げて「不安定感」を引き受けますか？

後者の決断をすれば、人生の方向が大きく変わることを、私は約束いたします。

「不安定感」を受け入れられる基準を上げ、そこに「不安定感の中で心地よさ」を感じられるよう、少しずつ訓練してみましょう。

「不安定感を積極的に受け入れられる能力」を身につけると、現在「安定感」の中毒になってしまっている人とは、まったく別次元の人生になることでしょう。

実践！「不安定感」が心地よく思える体の使い方

では、一体どうすれば、「不安定感」を心地よいと思えるのでしょうか？

一体どうすれば、「安定感」や「不安定感」を最大限に利用できるのでしょうか？

そのカギは**「自分が『不安定感』に対処できるという、大量の『安定感』（確信）を持つ」こと**です。そのためのベストな方法の1つである「体の使い方」を紹介します。

①両足をしっかりと床につけて立ってください。そしてリラックスです。

②横隔膜を使った「腹式呼吸」で、大きく深く呼吸をします。息を鼻から吸い込んでください。吸い込んだ息が、らせん状に腹の底まで到達するイメージを浮かべ、「いい気分」を感じてください。

③次に、息を吐き出します。吐き出すときは肩をリラックスさせ、顔は笑顔です。

④もう一度、息を吸います。「エネルギーと完全な確信」を吸い込む自分をイメージしてください。**「今この瞬間、１００％確信に満ちている」**としたら、どんな立ち方でしょうか。

⑤あなたが今確信を持っていること、あるいは絶対の確信を持っていたことを思い浮かべ、「そのときの自分」に戻ってください。

⑥「そのエネルギーの場」を吸い込みます。体の細胞の一つひとつに、そのエネルギーが押し寄せる感覚です。あなたの笑顔から、目から、情熱がほとばしるのを感じてください。心臓が鼓動を打つたびに、あなたの確信度は上がっていきます。

⑦そんなとき、どんなふうに立ちますか？　岩のように固い１０００％の確信があったとしたら、今取り組んでいることに、信じられないくらい、まったく動じない確信があるとしたら、どのような呼吸をするでしょうか？

⑧そのとき内面で、自分自身とどのような「対話」をしますか。それはどんな「言葉」でしょうか。その状態を保って、しっかりと地に足をつけてください。

⑨エネルギーは保ったまま。目の前に「扉」があります。今、あなたは飛行機に乗っています。背にはパラシュート。飛行機の象徴するものが、あなたにとって何であれ、そのエネルギー、その状態が、あなたが「決断」をするときの状態です。

⑩そのエネルギーを保ってしっかりと大地を踏みしめて立ってください。まるで足の裏から根が生えて、地球の中心まで届くかのように。下から、その根で大地のエネルギーを吸い上げる。上から、「宇宙の大いなるエネルギー」を下ろしてくる。あなたのハートで、エネルギーが燃えるのを感じます。

⑪たくさんの愛、確信、誇り、勇気を抱きながら。もうやめることができない。あなたが下す「決断」は、すべて重要な決断。立ち上がって、不安定感をよろこんで引き受けるのは、その状態からだけ。なぜなら、**決断とは、すべて「この状態」から、下されなくてはならないから**。他の状態はありえません。

⑫今、下さねばならない「決断」や、しなければならない「選択」はありますか？　あなたにとってそれが何であれ、決めるのは「今この状態になった瞬間」です。背筋を伸ばしてそこに立ち、２本の足をしっかりと大地に植えつけ、前を向き、今直面している「試練」と向き合うのです。その状態からなら、あなたは何でもできることを知ってください。

⑬もう一度息を吸い込んで、笑ってください。そして肩の力を抜いてリラックス。手を振りほどいてください。気持ちよさを感じて。エネルギーを感じて。体に残っているエネルギーを感じて。発光しているエネルギー。命の通り道。**「不安定感に対処できるという絶対の安定感と確信」があれば、そのときから、あなたはまったく違う人生を歩みます。**

❸【重要感のニーズ】

真の「重要感」を持った人とは、使命を帯びた偉人

「重要感」とは「自分は価値がある」という感覚を求めるニーズ

3つ目のニーズ、「重要感」について考えていきましょう。

「重要感」とは、自分には「価値がある、自分は特別である」という感覚を求めるニーズのこと。「重要感」が足りないと「自分には価値がない」という恐怖につながります。

「ポジティブな面」では、学歴や職歴、あるいは、新しいスキルや知識が、独自性や個性につながります。また、「ネガティブな面」では、他者を批判したり、物質的な所有や学歴を追い求めたりし、傲慢や支配、孤独をつくり出そうとします。

西洋社会では、とくに男性が、この「重要感のニーズ」を第一に求めるよう条件付けられています。「人間の価値」＝「その人の資産価値」であるという幻想、すなわち、**「金持ちであればあるほど、人間としても成功している」と刷りこまれる**のです。

この「嘘」を信じ込まされている人たちは、名声を得たり、愛されたりするには、「重要な人物にならなければならない」と思ってしまいます。

イギリスでは「サッカー選手」がその好例です。

メディアで成功者として描かれ、美しい女性と結婚し、高級車を乗り回し、ライフスタイルは華やか。多くの若者が憧れ、彼らのような名声や成功を手にするには、**自分も「重要な人物にならなければならない」と思い込んでいます**。

「重要感」へのニーズは、決して悪いものではありません。うまくつきあえば、パワフルに役立つニーズになります。

でも、一歩間違えると、犠牲を払わなければならないことになります。それでは、ここで、「私が陥ってしまった過ち」を、ご紹介しましょう。

「恐怖感」を原動力にした重要感は、マイナスの結果を引き起こす

私の父、ジョニーは立派な人で、私たちが住んでいた地域では名の知れた「有名人」でした。私が17～18歳のころ、友人と町を歩いたり、レストランに入ると必ず言われました。「あそこにジョニーの息子がいるよ。ジョニー・セージの息子だよ」と。

私にはそれが嬉しくありませんでした。どこに行っても「ジョニーの息子」「ジョニーのところの子ども」と言われました。私に「自分自身の個性」はない。ただ「立派な父の息子であるという存在」のような気がしていました。

やがて私は、「重要感」を激しく求めるようになりました。

「俺は〝ジョニーの息子〟という名前ではない。俺の名前はピーター・セージだ！」

その強い欲求が、当時の私のモチベーションとなり、「成功して自分自身が重要人物であることを証明したい！」という、強い思いに発展していきました。

実際に私は、21歳にはビジネスを立ち上げ、世間の基準で言えば、「起業家」として、そこそこの成功を手に入れました。

若くして成功した「驚異の青年実業家」として、「自分の存在感」を得られるようになったのです。

しかし、問題がありました。私の内面では、自分がかつての「ただのジョニーの息子」であると感じていたのです。そこに「恐怖」が生まれました。

世間がつくり上げた私に対するイメージと、私の内面で感じているものとのギャップがあまりに大きかったので、「何かのはずみで大きな失敗をして、自分が価値のない人間だということが、世間にばれたらどうしよう…」という不安でいっぱいになってしまったのです。

「自分の重要感」が大きな脅威にさらされた私は、ますますビジネスにのめり込み、皮肉なことにさらに「大きな成功」を手に入れました。

ただしそれは、健康、充足感、自己の成長、貢献という面で、「非常に多くの犠牲」を払った、「バランスを欠いた成功」でした。

どうしてそのようなことになったのでしょう。

それは、私を駆り立てていた原動力が、「自分はダメなのではないか」「自分には足りないものがある」という、「恐怖感」からきていたからです。**「恐怖感を原動力にした重要感を求める行動」は、マイナスの結果を引き起こすこともある**のです。

真の「重要感」とは、人々が誇りを持てることを目指すこと

「プラスの結果を引き起こす重要感」と、「マイナスの結果を引き起こす重要感」を、もう少し詳しく見てみましょう。

「重要感」には、プラスの結果を引き起こす「建設的な重要感」と、マイナスの結果を引き起こす「破壊的な重要感」とがあります。

「建設的な重要感」と「破壊的な重要感」の現れ方を知るには、世界中の君主あるいはリーダーを見るとわかりやすいでしょう。彼らを見ると、建設的重要感と破壊的重要感との違いがわかります。

「建設的な重要感」を持つ、真の王の特徴は、個人のエゴが極めて小さくなっていることです。つまり、「使命を帯びた偉人」なのです。

たとえると、太陽と惑星のような関係です。彼らは、太陽がすべてのみなもとであるこ

とを知っています。惑星である彼らは、その役割が太陽のまわりを回ることであり、太陽エネルギーを利用し、地上の生命を養うことを心得ています。そして、次のような能力を持っています。

①自分と他者の「両方」に恵みをもたらす能力
②「純粋な動機」から人を思いやることのできる能力
③知恵、成熟、慈愛に満ちあふれた父親のような立場から、人々の中に「善」を見い出し生命力を引き出す能力

彼らの「重要感」が目指しているのは、**「どうすれば人々が、もっと誇りを持つようになるのか」「どうすれば人々に、自分自身がもっと特別な存在であることに気づいてもらえるか」**ということです。

「焦点が外側」に向いていて、肥大したエゴや、表面だけ豪華で中身はないのとは対照的です。

不安はおさまり、心が静かになり、「自分がセンターにいる」と感じます。そして、内なるパワーが自分に語りかけるのが聞こえます。人間の生命の中心から受ける指令、スピ

リチュアルな真理の呼び声です。

「破壊的な重要感」を持つ、いわゆる暴君タイプとくらべてみましょう。

暴君は、「自分自身」と「自分のエゴ」を同一視しています。両者に境界線がないのです。

ある国の歴代のリーダーたちは、国民に仕えるためよりも、「自分の欲を満たすため」に、そして、「自らの重要感を誇示するため」にその地位についています。

一方で国民は、「自分の重要感」を捨てて、自分が弱い存在であると思い込んでいます。それによって外から同情（愛とつながり）を引き寄せようとしています。

これでは、お互いにとって、抜け出すことのできない「悪循環」ができあがってしまうのです。

❹［愛とつながりのニーズ］

すべての出発点は「自分が自分を十分に愛すること」

人間は「自分が愛されている」ということを欲する生き物

「愛とつながり」は「人間の究極的な欲求」です。

「愛とつながり」が足りないと、「自分は愛されない」という恐怖につながります。

「ポジティブな面」では、家族や友人、恋人とのつながりを求め、芸術や美を追求します。

一方、「ネガティブな面」では、自己犠牲をしたり、病気や怪我をして同情を引こうとしたり犯罪を犯したりする（とくに子どもが親の目を引こうとしてこうした行動を起こす）ことにつながります。

愛には「条件付きの愛」と「無条件の愛」の2種類ある

「愛」は究極的に「人を動かすもっとも大きな原動力」です。では、もう少し深く考えていきましょう。

「愛」については、多くの書物が著され、さまざまな解釈がなされています。また、愛にはさまざまな形や層があるといわれています。ですが、私のさまざまな経験から言えば、愛を「2種類」に分けるのがもっともわかりやすい方法です。

すなわち…、**「条件付きの愛」と「無条件の愛」**です。

私たちの社会では、大人になる過程で、残念ながら「愛に対する条件付け」が行なわれています。では、「愛に対する条件付け」について、考えてみましょう。

ほとんどの人が「何かの行動をしたときに、その結果として、相手からどれくらい愛されるか」「何かの行動に対して、あることをしたり、しなかったりすると、相手からどれくらい愛されるか」という観点から動いてしまいます。たとえば、「この高価な指輪を彼女に贈ったら、どれくらい愛されるだろうか」といった具合です。

「愛に対する条件付け」の多くは、幼少期に始まります。

0〜1歳くらいは、純真で無垢。「ただ存在しているだけ」で、私たちは親からも、まわりからも、無条件で愛されました。何かの音をならしたり、夜泣きをしたり、おむつを替えてもらったり、とにかく**何をしても、何をしていなくても、私たちは無条件に両親に愛されました。** 1〜2歳も同様です。

母親の体から「オキシトシン」という母性のホルモンの分泌が消える頃、突然、多くの子どもが、彼らが最初に覚えるといわれている「ある言葉」を喋り始めます。その言葉とは、「ノー」です。

この言葉を最初に覚える理由は簡単で、「両親から何度もこの言葉を聞かされたから」です。

両親は、我が子を深く愛しているがゆえに、「守ってあげたいという気持ち」が強すぎて、「どのように愛するか」よりも、「どのように保護するか」のほうに、はるかに多くの注意を注いでしまうのです。だから子どもがする多くのことに「ノー」と言ってしまうのです。

「子どもの安全の責任をあずかる親」としては、我が子の好奇心を管理し、制限せざるを得ないのも、よくわかります。けれどその結果、親の言葉遣いは、子どもが「してもいいことに焦点を当てる」よりも、「してはいけないことに焦点を当てる」パターンのほうが、圧倒的に多くなってしまうのです。

「無条件の愛」以外の「条件付きの愛」は本当の愛ではない

すると、3歳になる頃には、「ママとパパの言うことを聞けば愛され、言うことを聞かなければ愛されない」という「条件付きの愛」を学び始めます。

私たちが成人後も持ち続ける「信念」の多くは、この3～7歳くらいの時期に形成されます。それらは純粋に、「愛というごほうびをもらえそうか、もらえなさそうか」という幼少期の経験に基づいているのです。これは、心理学的にも実証されている事実です。

というわけで、

「相手の言うことをすれば愛されて、相手の言うことをしないと愛されない」

という「条件付きの愛」を私たちは学習してしまいます。

そして、その後の人生での「自分が結ぶ人間関係」のほぼすべてに、このパターンを持ちこんでしまいます。

「無条件の愛」が示されること、つまり、

「あなたが何をしようと、何をしまいと、私はあなたを愛します」

という関係はまれになってしまうのです。

「あなたのありのままを愛します」という関係。そのような「無条件の愛」には「所有の観念」がありません。「ねたみ」もありません。もちろん、「規則」も「行動の制限」も「考え方の制限」すらありません。

それこそが、「本当の愛」であって、**「無条件の愛」以外の「条件付きの愛」は、本当の愛ではありません。**

自分自身への愛の欠如が「条件付きの愛」を生んでしまう

ただし、「多くの大人たちの愛が条件付き」なのは、親のしつけや幼少期のパターンが続いているからというよりも、たいていはもっと根の深い理由があります。それは…、

「自分自身への愛が大きく欠如している」

のが、いちばん深い根っこの原因なのです。

例をあげます。
あなたが「お金」の運に恵まれず、所持金が残り「1000円」しかないとしましょう。それがあなたが持っている最後のお金です。ほかに稼ぐあてもありません。あなたは椅子に腰掛け、テーブルの上にその1000円札を置き考えます。これからどうやって生活し

ていこう？　どうやって家族を養っていこう？

そうやって、今後の人生について真剣に考えていると、誰かがいきなり部屋に乱入し、テーブルの上の1000円をつかみとり、走り去ってしまいました。

あなたはどう感じるでしょう？　あなたの「全財産」を奪ったあの男に対し、どんな気持ちがするでしょう？

怒りや、悲しみや、不安や、絶望感を感じるのでは、ないでしょうか。

……では、「同じシーン」を巻き戻して、もう一度、再生してみます。

あなたは部屋に入ります。大きなテーブルには全財産が置かれています。金額は1000億円。現金でテーブルにうず高く積まれています。そのとき、さきほどの見知らぬ男が部屋に押し入ります。そして1000円札を1枚ひっつかむと、足早に逃げていきました。さて、あなたはどう感じますか？

もし私だったら、こう言うでしょう。「男に1000円取られたってそれがどうした？

現金が999億9999万9000円になったってことか。あの盗人は『重要感』を感じるため、あるいは家族に何かを食べさせるために、どうしても盗みをしなければならないほど追い詰められているのだからしかたない。べつに2000円でもよかったよ」

さて、2つの例で何が変わったのでしょう？　盗まれた金額は同じ「1000円」です。変わったのは、そのとき私が持っていた「お金に対する感覚」だけです。

自分自身を十分に愛せていないから、相手に何かを求めてしまう

では、お金を、「自分に対する愛」に置き換えてみましょう。

多くの人は、失礼なことを言われたりしたとき、また「重要感」、「安定感」、自己価値、自分らしさが脅かされたりしたとき、「最後の1000円」を奪われた、一番目の例のような気持ちになってしまいます。

怒りや、悲しみや、不安や、絶望感を感じたり、そこまでいかなくても、カチンときた

り、ムッとしたりするということは…、

「あなたが相手から愛されていないと感じるから」だけでなく、私たちが持っている「自分自身に対する愛の量」が不足しているからであって、「唯一持っているもの」を守ろうとしてしまうから

なのです。

もし、あなたが、「自分自身に対して1000億円ほどの大量の愛」を持っていたら、たとえあなたが誰かにひどいことを言われても、つまり1000円程度相手に傷つけられたとしても、実際に起こっている真実を、冷静に見通すことができるでしょう。

その真実とは、こういうことです。あなたを非難する人も、その人なりの信念、世界観、これまでの歩み、生い立ちなどがあります。そして、今混乱のさなかにいる、あるいは心がとても傷ついていて、「人から愛を奪うという手段を取らざるを得ない状況下にある」のです。なぜなら…、

「その人自身が、自分で自分を十分に愛せていないから」

です。

もし、私たちが、「自分に対する愛を1000億円分持っている」としたら、テーブルから1000円をかすめ取ろうとする人（あなたを非難する人やあなたの言うことを聞かない人）に対して、あれこれ条件を付けて、非難をする必要もなくなります。

それこそが「無条件の愛」であり、やさしさ、思いやりなのです。

そこには「相手に対する条件」や「相手に対する制限」がありません。「愛」に条件を付けることなどできないのです。

「愛と条件は共存できないものである」

というのが「愛の本質」だと、私は思っています。

「あなたが○○な人でいてくれるなら、私はあなたを愛します」「あなたが○○をしてく

たくさんの愛を持っていれば
少々の愛を取られても大丈夫

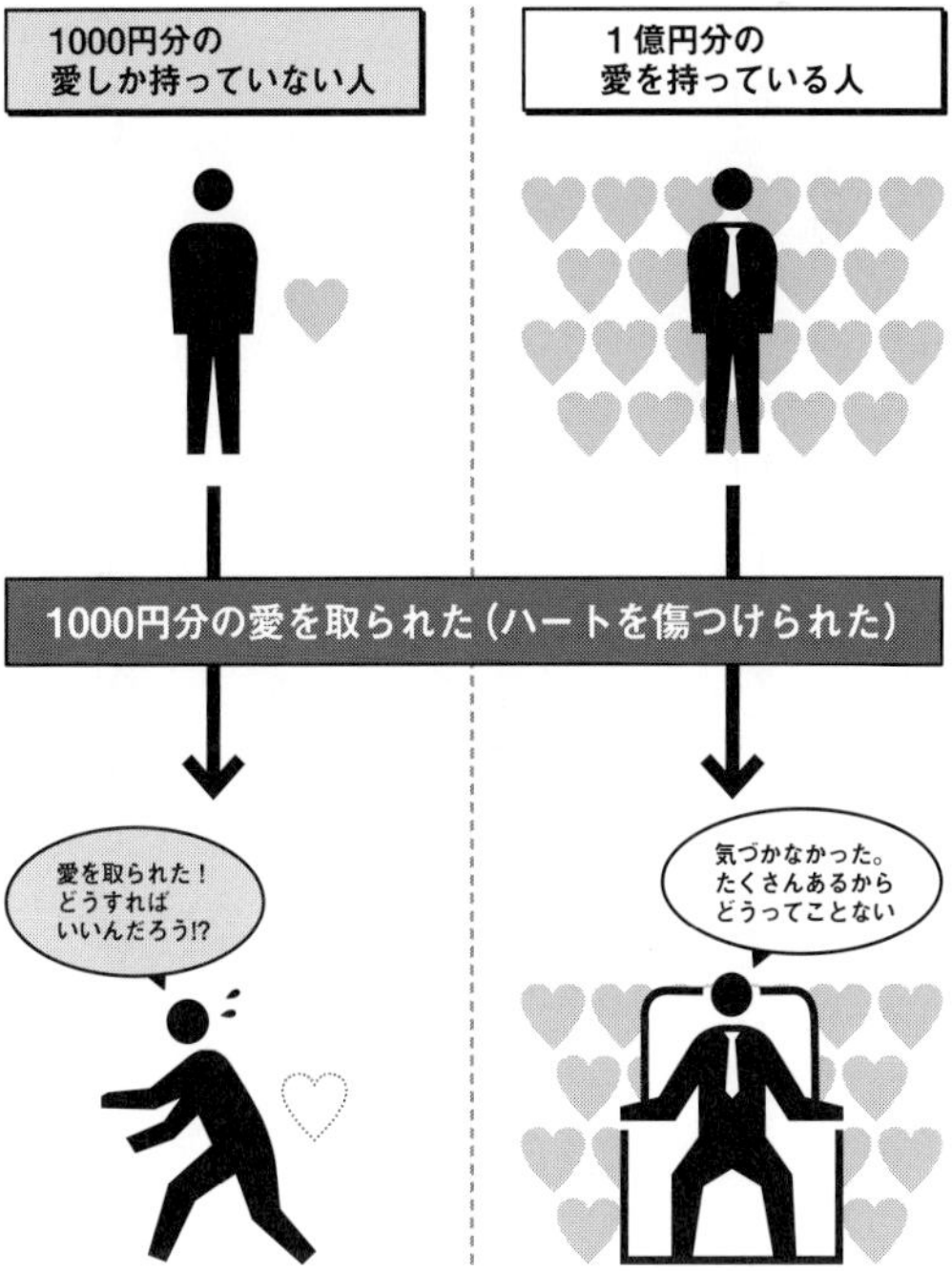
1000円分の
愛しか持っていない人
1億円分の
愛を持っている人
1000円分の愛を取られた（ハートを傷つけられた）
愛を取られた！
どうすれば
いいんだろう!?
気づかなかった。
たくさんあるから
どうってことない

Point

自分への愛が十分にあふれていれば、
少しくらい他人から非難されてもどうってことない

れるなら、私はあなたを愛します」という「条件付きの愛」は、「本当の愛」ではありません。

それは、非常に「低レベルの意識」であり、「恐怖と不安に基づいた行動」であり、**「自分自身を十分に愛していないから相手に何かを求めてしまう行為」**であります。

非常に大切なことなので、もう一度、言います。

「あなたが○○な人でいてくれるなら、私はあなたを愛します」「あなたが○○をしてくれるなら、私はあなたを愛します」という「条件付きの愛」は、「本当の愛」ではありません。

私は、「あなたが何をしようと、何をしまいと、私はあなたを愛します」という「無条件の愛」を、人間の意識の、もっとも崇高な形だと思っています。逆境の中で愛を与えられる人、すべてを奪われても愛を与えられる人は、「気高い成長のレベルを達成した人」です。そしてそのようなレベルで生きる人生は、まったく「別次元の経験」となります。

あなたの妻や夫やパートナーが、「あなたが何をしようと、何をしまいと、私はあなたを愛します」という「無条件の愛」をくれる人だと想像してみてください。そんな愛の溢れる人と、「別れたい」と思うでしょうか？　相手が「無条件の愛」をあなたにそそいでくれているのに、こちらから相手に「条件や制約」を付けて、自分の下に相手を縛りつけておきたいと思うでしょうか？

すべての出発点は「自分が自分を十分に愛すること」です。

「自分が自分を十分に愛すること」を最優先し、「愛が人々にどのように影響を及ぼすか」に気がつけば、まちがいなく「人生が変わる」ことでしょう。

「重要感」を求めすぎると「愛とつながり」が得られない

実は、「重要感」と「愛とつながり」は、正反対のニーズです。

「重要感」とは、「自分は本当にユニークな存在であり、特別なのだ」ということを強く求めるニーズであり、これを求めた時点で「他人とは分離した存在」となります。つまり、人とのつながりを求める「愛とつながり」のニーズとは反対なのです。

アメリカや日本の伝統的な文化では、男性は「重要感」を求める気持ちが強く、女性は「愛とつながり」を求める気持ちが強い。生まれつき、男性と女性とではニーズが違います。

多くの男性は「自分には価値がある」と思いたがり、**「人に認められることによって、自分は愛され、つながれる」**と思っています。

「成功の山」の頂上に登りつめさえすれば、ほしい愛を手に入れることができ、人々の称賛を勝ち取り、深い満足感が得られる。そう思っているのです。でもそれは、本当は「間違い」です。

社会の中では認められていても、家庭に帰ると奥さんや子どもたちに、愛されないというご主人が少なくないのもそのためです。「重要感」を求めすぎている人は、孤独になりがちなのです。

勘違いしないでほしいのは、「重要感」を満たそうとすること自体は悪いことではないということ。ただし、「重要感」を求める衝動に無意識に突き動かされてはいけません。衝動を意識的にコントロールできないと孤独になります。そして、**「重要感」を求めすぎると、本当に自分が求めている「愛とつながり」は、得られなくなってしまう**のです。

❺［成長のニーズ］
❻［貢献のニーズ］

すべての生物は、成長し自分以外のものに何らかの貢献をする

多くの人は「4つのニーズ」の絶妙なバランスを求める

これまで「安定感」「不安定感」「重要感」「愛とつながり」の4つのニーズについて説明しました。「安定感」と「不安定感」が逆のニーズになっており、同時にこの2つのニーズを満たすのは簡単ではありません。同様に「重要感」と「愛とつながり」も逆のニーズなので「バランスを取る」のは難しいものです。

では、この4つのニーズのバランスをどう考えればいいのでしょう?

シーソーを思い浮かべてください。片方が「重要感」で、もう片方が「愛とつながり」というシーソー。もう1つ、「安定感」と「不安定感」が両サイドにあるシーソーです。これら2つのシーソーを重ね、「十字」のような形を作ってみましょう。すると、「4方向に伸びるシーソー」のようなものができあがります。

ほとんどの人は、これら4つのベクトルが最適に釣り合う絶妙なポイントが、人生の頂点であると考え、これを探し求めて、生涯さまよいます。

「よし、ちょうどよい量の『安定感』を手に入れたぞ。『不安定感』もちょうどよい。ちょうどよい量の『重要感』と、ちょうどよい量の『愛とつながり』も手に入った。これで、私の人生はちょうどよいバランスだ！」と喜ぶのです。

はたして、それが「ベストな状態」なのでしょうか？

「理想的なバランスを取ること」が人生の目的なのではない

しかし、あなたのまわりを見てください。

「人生で望むものをすべて完璧な形で手に入れている人」は何人いますか？

あなた自身、すべてを完璧に手に入れられていますか？　もちろん、「すべてを手に入れることはできない」と言っているのではありません。場合によっては、「すべて手に入ってしまったと思うこと」もあります。しかし、それが「長く続く」とはかぎりません。

カジノへ行き、「十分な数」のコインをスロットマシンに入れたとします。そして、スロットを引くと、4つのチェリーが並ぶ「大当たり！」という瞬間が、たまには人生に起こります。

そのときあなたは、「やった、大当たりだ！」と有頂天になるのです。でも、もう一度同じことができますか？「コンスタントに同じ結果を出す」ことができますか？

答えは「ノー」です。

そもそも、**「このゲームは、常に当たりが出るようには設計されていない」**のです。

恋愛や夫婦関係が絶好調になったと思ったら、とつぜん会社をクビになったり、仕事で大変なことが起こったり。

会社の業績は絶好調でトントン拍子に出世していると思ったら、子どもがドラッグに手を出していることが判明した…、などなど。

要するに、「シーソーのバランスを取り続けるために、あっちへこっちへと、常に走り回っていなければならない」のです。そして、「バランスは取れないまま」なのです。

ここに「大切な教訓」が含まれています。それは…、

「すべて完璧で理想的な状況をつくり出すことが、人生の目的ではない」

ということです。

「安定感」「不安定感」「重要感」「愛とつながり」の最高のバランスを取ることが、「人生の目的」ではないとすれば、本当の目的は何でしょう？　人生の本当の充足感は、どこからくるのでしょう？

その「答え」は、次から紹介するもう2つのニーズ「成長」と「貢献」にあります。

自然界では、すべてが成長し、自分以外のものに貢献をする

成長を求める「成長のニーズ」と、貢献したいという「貢献のニーズ」は、自然界に目

を向けたとき、その営みを完璧に行なっています。なぜなら…、

「自然界」では、すべての生物が成長し、自分以外のものに何らかの貢献をしている

からです。

ミツバチは、ミツを求めて花畑を飛び回り、ミツバチ自身も知らぬ間に「花粉」を体にくっつけます。その「花粉」のついた体で、花から花へと飛び回るため、そこで、オシベとメシベの「受粉」が行なわれ、新しい花の命に「貢献」しているのです。

もし、ミツバチに「その役割」がなければ、「自然界の中の必要な生物」ではなくなってしまうわけですから、当然、生態系の食物連鎖の循環の中でミツバチは淘汰され、いずれ絶滅してしまうことでしょう。

人間も例外ではありません。同じ生態系の中で、同じ宇宙空間で生きています。だとすれば一目瞭然。**「自然界の法則に調和しながら生きる」のが人間の責任**なのです。

成長や貢献にエネルギーを注ぐと、心の充足感を見い出せる

「喜びを享受すること」は人間の自然な状態であり、それを否定するつもりはありません。でも、「本当の喜び」に到達する方法論に関しては、私たちがこれまでの人生で信じ込まされている方法は、完全に「錯覚」だといえるでしょう。

つまり、「真の喜び」を求めて、説明した「4つのニーズ」を満たす努力を必死にしても、それだけでは決してうまくいかないのです。多くの人たちは、死ぬ間際になって、やっと気づきます。

「もっと時間があるうちに、成長や貢献にエネルギーを注いでいれば、自分以外に左右されずに、心の充足感を見い出すことができたはずだ」ということに。

「仕事」や「家」や「お金」では本当の充足感は得られない

ここに「あなたのコップ」があり、中に水が入っているとしましょう。これを「あなたの人生」にたとえてみましょう。

人生で起きるできごとや、手にするものが、中に入っている「水」です。家族、友人、お金、貧乏、車、宗教、信念、仕事、職業、趣味など、持ち物やできごとは、コップの中の水です。

それらのモノを保持するものが「コップ」です。コップは心構え（マインドセット）であり、とらえ方であり、人生のあらゆることを眺める際のレンズでありフィルターです。

たいていの人は、20代のころ、「持ち物やできごと」ばかりに目を向けてすごします。コップ（ものをほしがる心構え）を手に入れ、水（もの）を入れます。そして、中に入れた持ち物を、勢いよくかきまぜ始めます。

すると、「自分の個性」が少しずつ見えはじめ、信念や意見を持つようになり、人生のさまざまな領域で、できるだけ多くの重要感、愛、人間関係、安心感、変化を求めて、激しく動き回るのです。

30代に入ると、「日常のパターン（というコップ）」ができてきます。40代はもっともっと、「パターン化」が進みます。そして、50代、60代、70代……。

さて、この人生に何の「意味」を見出せますか？　これでは、人生の中に入れるものを、とっかえひっかえすることだけで終わる一生です。もっとよい仕事、もっと大きな家、もっとよい伴侶、もっとよいコレ、もっとよいアレ……。これでは、どこまでいっても、切りがありません。

「人生の心構えやとらえ方」を変えると、すべてが変わる

本来はコップ（＝心構えや人生のとらえ方）を変えるべきなのです。コップの「器」を変えてしまうと、すべてがシフトします。透明なコップの中に「幸せの青いかけら」を入れ続けるのではなく、「コップ自体を青にすればいい」のです。

まず自分を変えることが大事

青い車
青い服
青い靴
コップは
自分自身の
心構え

Point

ものを取り替えるだけではいつまでも満たされることはない。
コップを青くしたいからといって、
青いものを入れていっても、決して青い色にはならない。

コップを
青くしよう！

Point

コップそのものを青い色にすれば、つまり、自分の心構えを
変えれば、次々と新しいものに変えていかなくてもすむ。

その「もっとも強力で速い方法は、成長と貢献に意識を集中させること」です。

なぜそう言えるのでしょうか？「あなたの行なった何かの行為」が、誰かを笑顔にしたときのことを思い出してください。私欲からではなく、誰かのために何かをしたときのことを思い出してください。「何か違い」を感じたはずです。

そのとき味わった感覚は、「あなたの深いところ」で何かを呼び起こし、「自分だけ得して悦に入るときの感覚」とは、明らかに異なる感情を味わったはずです。

なぜなら…、

「人間は本来、成長し、何かに貢献するために、生まれてきたから」

です。つまり、これは、人間も「自然界の法則」とまったく同じだということなのです。

❺ ［成長のニーズ］

大きな「成長」を得るには、大きな「失敗」は不可欠

成長するための唯一の方法は、チャレンジすること！

なぜ、「成長」が必要なのでしょうか？　それは…、

「成長こそが、生命の法則」

だからです。つまり、「生命とは成長そのもの」だからです。成長しない生命は、すべて死ぬ運命にあります。食物連鎖から取り除かれます。そして「貢献」できなくなったものは、食物連鎖から取り去られ、絶滅するのです。大自然の動物は、他に貢献する実用的な能力（たとえば子孫繁栄、たとえば群れを守る力）が衰えたら、たいていの場合、敵のエサとなることで最後の貢献をして、一生を終えるのです。いい悪いではなく、それが「自然のルール」なのです。

では、成長するためには、どうすればよいのでしょうか。

成長するための唯一の方法、それは、チャレンジすること。困難に立ち向かうこと

です！

体をシェイプアップしたい人がすべきことは、ジムに行ってダンベルを眺めることではありません。筋肉隆々にたくましくなりたい人がすべきことは、軽いダンベルでやさしいトレーニングをすることではありません。

成長も同じです。人生における成長、心の成長、情熱と精神の成長、存在感の成長など、すべてに当てはまります。

「成長するためには負荷をかける必要がある」

のです。

私の見るかぎり、「もっとも愛情の深い人、もっとも無条件で人を愛せる人というのは、かつてもっとも傷ついた経験をしている人たち」です。これは、経験上、間違いありません。人並み以上の成功を収めた人は、かつて財政的などん底を味わい、「成功する以外に選択肢が残されていなかった人たち」なのです。つまり…、

大きな「成長」を得るためには、大きな「失敗」は不可欠

なのです。

逆境に敗れる人もいれば、逆境がゆえに記録を破る人もいます。どちらになるかは、自分で決めること、つまり、「自分の選択次第」なのです。

「ワオ、最高の人生だった！」と最期を迎える方法

人生は「チェス盤」のようなものです。白のマスと黒のマスがならんでいます。私たちは生まれると、チェス盤の片側に立ちます。そして死ぬとき、反対側に着きます。人生と

は、自分が選択した経路、パターンで、チェス盤をこちらからあちらまで縦断する旅のようなものだといえるでしょう。

「白のマスは、人生におけるよきもの」を象徴しています。感動の瞬間、順調、成功、よろこび、情熱など、私たちが人生と呼ぶこの驚くべき旅の途上で味わう、すばらしい経験の数々です。

一方、「黒いマスは、失望の象徴」です。心痛、困難や失敗であり、ときに味わう絶望も含まれます。さて、今、チェス盤の片側に立ち、これから人生の旅が始まるというとき、**多くの人は、「白いマスだけを歩きたい」と思い込んでいます。**

けれど、もし、第一歩を踏み出そうとした瞬間、突然、誰かが、チェス盤をシートで覆ってしまったらどうしますか？

チェス盤の端から端へと一生をかけて進むとき、黒いマスを一度も踏まずに渡れる可能性はどれくらいあるでしょうか？　答えは「ゼロ」です。白と黒、それぞれ踏む割合は、おそらく「50対50」でしょう。そして両方を踏む確率は「100％」なのです。

では、最初から、

「成功と失敗は、50対50で訪れる」

ということがわかっているとしたら、黒いマスを踏んだときに落ち込まずに、さらに頑張れるのではないでしょうか？

黒いマスは、「失敗」とともに、私たちが「自分の内面を見つめる機会」や「新しいものの見方」を提供してくれます。そして、そういった「失敗」があるからこそ成長し、なるべき自分になることができるのです。これが「人生の本質」です。

黒いマスは、好むと好まざるとにかかわらず、１００％の確率で、降りかかってくるものです。私たちが唯一できることは、黒いマスを踏んだときに、「どう対応するか？」を選ぶことだけです。

黒いマスを「自分を高めるチャンス」ととらえ、失敗や試練を積極的に受け入れ、チェス盤の向こう側にたどりついたとき、つまり、**死をむかえるときに、後ろを振り返って、**

「ワオ、波乱万丈の最高の人生だった！」と言うことができたらどうでしょうか？ これこそすばらしい「最期の一言」です。

人生にビクビクしながら、「白いマスだけを歩もうとする人生」では、とても、そのような感動を味わうことはできないでしょう。

「あなたがどれだけ成長したか」＝「世の中への貢献度合い」

成長には、「失敗や試練」が欠かせません。失敗や試練を味わうことが、結局は、今よりもっと自分らしく生きることにつながるのです。失敗や試練を味わうからこそ、今よりもはるかに深く、そして永続的な、「よろこび」、「平安」、「満足」を得ることができるのです。ですから、失敗や試練をいやがる必要はありません。

そう考えることができれば、銀行から「口座残高不足」で取引キャンセルの通知を受けたとしても、うろたえることはないでしょう。

「二度と戻りません」という書き置きを残してパートナーが出て行ったとしても、右往左往することはありません。目の前で起こることを表面的にではなく、深いレベルで理解できるからです。

「人生に起こることはすべて、それが何であれ、あなたが自分を高め、人間として成長するチャンス」です。たとえそれが、失敗や試練であれ、それによって「自分らしい生き方」をすることができるようになり、あなたは人々に「貢献」できるようになります。

「あなたがどれだけ成長したか」＝「世の中への貢献度合い」なのです。そして、その貢献度合いによって、「どれだけ本当の充足感を味わえるか」が決まるのです。

❻［貢献のニーズ］

「力（パワー）」とは、世の中に貢献したいという思いの強さに正比例して与えられる

本物の「重要感」を持つ人は、自分勝手な欲を手放す

「貢献」は、真の意味で「人生の充足感」を得られるニーズです。私欲を満たすだけでは得られない、人生に対する純粋で内的なよろこびです。たとえるなら、誰かの泣き顔に微笑みをもたらしたり、誰かに親切をしたときの感覚に似ています。

しかも自分をひけらかしたり、自分を卑下したりすることが動機になっていません。

ある国では、国家のリーダーの1人があるビジョンを持ち、非常に短期間に大規模な開発が行なわれました。主観ですが、それは、ある典型的なパターンのように見えます。そのリーダーは、「公共事業を通して社会に貢献している」と勝手に思い込んでいますが、実は、世界最大の建物を造ることで、自らの「自己顕示欲」を満たそうとしているにすぎないのです。

本物の「重要感」を持つ人は、自分勝手な欲を手放します。業績と自分を結びつけようとはしません。人々に仕え、彼らのためになるようなことをしようとします。自分の名前をいたるところに表示したり、マスコミに出たがったり、自分の写真を誰かに頼んであちらこちらに掲げさせたりはしません。

私は、「それが悪い」と言いたいのではありません。あなたが自分や他人の振る舞いを見て、その行動パターンに気づき、深いところで「本当は何が起こっているのか」を理解できるようになってほしいのです。

それが理解できると、「本当の力（パワー）」を得られます。あなたが高いレベルの「成長と貢献」をするときに、どのような選択肢を選べばいいのかが、わかりやすくなるはずです。

「失敗や試練」によって成長し、それを世の中に役立てて貢献する

あなたが公園を歩いているとき、地面にゴミが落ちているのを見つけたとします。

A：まわりで人が見ていたら、そのゴミを拾ってゴミ箱に捨てる
B：誰も見ていなくてもそのゴミを拾ってゴミ箱に捨てる

さて、AとBは、どちらが「本当の貢献」でしょうか？　人が見ているときだけゴミを拾うのは、本当の貢献ではありません。

真の貢献をしたいなら、やり方は単純です。次の質問を、常に、自分に投げかければいいのです。

「私はあなたのために何ができますか？」
「どうすればあなたの役に立てますか？」
「どうすれば、私のことよりあなたのことを優先することができるだろう？」

と問い、行動することです。

それは、**「私があなたを助けることは、結果的に、両者にとって大きな善がもたらされ**

ることにつながる」という自信に基づいているからです。

アンソニー・ロビンズが言った、非常に深い言葉を紹介します。

「力（パワー）というものは、世の中に貢献したいという思いの強さに正比例して、与えられる」

あなたがやる気に燃えているとき、そして、その情熱が「利己的な動機」ではなく、「より大きな善や、人類に貢献する何かを創造したいという意図からきている」とき、あるいは「誰かの泣き顔に微笑みをもたらしたい」という思いからきているとき、人生は驚異的な「自然の力」を総動員して、あなたに魔法を引き起こしていきます。

その魔法によって「人」や、「チャンス」、や「本来あなたが歩むべき道」などが送り込まれ、あなたをアシストするでしょう。

その「魔法」は、「私たちが事前に計画し得るレベルをはるかに超えた、驚くほど絶妙なタイミングでやってくる」のです。まさに「必然というレベルのタイミング」でやってきます。

利己的な目的からではなく、他者に仕えることに集中し始めたときから、文字通り…、

「すべてが好転する」

のです。

たしかに、どのニーズもある程度は必要です。「安定感」、「不安定感」がなければ生きていけません。そしてもちろん、「重要感」と「愛とつながり」も必要です。でも、4つのニーズを満たすだけでは、「自分のためだけ」に人生を生きることになります。イヤでもやってくる「失敗と試練」を、有効利用しないことになります。人生の充足感を味わいたいなら、「失敗と試練」を乗り越えた先にある「成長」と「貢献」が必要です。

自分の「失敗や試練」を、世の中に役に立つものに転換させて「成長」し、自分の一生を超えた、永続的な「貢献」という名の財産を残すことこそが、真に満たされる人生なのです。

人生を豊かにするのは「成長」と「貢献」のニーズ

人生を豊かにするニーズ

成長
「成長したい！」という欲求

貢献
「何かに貢献したい！」という欲求

人生にある程度必要なニーズ

安定感
「安定したい！」という欲求

不安定感
「変化がほしい」という欲求

重要感
「価値ある存在でありたい」「自分は特別でありたい」という欲求

愛とつながり
「愛されたい」「誰かとつながりを持ちたい」という欲求

Key 1

自分を超える「5つの法則」

法則1

成功の心理学

Unstoppable mindset

まとめ

●人生の質は、あなたが居心地のよさを感じられる、不安定感の量に正比例する

●行動のさなかでは、恐怖は消える

●真の「重要感」を持った人とは、使命を帯びた偉人

●すべての出発点は「自分が自分を十分に愛すること」

●大きな「成長」を得るには、大きな「失敗」は不可欠

●「力（パワー）」とは、世の中に貢献したいという思いの強さに正比例して与えられる

富を増やす究極の方法 ＝ビジネス（起業）

お金を得る方法は「５つ」ある
時給で稼ぐ
相続する
盗む
ギャンブル
ビジネス（起業）
「５つの秘訣」と「３つの方法」を身につけると、成功しやすい！

The five keys to excellence

Key 2

自分を超える「５つの法則」

法則 2

お金のつくり方

Financial freedom

5
10倍強くなる文章術
The skill of copywriting
3
リーダーシップを高める
Ulitimate leadership
2
お金のつくり方
Financial freedom
4
世界観をつくる
Live by your values
1
成功の心理学
Unstoppable mindset

Key 2
Financial freedom

お金持ちになるダントツの方法は「ビジネス」

お金を得る方法は、全部で「5つ」しかない

ビジネスは「経済的豊かさ」を生み出す究極の方法です。そんなことを言うと、「そんなことはない。宝くじを当てて大金持ちになる人もいるし、親の遺産で贅沢三昧の生活を送っている奴もいる」という声が聞こえてきそうです。

たしかに、ほかにもお金を得る方法はあります。けれど、「お金を得る方法」を見比べてみると、**「ビジネスこそが富を蓄積するダントツの方法であること」**がわかります。

では、さっそく「お金を得る方法」を検証していきましょう。

お金を得る方法は基本的に次の5つしかありません。

1. 時間とお金を交換して稼ぐこと
2. 相続すること

3．盗むこと
4．ギャンブルでひと山当てること
5．ビジネスをすること

では、1つずつ、見ていきましょう。

1日は24時間しかないので、「時給」で稼ぐのには限界がある

1の「時間とお金を交換して稼ぐこと」は、「世界でもっとも一般的なお金を得る方法」です。これは、いわば「時給が決まっている」ということです。

会社に勤める人のほぼ全員に当てはまり、年収、週給、時給などが、ある程度固定されています。弁護士や機械工など、「仕事に対して時間あたりの料金を請求する専門職の人たち」も含まれます。

この方法が悪いと言っているのではありません。むしろ、すばらしい方法であり、「収

入を得るための、世界でもっとも一般的な方法であること」は間違いありません。

ところが、「1つ大きな問題」があります。

「1日は24時間しかない」ということです。

たとえあなたが提供するサービスが、ものすごい高給で、1時間あたり1万円だったとしても、24時間で稼げる金額は、仮に一睡もせず、一度もトイレに行かなかったとしても、1日24万円です。つまり**「稼げる額が、時間の限界と比例する」**のです。

この方法でお金を稼ぐことは可能ですが、実は、世界的に見ても、「本当のお金持ち」になれる人は非常に稀です。

「相続」で大金を得た人は、いずれ坂道を転げ落ちる人生を歩む

2の「相続」にも、1つ問題があります。

ほとんどの人は、両親から大きな土地や屋敷を相続するような家柄の出ではありません。ということは、「相続は、誰もが実践できる方法ではない」ということです。

また、私の信条として「棚からぼた餅的収入」はまったくおすすめできません。相続したお金は、性格上、遅かれ早かれ問題の種となる可能性が高いからです。親族間に亀裂を生じさせ、「あいつの分け前が多い」「私は少ない」と、お金に関するありとあらゆる悪い感情が、関わる人々を振り回します。

私の人生で見るかぎり、**「相続で大金を得た人」は、いったんはお金持ちになれはしても、みんな、いずれ、坂道を転げ落ちるような人生を歩んでしまいます。**

「盗んで得た利益」は長続きしない

3番目は「盗み」です。お金は盗むこともできます。個人の道徳観にもよりますが、少なくとも私にとって「盗みはまったく選択肢の外」にありますし、もちろんおすすめの方法でもありません。

たいていの場合、「悪銭身につかず」というように、**「盗みで得られた利益は長続きしない」**ものです。盗みはたいてい捕まりますし、経済的豊かさを追求する人の選択肢とはいえません。

ギャンブルで大きな報酬を得ることは、まやかし

4番目の方法は「ギャンブルでひと山当てること」です。

世の中には、カジノや宝くじなど、大金が当たるギャンブルが溢れ、その業界が栄えています。多くの人が、「当たるかもしれない」というスリル感に魅了され、「わずかなお金で一攫千金が狙える」という心理にあざむかれて、のめりこんでしまいます。

しかし、「何もしないで、大きな報酬を得ることは、まやかし」だと私は思っています。

残念ながら、宇宙はそのような考えの人に味方するようにはできていません。くじで大

当りした人が嬉しそうに笑っている写真などをあちこちで見かけますが、私自身は「濡れ手で粟の金などほしくない」と考えています。そのお金は、人を不幸にするからです。

また、確率に目を向けると、イギリスでは、宝くじの勝率は１４００万分の1です。豊かになるために1日10枚のくじを、３０００円出して、毎日買い続けたとしても、当てるまでに３８８８年かかります。実に、**「42億円以上のお金をつぎ込んで、1回当たるかどうか?」の確率**です。確実に勝つためには一生という時間でも足りません。何せ１４００万分の1ですから…。

ビジネスで成功する確率は「5%も」ある

私がもっともおすすめしたいのは次にお話する5番目の方法です。この方法だと、勝率がぐーんと上がります。この方法は、時間と交換したり、盗んだり、受け継いだりするのではなく、「お金をつくり出す方法」です。私にとって、お金をつくり出す究極の手段は「ビジネス」です。ビジネスとは、すなわち「利益を創出すること」です。

お金を得る5つの方法

	方 法	デメリット
時間とお金を交換して稼ぐ	世界的にポピュラーなお金の稼ぎ方。会社勤めのビジネスパーソンもここ。	1日は24時間しかない。稼ぐには限界がある。
相続する	両親から土地や家屋を相続する。	誰にでもできることではない。
盗 む	会社や人から盗む。	言うまでもなく、法律違反。やってはいけない。
ひと山当てる	カジノや宝くじで当てる。ギャンブル。	イギリスの宝くじの場合、勝率は1400万分の1。1日10枚買ったとしても、確実には当たらない。
ビジネスをする	ビジネスを始める。	成功する確率は20分の1!!

Point
ビジネスをすることこそ、お金を創出する最良の方法

「経済の歴史」に目を向けてみましょう。大雑把にいうと、有史以降、常に「人口の5％が経済的に自立した人たち」でした。これは時代や場所に関係なく、歴史のあらゆる時代、あらゆる国や地域に共通する事実です。

つまり、有史以降、「経済的成功は、常に5％の人々に所有されてきた」といえるのです（現在も、もちろんそうです）。では、これを「確率」に換算するといくつでしょう。

実に「20分の1」という高確率です。

宝くじに当たる確率は、「1400万分の1」でした。経済的に自立して成功する確率は「20分の1」。この2つを比べたとき、「どちらを選択すべきか」は明白です。

富を蓄積するさまざまな方法を見比べたとき、私にとってビジネスは「ダントツの選択肢」です。それほど明白な選択肢なのに、なぜ「起業で豊かになろうとする人」が少ないのでしょうか？

お金とは、「社会への貢献度」を示す指標

お金は「諸悪の根源」ではなく、健全な交換手段である

まず「お金の本質」について考えてみたいと思います。私はよく講演で、聴衆のみなさんにこう質問します。

「お金とは何でしょう？」

１００人いれば、１００通りの答えが返ってきます。ある人は「お金を悪」と考え、宗教の格言を引用して、「金銭は諸悪の根源」といいます。ですがこれは誤った解釈です。原文を正しく翻訳すると、「諸悪の根源は金銭を愛すること」だといっています。金銭そのものが悪なのではなく、「お金を求めすぎること」が悪だと述べているのです。

まったくその通りだと私も思います。お金への愛、お金への執着は、実は「恐怖」に根

ざしています。**「欠乏への恐れ」や「人に承認されないことへの恐れ」によって、人はときに良心に反してまでも、お金を手に入れようとする**のです。

しかし、よく考えると、「お金はあくまでも交換の一手段にすぎないこと」がわかります。お金がなければ、病院や学校を建てたり、さまざまなすばらしい経験をすることもできませんが、お金をいくら持っていても「交換」しなければ、意味がありません。つまり、「お金そのものは健全な交換手段」なのです。

多くの価値を提供することで、お金でのリターンが得られる

ここで、お金について少し深く掘り下げて考えてみましょう。

たとえ話をします。

私に「全能の力」があって「世の中のすべてのお金よ、ここに集まれ！」と命令すると、世界のすみずみから、すべてのお金が集まり、一瞬で私の足元に積み上げられるとします。

つまり、「貯金などの資産を持っていた人のお金」は取り上げられる形になります。

私はお金を出した人みんなにこう言います。

「これからお金について教えよう。明日の早朝6時、ピストルで始まりの合図を鳴らす。号砲とともに君たちは世界に出て行くのだ。そして12カ月間、商品でもサービスでも何でもいいから、何らかの形で世の中に貢献しなければならない。とにかく『価値あるものを人々に与えること』。ルールはそれだけ。12カ月後、この部屋に戻りなさい。君たちが行なった貢献の度合いに応じて、このお金を分配しよう」

人々は、さまざまな反応を見せます。

資産を取り上げられた人は「今までためてきたのに冗談じゃない！」と言います。

「はぁ？　そんなことして何の意味があるんだい？　俺には貢献できることなんて何もないさ」と言う人もいるでしょう。

「私はもう歳を取りすぎている」と別の人は言い、もう1人の人は「私は若すぎる」と言うでしょう。

こうした「言い訳」が多い中、まったく違う反応をする人たちがいます。彼らは、「これこそ長年待ち望んでいた瞬間だ！」と大喜びするのです。

12カ月がすぎました。私は世界中の人を部屋に集めてこう言います。

「諸君、ご苦労だった。成果を報告してもらおう」

さてどうなるでしょうか？　間違いなく言えることは、12カ月前に言い訳をして考え方を変えなかった人には、「その人が普通に1年間働いて稼いだ額と、同額のお金しか戻ってこない」ということです。多くの資産を蓄えてはいたものの、それと見合うだけの貢献ができなかった人は、残念ながら、その資産を取り戻すことは、到底、できないでしょう。

この話からの教訓は2つあります。

1「お金はあなたがどれだけ多くの価値を与えることができているかを表す指標である」
2「お金は貢献した後に入ってくる」

ということです。

現在、「お金が足りない」と不満を持っているなら、あなたが見るべきものは、銀行の通帳ではなく、鏡に映った自分の姿であり、やるべきなのは「私は今、どれぐらいの貢献を世の中にしているだろうか？」と問うことなのかもしれません。

「多くの価値（付加価値）を提供することで、お金でのリターンを得ることができる」

これが、経済が動くしくみです。

あなたが今どんな状況にいようとも、「他の人々へより多くの価値を提供するために、自分には何ができるだろうか？」と自問自答すれば、お金がないと嘆いていたときよりも、はるかに多くのお金が流れてくるでしょう。私が保証します。

付加価値のつけ方は、130ページから詳しく説明します。

仕事を失いたくなければ「もらっている給料以上のこと」をする

あなたが会社員で、現在の仕事に満足していて、これからも時間を切り売りしながらお金を稼いでいきたいと思っていたとしても、「多くの価値を提供することができれば、より多くのリターンを得ることができる」という原則を応用することができます。

その秘訣についてお教えします。

私は、起業家としての20年以上のキャリアの中で、何百人もの人を雇ってきました。有能な社員、そうでもない社員、果てはどうしようもない社員まで、ありとあらゆる人たちがいました。私が彼らを採用したり、昇進させたり、一定の職の安定を社員に提供する際、一貫した基準がありました。それは…、

「給料以上の仕事をしているかどうか？」

です。

想像してみてください。あなたが会社のCEOで、100人の社員を雇っているとします。どういうわけか、経営が赤字となり、「人員整理」が必要になりました。

会社が生き延びるために、今週中に20人を解雇しなければなりません。

こんなとき、誰を辞めさせたらいいのでしょう？　おわかりですね。当然、辞めさせるのは「期待した働きをしない社員」と決まっています。ですから、安定した仕事がほしければ、次のことを肝に銘じてください。

職の安定を確保する最良の方法は**「もらっている給料以上の仕事をする」**ことです。

給料以上の仕事をすれば、必ず上司や社長、同業他社の目に留まる

「給料以上の仕事をするんだって？　どうしてさ？　私の業務範囲はもう決まっている。それが私の仕事なんだ。それ以上の仕事をするほど、たくさん給料をもらってないよ」と多くの人が首をかしげるかもしれません。

しかし、リストラをするときに多くの経営者がまっさきに対象としたのは、「業務範囲

リストラされたくなければ
給料以上の仕事をする

あなたが経営する会社が大ピンチ！
どちらの社員を残す？

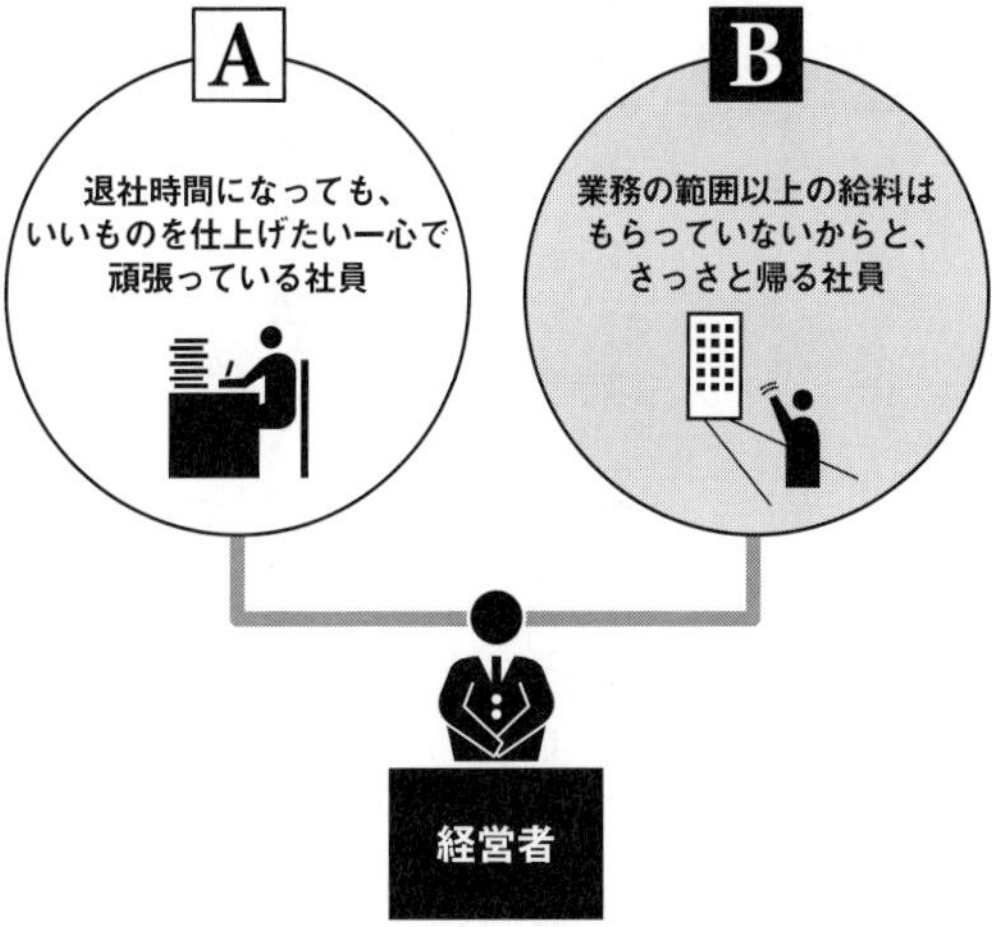
A
退社時間になっても、
いいものを仕上げたい一心で
頑張っている社員
B
業務の範囲以上の給料は
もらっていないからと、
さっさと帰る社員
経営者

Point

もらっている給料以上の仕事をしている社員を
真っ先に辞めさせる経営者はいない

以上の仕事をするほど、多くの給料をもらっていないという心構えの人たち」だったのです。

では反対に、給料以上の働きをする社員はどうなるか？

必ず、社長や上司、それから同業他社の目に留まります。必ずです。仕事が上手なフリはできませんし、仕事が下手なフリもできないのです。**「職場」は、あなたの自宅よりも、長い時間を同僚とすごす場所なのです。決して、ごまかせません。**

夕方5時、退社の時間です。オフィスのフロアを眺めます。ジョンがデスクで一生懸命レポートを仕上げています。とにかくいいものを仕上げたい一心からです。時計を見て、「5時だ、家に帰ろう」とは思いません。彼は、「自分が納得できる最高の仕事」が仕上がるまで、頑張り続けます。

「社員一人ひとりの心構え」は、さまざまな形で表に現れます。こうした社員をまっさきにリストラしようと思う経営者は、まずいないでしょう。

起業を成功に導く「5つの秘訣」

起業の成功にはお金は必要ない、「5つの秘訣」を覚えておくこと

富を得るカギは「付加価値の創造」であり、「付加価値を創造する究極の手段はビジネス」です。

それがわかったとしても、「ビジネスに参加しよう！」「起業をしよう！」と思う人は多くはないでしょう。その最大の要因は「信念」にあります。実は、多くの人が「誤った信念」を持ち、起業を躊躇しているのです。

たとえば、**「ビジネスを始めるのには、まとまった資金が必要だ」と思っていませんか？**

答えは「ノー」です。実をいうと「ビジネスに資金は必要ない」のです。もっと別のものが必要なのです。これについては後ほど詳しく説明します。

ここでは、「なぜ誤った信念」を持ってしまうのか、その理由を解き明かしながら、起業を成功させる「5つの秘訣」についてお話ししていきます。

【起業成功の秘訣】は次の5つです。

1.「情熱」を傾けられる仕事を選ぶ
2.「ニーズではなくウォンツ」を見る
3.「価格競争」はしない
4.「社長不在でもOKのしくみ」をつくる
5.「成功のモデリング」をする

陸にいては、航海はできない

多くの人が起業に関して「誤った信念」を持ち、その誤った信念が、ビジネスの世界で夢を実現するのを妨げているのです。

では、その信念を支えているものは何でしょう?

「失敗することへの恐怖」です。失敗することが怖いから、ほとんどの人は、冒険をしたり、困難を進んで引き受けようとはしません。

自ら帆を張り、遭難するかもしれない海、すなわち「失敗するかもしれない運命に向かって出帆《しゅっぱん》しよう」とはしません。ただ、海岸に立ち、沖を眺めているだけ。

少なくともここならば、「固い地面」があると、「嵐」を避けて航海に出ないのです。

ビジネスでは「想定外」が当たり前、それを支えるのが「情熱」だ！

法則1で「安定感」と「不安定感」の違いと、「不安定感」を進んで引き受ける能力について話しましたが（51ページ参照）、日常でそれがもっとも顕著な形で現れるのが、「ビジネスの領域」です。「机上の事業計画」をいよいよ実行に移すというとき、突然、予想もしないことが起こる…。ビジネスとは、本来、そういうものなのです。

ですが、はじめから「ビジネスは予測不可能だ」ということを知っていれば、起業の際の心構えが、全然違ってきます。

心構えのカギとなるのが、「情熱」です。

ビジネスに対する信念を変えるには、これからお話しする「情熱」対「安定感」についてよく理解してください。なぜなら、多くの人が、「失敗への恐怖感」という誤った信念を持ったまま、「事業」を起こしてしまうからです。

「できる!」という確信ばかりを強めようとするあまり、内に眠る天才的な創造性や、「不安定感」に対処する能力にアクセスしようとはしないからです。

すると、その「能力」は、「情熱の中に眠ったまま」となってしまうのです。

カリスマ美容師に、ヘアサロンの経営はできない!?

例をあげましょう。ヘアサロンに勤務するスーザンという女性がいたとします。下積みから一生懸命働くこと、6年。ついにサロン全体を切り盛りする「店長」に昇格しました。お店の日々の業務は、すべて彼女が管理しています。自分でも髪を切りますが、スタッフのスケジュール管理、出納管理、販売品の発注など、店の運営は店長のスーザンがすべて仕切っています。

とはいえ、彼女は店の「オーナー」ではありません。オーナーはめったに店に顔を出しません。スーザンはカットをしながらよく考えます。

「お店を実際に運営しているのは私。もう、人に使われるのはイヤ。独立したい。私は人に使われるためではなく、夢を追うために生まれてきたのよ。そう、私は独立するわ」

スーザンが始めるビジネスはなんでしょう。十中八九、「ヘアサロンのお店」だと想像できます。

では、ここで、「重要な質問」をします。なぜ、「ヘアサロンのお店」なのでしょうか？「髪をカットすることに情熱を感じるから」でしょうか？「ヘアサロン業界が大好きだから」でしょうか？　おそらくそういう理由ではありません。

「ヘアサロンのお店なら確実に成功できる」と考えているからでしょう。だとしたら、すでに「困難」が待ち受けています。なぜなら、「ビジネスに確実性はない」からです。そして遅かれ早かれ、「ビジネスには想定外のことが起こる」からです。

「よく知っている業界だから『安定感』や確実性が得られるだろう」という動機でお店を開くと、想定外のことが発生したとき、おそらくパニックになるでしょう。

「どう対処すればいいの？」とスーザンはおろおろするはずです。**「経営することと、その事業に必要な技術的な仕事をすることは、まったく別のスキル」**であり、大きな違いがあるからです。

スーザンに「カリスマ美容師」のような高いヘアカット技術があろうとも、あるいは商品の発注やスタッフ管理がうまかろうとも、「その能力だけ」では、彼女が「経営者として有能であること」の保証にはならないのです。

ビジネスの選択は、「できること」ではなく「情熱」で選ぶ

「『安定感』を求めたい」という動機で独立したり、参入するビジネスを選んだ人は、想定外のことが起こったとき、たいてい次のような行動を起こします。

「すでにできることや知っていることを、できるだけ多く行なうことで、難局を切り抜けようとする」のです。スーザンの場合なら「髪を切ること」です。ヘアカットならお手の物。だから、労働時間を増やし、お客さんの数を増やそうとします。

問題を解決するためには、もっと稼がなければいけない、そのためには「今よりもっと労働時間を長くしなければならない」と思ってしまうのです。

こうなると、スーザンにとって、仕事は楽しくありません。仕事への情熱もありません。ゼロです。独立すること自体にワクワクはしましたが、「安定感」へのニーズだけに突き

動かされて「ヘアサロン業界」を選んでしまったことで、彼女の人生は曇ってしまったのです。

ここで「シーン」を巻き戻しましょう。もう少し早い段階で、スーザンが「自分の中の小さな声」にもっと注意深く耳を傾けていたらどうなっていたでしょう?

「小さな声が聞こえる。『独立しなさい』と言っている。どのような運命が待ち受けているかわからないけれど、私は自分の船で、自分の島を目指して航海の旅に出るわ。他人の陸につながれているのは、もう、うんざりなの」

誰もが一度はこのようなささやきを聞いたことがあるでしょう。声に従う人もいれば、従わない人もいます。スーザンがこのとき、しっかりと自分と向き合い、「そう、私は、本当はヘアサロンなんかしたくはなかったの。本当は、『馬』に関する仕事がしたかったんだわ。馬が大好き。これまでは趣味だったから、詳しい馬の知識もないし、馬のビジネスをしたこともない。でも、馬が大好きだから、馬に関するビジネスを始めたい」

という「心の声」を聞いていたらどうなっていたでしょう。

この場合、スーザンには、消えることのない「情熱」があります。

「ビジネスには、必ず想定外の問題が起こる」ものです。そんな不確実な状況で、唯一アクセスし、どんな困難に見舞われたとしても、頼りにできるのは、「自分の情熱」なのです。なぜなら、「情熱が困難を切り抜ける知恵を与える」からです。「情熱があれば、エネルギーや勇気がわいてきて、腹が据わり、集中力が生まれる」のです。

そのようになれば、ストレスを感じることが、まずありません。

情熱のないビジネスをすると、ストレスを感じて、「思いもよらないこと」が起きると、一巻の終わり。パニックになってしまうのです。

だからこそ、**「予測不能な問題がたくさん待ち受けるビジネス」を始めるときに、「どのビジネスを始めるか？」を決めるときのポイントは、「あなたが情熱を感じられるものをビジネスにすること」**なのです。

「情熱を注げるか」がビジネスを選ぶポイント

私はずっと美容師をやってきたカリスマ美容師。
今までは雇われの身だったけど、独立して事業を始めたい

×	○
せっかく身につけた技術を活かしたいから、独立して、美容室を経営しよう	小さな頃から馬が大好きだ。ノウハウはないけれど、馬に関するビジネスを始めたい

始めたビジネスだが、売上が伸びない

↓	↓
もっと多くのお客さんを取らなくてはダメだ。美容室が続けられない！	大丈夫。好きで始めた仕事。情熱がある！きっと解決策が見つかるはず。もっと考えてみよう!!
仕事に追われ、疲れ果ててしまう…	いい案が浮かんだ。これで乗り切れる！

Point

情熱があると、エネルギーや勇気がわき、
困難を切り抜ける知恵を探すことができる

「自分が本当に情熱を傾けられるもの」を選択する必要があるのです。

燃えられるもの、考えただけでゾクゾクするようなことに絞るのです。**「お金を払ってでもやりたいと思えること」**…、あなたが参入すべきはそういうビジネスです。

今まで、仕事をしていた関係で、「たまたま知識や技術が身についてしまったことに関するビジネス」ではありません。

「生きるのに必要なもの」ではなく、「感情的にほしいもの」が売れる

起業にあたり考えるべきことは、人々の「ニーズ」ではなく「ウォンツ」、すなわち、「すでに顕在化した欲求、必要性（＝ニーズ）」ではなく、「潜在化した欲求、需要（ウォンツ）」に焦点を定める、ということです。簡単に言うと**「生きていくために必要なもの」ではなく、「感情的にほしいもの」にフォーカスする**のです。

このことは、私自身が何度も試し、そのたびに効果を実感している「秘訣」です。

「これはすごくニーズがあるから、このビジネスを始めよう」と言う人がたくさんいます。

「ニーズ」ではなく「ウォンツ」にフォーカスする

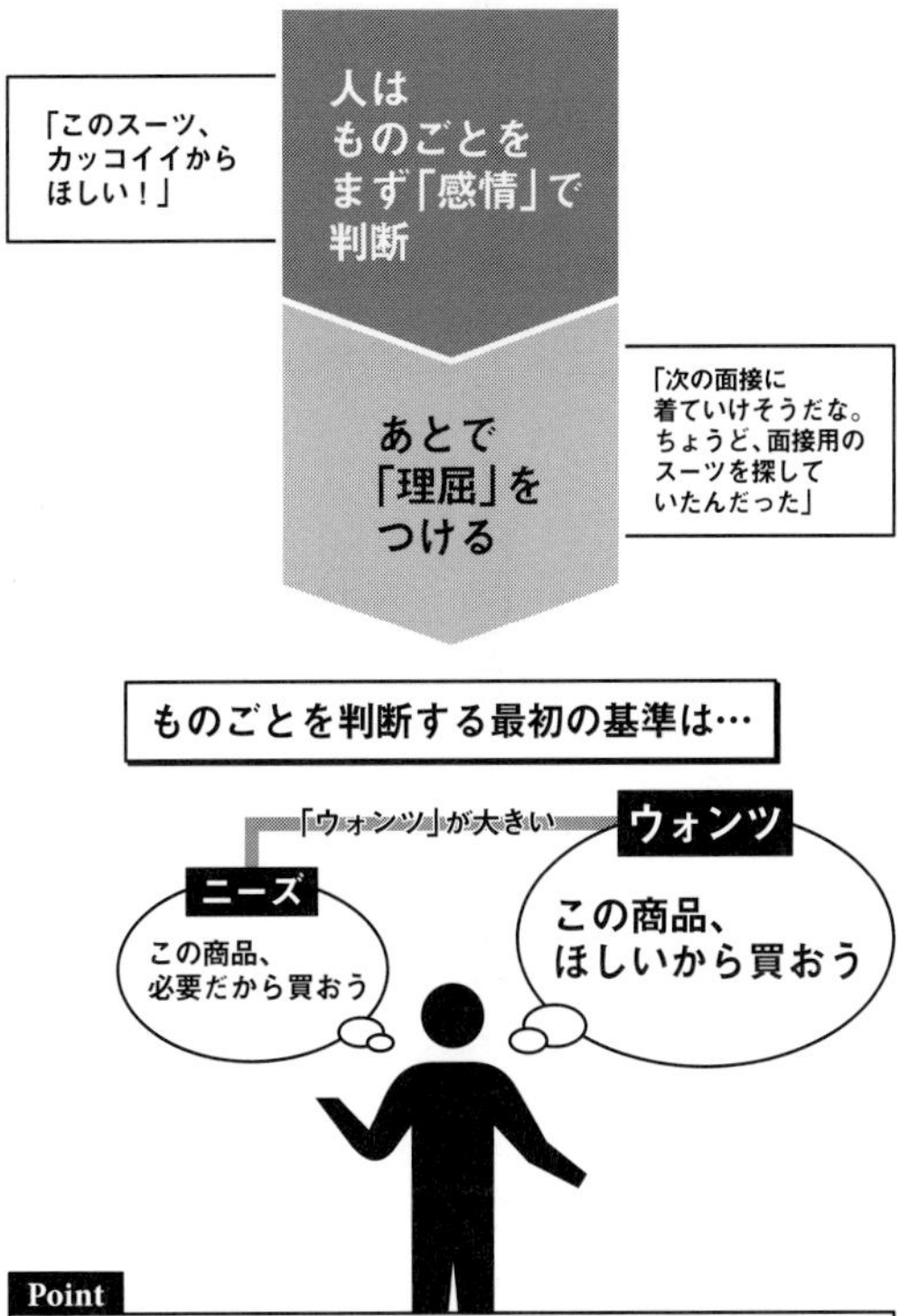
人は
ものごとを
まず「感情」で
判断
「このスーツ、
カッコイイから
ほしい！」
あとで
「理屈」を
つける
「次の面接に
着ていけそうだな。
ちょうど、面接用の
スーツを探して
いたんだった」
ものごとを判断する最初の基準は…
「ウォンツ」が大きい
ニーズ
この商品、
必要だから買おう
ウォンツ
この商品、
ほしいから買おう

Point

新しく事業を起こすなら人々の「ニーズ（必要なもの）」ではなく、「ウォンツ（ほしいもの）」にフォーカスしよう！

しかし、人が何かを買うとき、感情的には、「必要なものよりも、ほしいもの」を優先するものです。

人が「生きていくために必要なもの」だけを買うのであれば、アルコール飲料業界も娯楽産業もタバコ産業もいりません。人間が「必要不可欠なもの」しか買わない生き物だとしたら、もっとましな世の中になっていたかもしれませんが、「感情の機微」は失われてしまうでしょう。

次の言葉は、とても大切なので、覚えておいてください。

「人は感情でものごとを判断し、後から理屈をこじつけるもの」

なのです。

ですから、私が何か新しい事業を始めるときは、ほとんどの場合、人々の「ニーズ（生きていくために必要なもの）」ではなく、「ウォンツ（感情的にほしいもの）」にフォーカスします。

安値競争はせず、「価値を上げること」を考える

そして、大切なもう1つの秘訣は「価格競争をしない」ということです。

あなたが何かの「店」を始めたとします。そのとき、顧客があなたの店で買う理由が、「単に他社よりも安いから」だとしたら、「さらに安い競争相手」が現れたとき、あなたはすぐに、店を畳まざるを得なくなります。

私はこれまで、「業界一値段の『高い』商品を売るビジネス」をいくつも手がけましたが、**「どうすれば付加価値を上げることができるか？」**と自問自答し、最高のサービスを提供することを心がけました。

その結果、「他社の安い商品」には目もくれず、並んででも「私の高い付加価値の商品」を買いたいというお客さんが生まれました。

このようなポジションを確立できれば強いです。価格で競争してしまうと、常に「生き

残るために値段を下げる」しかなくなってしまい、「あなたの強み」は失われてしまいます。

自分がいなくても会社がまわるしくみをつくる

第4の秘訣は、「自分がいなくても、会社がまわるようなしくみ」をつくることです。これは、コンサルタントや弁護士のような「時間あたりのレートが決まっている職業」の場合、難しいことではあります。

しかし、**「ビジネスにおける究極のゴールは、手にした経済的豊かさを楽しむライフスタイルをつくること」**であるべきです。

もちろん、起業初日からそんな状態が手に入るわけではありません。初日にオフィスに入るなり「君たち、今日から一生懸命働いて、僕をリッチにしてくれたまえ。じゃ、あとは任せたよ」とその場を去っても、うまくいくはずがありませんね。

価格競争はしない

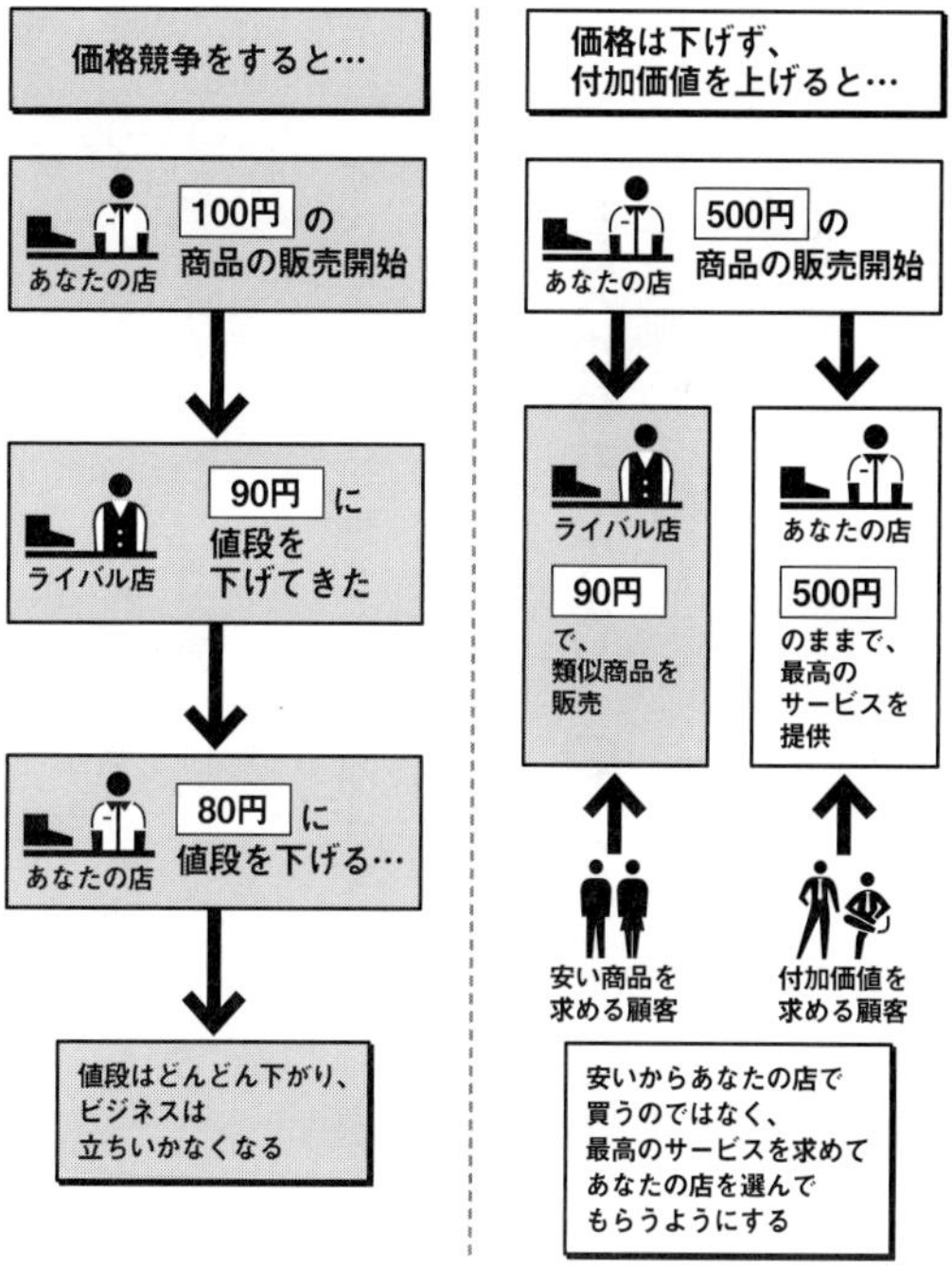
価格競争をすると…
100円 の
商品の販売開始
あなたの店
90円 に
値段を
下げてきた
ライバル店
80円 に
値段を下げる…
あなたの店
値段はどんどん下がり、
ビジネスは
立ちいかなくなる
価格は下げず、
付加価値を上げると…
500円 の
商品の販売開始
あなたの店
ライバル店
90円
で、
類似商品を
販売
あなたの店
500円
のままで、
最高の
サービスを
提供
安い商品を
求める顧客
付加価値を
求める顧客
安いからあなたの店で
買うのではなく、
最高のサービスを求めて
あなたの店を選んで
もらうようにする

Point

「どうすれば価値を提供できるか？」

と常に自問自答しよう！

でも、「システムや手順」などを整備し、誰でもオペレーションをまわせるようなしくみをつくり、「自分が24時間そこにいなくとも業務が稼働する状態」を築く戦略くらいは頭に描いておくべきです。

1年後、休暇を取りたいなら、「自分なしでも業務がまわるしくみ」をしっかりとつくり、「休暇から戻ってきたら大惨事になっていた」ということがないようにするのです。

私自身、かつては「すべて自分で管理しないと気がすまない性質」でした。私が離れると必ず業務が止まるので、常にストレスを抱え、何年間も休日返上で働いていました。でも、あるとき、「自分に依存するしくみ」をつくっていたのは自分自身だと悟りました。根底にあったのは、**「失敗への恐れ」であり、「自分が重要な存在でなくなることへの恐れ」**でした。しかし、そんな苦い経験を経て、ビジネスマンとして成長した私は、ようやく「自分なしでも業務がまわるシステム」を築き始めました。

現在、私がメインで関わっている「ある事業」は、世界中にオフィスがあります。北京、フロリダ、サンフランシスコ、チューリッヒ、そしてドバイです。正直に言うと、私自身が個人的に会ったことのあるスタッフは、「全体の2割未満」です。

自分が会社にいなくても まわる仕組みをつくる

ビジネスの究極のゴールは、
手にした経済的豊かさを楽しむライフスタイルをつくること

趣味を楽しんでいても、
世界各国の自分の会社とは
つながっている。
そこに自分がいなくても、
会社はまわっている

Point

- ●失敗を恐れない
- ●自分が重要な存在でなくなることを恐れない

『チャーリーズ・エンジェル』の「チャーリー」を目指せ

70年代に『チャーリーズ・エンジェル』というテレビ番組がありました。そのドラマの魅力の1つは「チャーリー」という登場人物でした。

彼はいつも姿を隠しています。神秘的な存在で、彼の部下である、「3人のスパイ」であるエンジェルたちは、電話でしか彼と話したことがないのです。

今、私は会社で「チャーリー」というあだ名をつけられています。なぜなら、私は社内では「声だけの存在」で、ほとんどのスタッフは「私の姿」を見たことがないからです。こんな存在になるのはとても楽しいですし、なにより気が楽です。

私は今、海に面した「ドバイ」という街の別荘で、美しい景色を窓から眺めながら、仕事をしています。仕事をしたくないときはしない、仕事をしたければする、というライフスタイルは、**「ビジネスの初期の段階では一生懸命に賢く働き、私に依存しないシステム**

をつくり上げた結果、得ることのできたごほうび」なのです。

どの業界でビジネスをする場合も、「成功のモデリング」をする

「新しいビジネス」を始めるときの、最後の秘訣をお話ししましょう。それは、「どの業界でビジネスをするにしても成功のモデリングする」ということです。

あなたが「情熱」を持って始めようとするビジネスは、どんな業種であろうとも、「同じ業界で、すでに成功のすばらしい事例を残している会社がある」ものです。探すのは難しくありません。

しかし、なぜか、起業をする人たちの9割は、そのようなすばらしい事例を調べたり、そこから学ぶ時間を取ろうとしません。

ビジネスの先人たちが、苦労の末残した失敗、成功、インスピレーションの事例の数々から知恵を汲み取るのに、「お金」はほとんどかからないというのに……。

私自身、すばらしいヒントを、そのような形でいくつも入手してきました。最高のアイデアのいくつかは、「私のオリジナル」ではありません。卓越していると思ったビジネスを見て、「すごい！　あの手法を、ぜひ自分のビジネスにも取り入れたい」と思って、そのビジネスを自分のビジネスに「応用」したことなのです。

大切なのは、**「成功したビジネス事例のエッセンス部分」を、形を変えて「自分のビジネスにうまく応用してあてはめる」**ことなのです。そうすれば、「多くの無駄な失敗」を、あらかじめ回避することができるでしょう。

成功者をモデリング

モデリングとは

すでに成功している人の
- ●失敗例
- ●成功例
- ●インスピレーションの事例

を学び、
まねること

ここには

知恵が
つまって
いる！

学ぶのに
お金は
あまり
かからない！

卓越したアイデアを見つけて、
自分のビジネスに取り入れ、
応用しよう！

Key 2
Financial freedom

1円も使わずに「起業」する方法

クリエイティブな能力にアクセスし、いろんなことを「タダ（無料）」にする

ビジネスをしていない多くの方は、ビジネスをスタートできない理由の1つに、「まとまった資金がないこと」をあげます。

また、たとえ「資金」があったとしても、「事業の失敗で失うのが怖い」と思っています。

でも、もし「お金を1円も使わずに、起業する方法」があったらどうでしょうか？

自分の中の「クリエイティブな能力」にアクセスして、いろんなことを「タダ（無料）」にする。

それを可能にするような考え方があったら、どう思いますか（実際にあります）。

私はこれまで「22の会社」の立ち上げに関わりました。22社のうち、スポーツクラブチェーンの1社は買収して始めましたが、残りは何もないところから立ち上げた会社です。資金なしで、ほとんどが「お金vs戦略」と私が名づけた考え方を実践してきたのです。

「どうすれば価値を加えられるのか」と自分に質問することが、考え方のカギ

最初に事業を始めたとき、私はまだ17歳でした。当時の私には、「情熱」はたっぷりありましたが、「お金」は、もちろん、まったくありませんでした。「資金援助をしてくれる人」もいませんでした。当然ですが、信用のない17〜18歳の若造に投資をする銀行など、どこにもありません。にっちもさっちもいかない状況に陥っていました。

お金を貸してくれさえすれば、「ビジネスの儲け」から返済できる自信はあったのに、「貸してくれないからビジネスを始められないというジレンマ」にさいなまれました。でも、私には「起業家になる！」という情熱、欲望、やる気がありました。そこで、必死に「お金を1円も使わずに、起業する方法」を探し求めた結果たどり着いたのが、この「お金vs戦略」という概念でした。つまり、**「資金ではなく、アイディアで戦略をつくる方法」**です。

資金ゼロでも起業はできる

成功しない人	成功する人

資金がない

↓

成功しない人	成功する人
お金がすべて。 資金がなければ、事業なんてできるわけがない。 あったとしても、 資金を失うのが怖いから、 なかなか踏み出せない	大丈夫。お金はなくても平気。 ただ、自分に 質問しさえすればいい。 「どうすれば価値を 加えられるだろか？」
↓	↓
いつまでも今のまま。 ずっと今のまま	答えが見つかれば、 資金がなくても起業は可能。 （私自身、22社のうち、 21社は何もないところから、 ビジネスをスタートさせた）
↓	↓
成功は遠い（×）	成功へ！（○）

やり方は極めて簡単です。自分に対して「よりよい質問」をするだけです。それは…、

「どうすれば、より多くの価値を加えることができるか？」

という質問です。

戦略のカギは、まさにこの「よりよい質問」なのです。

ここにフォーカスすると、さまざまなアイデアがわいてきます。

この概念をどう応用すればいいかということを、このあとの「具体例」で示していきますが、個々の戦略を「ただ真似すればいい」とは考えないでください。みなさんに教えたいのは「考え方」なのです。それを使うことで自己資金に手をつけることなく、結果を生み出すことができるのです。

成功例❶

資金ゼロで、お店を手に入れる方法

「お金VS戦略」の典型例

ここからは「成功の実例」を細かく紹介していきます。「考え方」を学んでください。成功に役立つヒントがたくさんあるはずです。

最初は、**「お金VS戦略」**という概念の典型的な例です。非常に単純な発想です。説明を聞けば、なぜ「お金vs戦略」と呼んでいるかがわかるでしょう

私が「起業家」として独立後、何年か経ったある日、1本の電話がかかってきました。故郷のイギリスのレスターという町で「花屋」を営んでいる友人のマットからでした。店は立地がよく、繁盛していて、マットは成功していました。

私がはじめてマットに出会ったのは、数カ月前、ふと立ち寄った彼の店で花を買ったときでした。彼の親切な応対がとても印象的でした。

「どんな花をお探しですか？　どなたへ贈るものですか？　どんな記念日ですか？」など、こちらが求めているものを丁寧に聞き出し、「叔母へのプレゼント」に最高の花束を作ってくれたのです。彼は「付加価値を高めよう」としていました。
サービスに感銘を受けた私は、その後も彼と連絡を取りました。

彼は電話で「200万円（約2万ポンド）貸してくれないか」と言ってきました。理由はこうです。

町の反対側にライバルの花屋があり、その店のオーナーがもうすぐ引退する。店を誰かに売り渡したいと言っている。その金額が200万円で、「銀行の融資相談」には断られ、今は200万円の現金は持っておりません。
「自宅を担保」にした場合、融資申込みの手続きに時間がかかり、その間に誰かにチャンスを取られる可能性がある。もし、その店を買えたら、町でもっとも繁盛している2軒の店が自分のものになる。そうすれば市場を「独占」して大成功すること間違いなし。だからどうしても、今、200万円が必要なのだ……。

という話でした。彼の話には「説得力」があります。ところが、私には「絶対にお金を他人に貸さないというポリシー」があります。

お金は必要ない、必要なのは「よりよい戦略」

私はマットに言いました。

「マット、**お金は必要じゃない。必要なのは、よりよい戦略だよ。**マット、1つ質問するよ。この店を君が手に入れたら、何人が得をする？　リストアップしてみて」

「当然、僕は得する。売上げはぐんと増えるからね。それから、お客さんも得をするな。その店のファンにとって、買える店舗が2箇所になるわけだからね。あとは、引退するその店主も得をするよ。店を売ってお金が手に入るからね」

「なるほど、他には？」

こんなふうにして、マットは「得をする人」の名前を片っ端からリストアップしていき、ついにこう言いました。

「もちろん仕入先のサプライヤー（卸業者）も得をするよ」

「なるほど。それだよ、マット。ビンゴ！」


私は続けました。

「もう1つ質問するよ。君の店では、仕入金額ベースで、今どれくらい花を購入している？」

「年間2000万～3000万円くらいだね」

「オーケー。では、もう1件の店のほうだけど、その店の花も、すべて君の今のサプライヤーから仕入れたとしたら、追加でどれくらいの仕入金額になりそうかな？」

「だいたい同じくらい、2500万円くらいだと思うよ」

「わかった。そしたら、こうするんだ。まず、君のメインサプライヤーに連絡して、こう言うんだ。『あなたの会社からの仕入れを2倍にするチャンスがあります。つまり、現在の2500万円の仕入れを5000万円にできる、という話です』」

さて、サプライヤーにしてみれば、魅力的なオファーです。マットはサプライヤーに対してさらにこう言えばいいのです。

「私は御社と、その追加仕入れに対する独占契約を結んでもいいと思っています。そしてその権利を50万円で売ってもいいと思っています」

さて、マットの店への売上げが「2倍になる」というのは卸業者にとっても大金です。実際、その業者が広告やマーケティングに50万円をかけたとして、12カ月間で売上げを「2000万円→5000万円」に増やすことができるでしょうか？　私はできると思いません。

「全員が勝者となる方法を考える」ことが、大切なポイント

ほとんどの商売人なら、このように魅力的なオファーは即座に「承諾」するはずです。サプライヤーがこのチャンスを蹴るのなら、**話のわかる別のサプライヤーのところに行けばいいだけ**の話です。もともと取引していた2000万〜3000万円と、これから確実

に増える見込みの2500万円、合わせて「5000万円」を失うわけですから、サプライヤーも、承諾しないわけにはいきません。

ですから、年間2500万円規模の取引が増える権利を、50万円で買えるという魅力的なオファーを、連続5回断られるということはありえません。私は言いました。

「きちんとした契約書を作り、金額、数量、品質などに関して、お互いが納得する条項を文書で取り交わす必要はあるけれども、基本的には単純な取引だよ。君がすることは、『競合業者を参入させないという権利』を売ること、それから、まず50万円を前金で払ってもらうことだ」

考える必要がまったくない、単純な取引です。私は続けました。

「次に君は、引退する店主のところに行ってこう言うんだ。『あなたのお店を買わせていただきたいのですが、今、あなたに200万円を支払うよりお得な話があります。理由はこうです。私がお支払いした200万円を、あなたが銀行に預けたとしても、今の金利なら12カ月後の利子は、せいぜいコーラ1本とピザ1切れ買えるくらいです。ですが、25%

の利子が確実につく預け先を、どこか知っていますか？　私のところです。私はあなたに２００万円なんて払いたくはありません。２５０万円払いたいのです。そのうち50万円を前金でお支払いしましょう。残りの２００万円は、お店が繁盛したのちにお支払いします、いかがでしょうか？』

つまり、マットはサプライヤーからもらう「50万円」を、店を買うための手付金にするわけです。そして、譲り受けた店を開いた後、売上げを上げて、増えたキャッシュフローから、２００万円を捻出するのです。非常にシンプルです。

勝ったのは誰でしょう？　全員です。**ポイントはここ、つまり、「全員が勝つこと」が大切なのです**。

・サプライヤー……毎年２５００万円のビジネスを50万円で手に入れた

・引退する店主……売値の25％のお金を手に入れた。12カ月の利子として前金でもらえる。しかも万一、１年以内に２００万円が支払われない場合、店を取り戻すことができるとい

う条件付きです

・お客さん……マットのサービスを受けられる店が2店になった

・マット……自宅を抵当に入れる必要がなくなった。迅速に行動したので、競争相手に先手を打たれることがなかった。誰かに借金を願い出る必要もなかった

「デメリット」は1つもなかったのです。

非常に単純な戦略です。ただ2つのことをしただけです。

1「自分に必要なのは現金ではない」と認め、

2「どうすれば自分は『価値』を加えることができるか？」と質問しただけ

なのです。

「提案を受けたほうが、断るよりも価値が高い」と感じるような提案をする

この事例で「取引のテクニックのポイント」を１つ紹介します。

「交渉の相手があなたの提案を断った場合に受け取る現金よりも、あなたの提供するもののほうが価値が高い、と相手が感じるような提案をすること」です。

ライバルの店主に提案したのは、言い値の２００万円ではなく、25%増しの２５０万円でした。そして、仕入先に対しては、単に50万円相当の価値を提案したのではなく、仕入先にとって売上げが毎年確実に２５００万円増える提案をしたのです。

「相手の主観上で、現金よりも価値が高いものを、確実に提供すること」が大事です。

そうすれば相手は、「断った場合よりも、承諾したほうが価値が高い」と感じて、あなたの提案を喜んで受けてくれるでしょう。

資金なしで ライバルの花屋を手に入れる

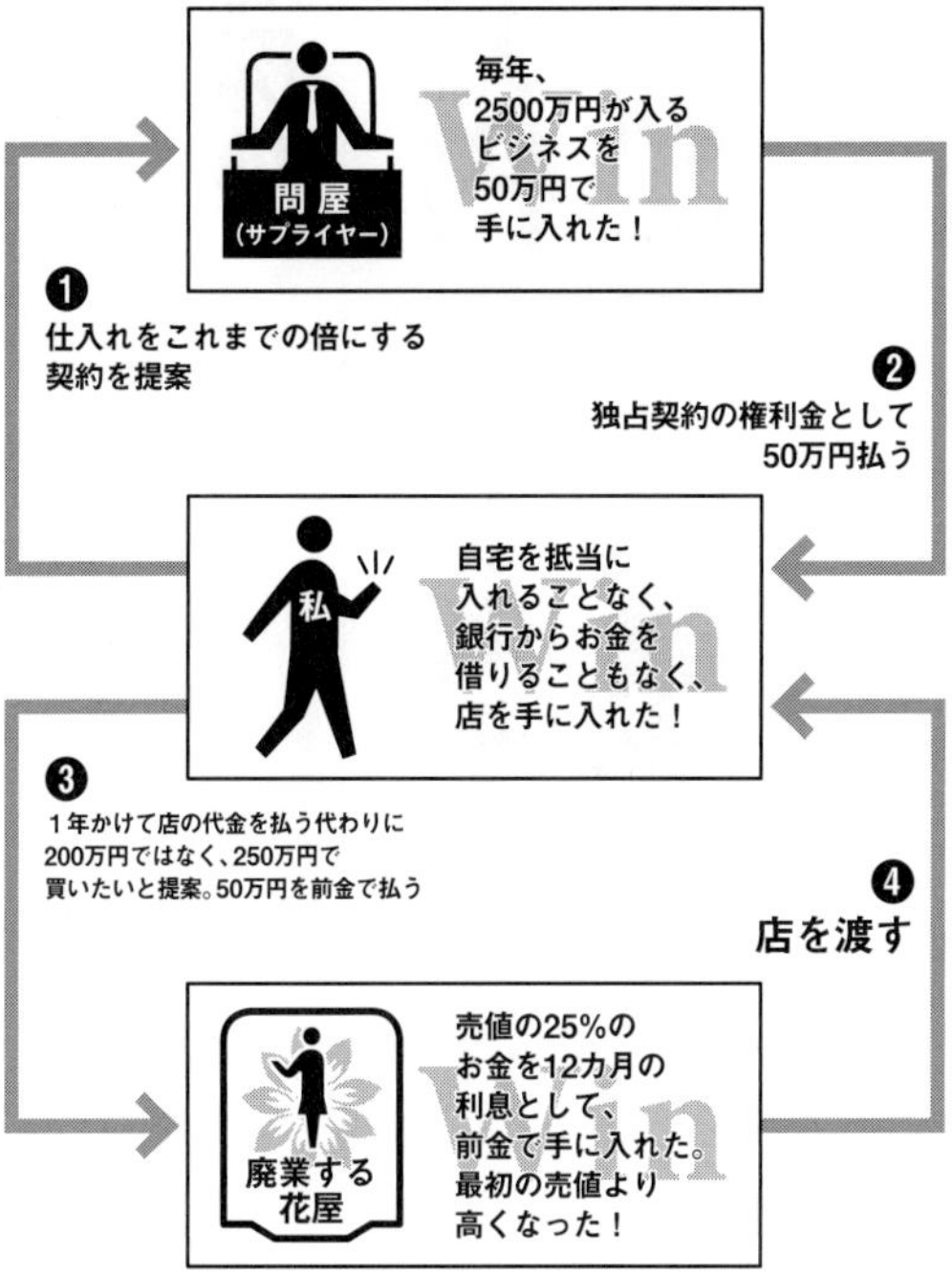
問屋
(サプライヤー)
Win
毎年、
2500万円が入る
ビジネスを
50万円で
手に入れた！
❶
仕入れをこれまでの倍にする
契約を提案
❷
独占契約の権利金として
50万円払う
私
Win
自宅を抵当に
入れることなく、
銀行からお金を
借りることもなく、
店を手に入れた！
❸
１年かけて店の代金を払う代わりに
200万円ではなく、250万円で
買いたいと提案。50万円を前金で払う
❹
店を渡す
廃業する
花屋
Win
売値の25%の
お金を12カ月の
利息として、
前金で手に入れた。
最初の売値より
高くなった！

Point

「断るよりも受けたほうが価値が高い」
と相手が感じるような提案をする

成功例❷

30万円のセミナーを「無料」で受講する

「お金を借りること」を考えず、「よりよい戦略」を考える

これは、18歳の少年が数時間で30万円のスポンサーを見つけた「実話」です。

10年前、私はハワイで9日間の、世界№1コーチであるアンソニー・ロビンズのセミナーに参加していました。セミナーの参加費は30万円（約３０００ドル）でした。

セミナーの初日の10時ごろ、ジョンという18歳の少年が私のほうに近寄ってきました。セミナーの開始時間の4時間前です。

少年は私に尋ねました。

「あなたがピーター・セージですか？　ある人に『ピーターのところに行くといい』とすすめられてやって来ました。力を貸していただけませんか？　セミナーに参加するため、何とか旅費を借りて、ハワイまでは来たのですが、セミナーに参加するチケットを買うお

金がないのです。ハワイに着いてから、誰か私にお金を貸してくれる人を探そうと思ってきました。お願いですピーター、30万円貸していただけないでしょうか?」

私はこう答えました。

「30万円は必要ない。必要なのはお金ではなく、よりよい戦略だよ。君が考える必要があるのは**『どうしたらより多くの価値を加えることができるのか?』**ということだよ」

「お金は必要ない、必要なのはよりよい戦略」。大事な言葉です。

もし、あなたの人生で何かほしいけれど、お金がないとき、自分に言い聞かせてください。「私に必要なのはお金じゃない。よりよい戦略があればいいのだ」と。

少年の話に戻ります。

当時、そのセミナーは日本円にすると「約100万円のパッケージ」の一部でした。つまり、3つのセミナーの合計が100万円と設定され、そのうちの1つが30万円だったのです。セミナーの参加者はだいたい2000〜3000人くらい。会場にはたくさんの夫婦もいました。

多くの夫婦にとって、セミナーに参加することは２００万円の投資だったでしょう。それに加え、旅行や宿泊代金を入れると、夫婦で参加する場合、おそらく３００万円の投資です。

そのセミナーの参加者がつける名札には「番号」が入っていました。それは住んでいる地域に応じて割り振られた番号でした。

たとえば、ニューヨークからの参加者すべての名札には6という数字が記入されています。私が少年にどこに住んでいるのか尋ねると、フロリダから来たということでした。私は彼にカスタマーサービスに行き、何番がフロリダからの参加者なのか確認するように言いました。彼はそれが「４番」だと確認してきました。

子どものメンターになる代わりに、セミナーのチケット代を出してもらう

私は言いました。

「フロリダから来ている、４番の名札をつけている人を探しなさい。決して『すみません、

30万円貸していただけませんか?』とは言わないように。言ったろう? 『必要なのはお金じゃない、必要なのはよりよい戦略』なんだ。だから、君が聞くべきなのは『すみません、あなた方ご夫婦にお子さんはいらっしゃいますか?』という質問だよ」

私は続けました。

「その夫婦が『イエス』と言った場合、こう言うんだ。『私はジョンと言います。フロリダから来ています。これから行なわれるセミナーの内容を、あなた方のお子さんに教えてほしいという方を探しています。僕がお子さんのメンターになります。というのも**お子さんは、親から言われるよりも、年の近い者からの助言のほうが、はるかに受け入れて聞いてくれるからです**。もしあなたが私のスポンサーとして、セミナーのチケット代金をお支払いいただけるのであれば、僕はこの9日間の内容すべてを学び、フロリダに戻ってから、僕たちが学んだことが何であるかをお子さんにお教えします』と」

親が多感な年齢の子どもに「どうやって成長していくか」を教えることはとても難しいものです。「人生がすばらしく変わる話」なのに、それを親から教えられたら間違いなく、年頃の子どもは反発するでしょう。

そこで両親が教える代わりに、兄のような年代のジョンが「メンター」となり、その人の子どもに教えてあげることができたら、子どもは抵抗なく学ぶことができます。

両親にとって大きな利益です。そのように説明して、両親に「お金を出してください」と頼めばいいのです。

その後、セミナーが始まるまでジョンに会うことはありませんでした。

とにかく「実際に動く」、そして拒絶は前向きに受け止める

14時にドアが開くと、会場の反対側にジョンはいました。

彼は生き生きとして、幸せそうな笑みを浮べていました。私を見つけると走ってきて、大きなハグをしてくれました。

彼は、「自分の名前が入った名札」をきちんとつけていました。そして、どのようにしたのか私に教えてくれました。

「ピーター、ありがとうございます。1組のカップルから30万円を得ることはできなかったので、15万円出してくれるフロリダ出身のカップルを2組見つけました！」

彼は多くのことを学んだそうです。

- **とにかく「実際に」会いにいって質問をすること**
- **「クリエイティブ」にならなければいけないこと**
- **「拒絶」があっても前向きに受け入れること**
- **「人にお金を出してもらう」こと**

私からお金を借りるよりも、「自分で行動すること」でより多くを学んだのです。キーポイントは「お金は必要ない、必要なのはよりよい戦略」という点。「お金が必要」というのは多くの人々にブレーキをかけてしまう、とても大きな「思い込み」です。多くの人は「お金がない」ということで挑戦する前にやめてしまいます。

よりよい戦略を見つける方法は、自分自身に「どうしたらより多くの価値を加えることができるだろうか？」と質問することです。なぜなら、**「お金を得る唯一の方法は何かの**

30万円のセミナーを無料で受講する方法

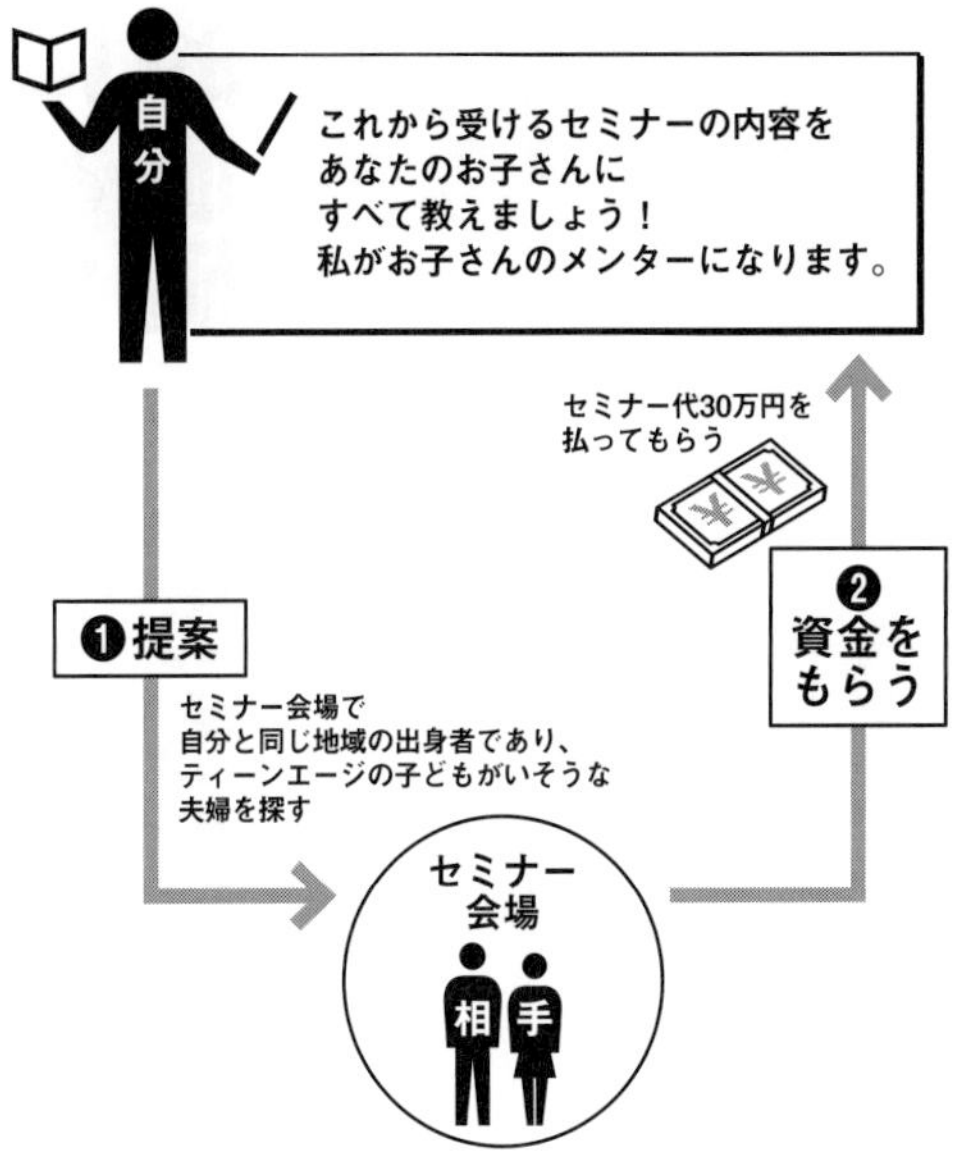
自分
これから受けるセミナーの内容を
あなたのお子さんに
すべて教えましょう！
私がお子さんのメンターになります。
セミナー代30万円を
払ってもらう
❷資金をもらう
❶提案
セミナー会場で
自分と同じ地域の出身者であり、
ティーンエージの子どもがいそうな
夫婦を探す
セミナー会場
相手

Point

相手にとって、
実用的価値や本質的価値のあるものを提供する

価値を生み出し、貢献すること」だからです。

相手にとって、実用的価値や本質的価値のあるものを提供する

この事例での「取引のテクニックのポイント」を1つお伝えしましょう。

「あなたが提供するものを、相手の人や会社にとって、必ず実用的価値、または本質的価値のある内容のものにすること」です。つまり簡単に言うと、**「相手にとって非常に価値のあるものにする」**ということです。

もし、ジョンが会場で会った両親にお子さんに水泳を教えてあげましょうと提案しても、子どもが水泳なんて教わりたくもないと思えば、取引は成り立たないのです。

Key 1
成功の心理学
Unstoppable mindset

Key 2
お金のつくり方
Financial freedom

Key 3
リーダーシップを高める
Ultimate leadership

Key 4
世界観をつくる
Live by your values

Key 5
10倍強くなる文章術
The skill of copywriting

成功例❸

お金を払わずに「新品のベンツ」を手に入れる方法

レンタカーをやめて高級車を手に入れたい

あるとき、私はロンドンで親友スティーブが運転する車に乗っていました。彼は財務や税務の顧問サービスを企業に提供する、「お金の専門家」です。

車は４００万円の美しい新品のベンツ。彼が話しかけてきました。

「ピーター、この車どう思う？」

「すばらしい車だと思うよ」

「この車、レンタルなんだ。実はちょっと迷っていることがあってね。私は海外出張が多いので、ひと月のうち、イギリスにいるのは、わずか数日。イギリスに帰ると、レンタカーで高級車を借りる。ひと月に20日以上ガレージに寝ている車に、３００万～４００万円も払うのはばかばかしいからね。でも、借りるだけのためにレンタカー会社にお金を払い続けるのもイヤなんだ。車を買うべきか、買わざるべきか、ずっと迷っているんだよ」

「自分の専門的知識」を提供し、高級車を手に入れる

私はこう返事をしました。

「お金を出す必要はないよ」

「何だって？」彼が驚いて言いました。

「スティーブ、君は世界でもトップレベルの税務の専門家だ」

彼の専門は、顧客企業の過去2～3年の「帳簿」を精査して、自社の経理部門が見落とした過納税の還付や、申請できるはずの政府の補助金などを見つけて、節税や税務処理のアドバイスをすることでした。

「君がすることはこうだ。まずベンツのディーラーに行き、オーナーと話をする。君はこう言う。『あのベンツですが、正規価格は400万円ですね。おそらくディーラーであるあなたの仕入値は280万円くらいではないかと思います』

オーナーは彼を「不審な目」で見るでしょう。でも構いません。話を進めます。

「私は正規価格の400万円を払いたくはありません。そのかわり、500万円払いたいのです」

ここの最大のポイントは、「金額」です。前に書いたように、**「あなたの提案を受けたほうが、あなたの提案を断るよりも、相手にとって価値が高いと交渉相手が思うような額にする」**のです。

オーナーは怪訝《けげん》な顔をするでしょう。

「そうです、500万円支払いたいのです。詳しく説明します。私はスティーブ。クライアントの帳簿を見て、払いすぎで戻してもらえる税金や、見落としている政府の補助金などを見つけて、節税や税務のアドバイスする仕事をしています。その道ではプロです。もし、私が御社の過去3年の帳簿を2日間チェックして、すでに納税した分から500万円相当の還付請求ができる方法をお教えできたら、あの車を私にあげてもいいと思いますか？」

私がオーナーなら、答えは決まっています。280万円で仕入れた車に、500万円相当の価値を支払いたいという客が現れた。考えるまでもない取引です。仮にこのオーナーが断ったとしても、別のディーラーに行けばいいだけの話です。

そうです、

「お金は必要ではありません、必要なのはよりよい戦略」

なのです。そして、「どうすればこの人たちに、さらなる価値を提供できるか?」と自問することで戦略はひらめきます。

常に「決定権のある人」と交渉する

この事例での取引のポイントは、**「常に決定権のある人と交渉せよ」**ということです。今回の場合、交渉するのはオーナーです。仮に事務員レベルの人と話していたら、交渉は前進しなかったでしょう。事務員から課長へ、課長からオーナーへと伝言されるうちに、思いや勢いが弱められ、「ピントのぼけたメッセージ」となっていたでしょう。

ですから、「交渉は常に権限のある人を相手にすること」です。それは十中八九、CEOやオーナー、あるいは事業の創業者です。

1円も払わずにベンツの新車を手に入れる方法

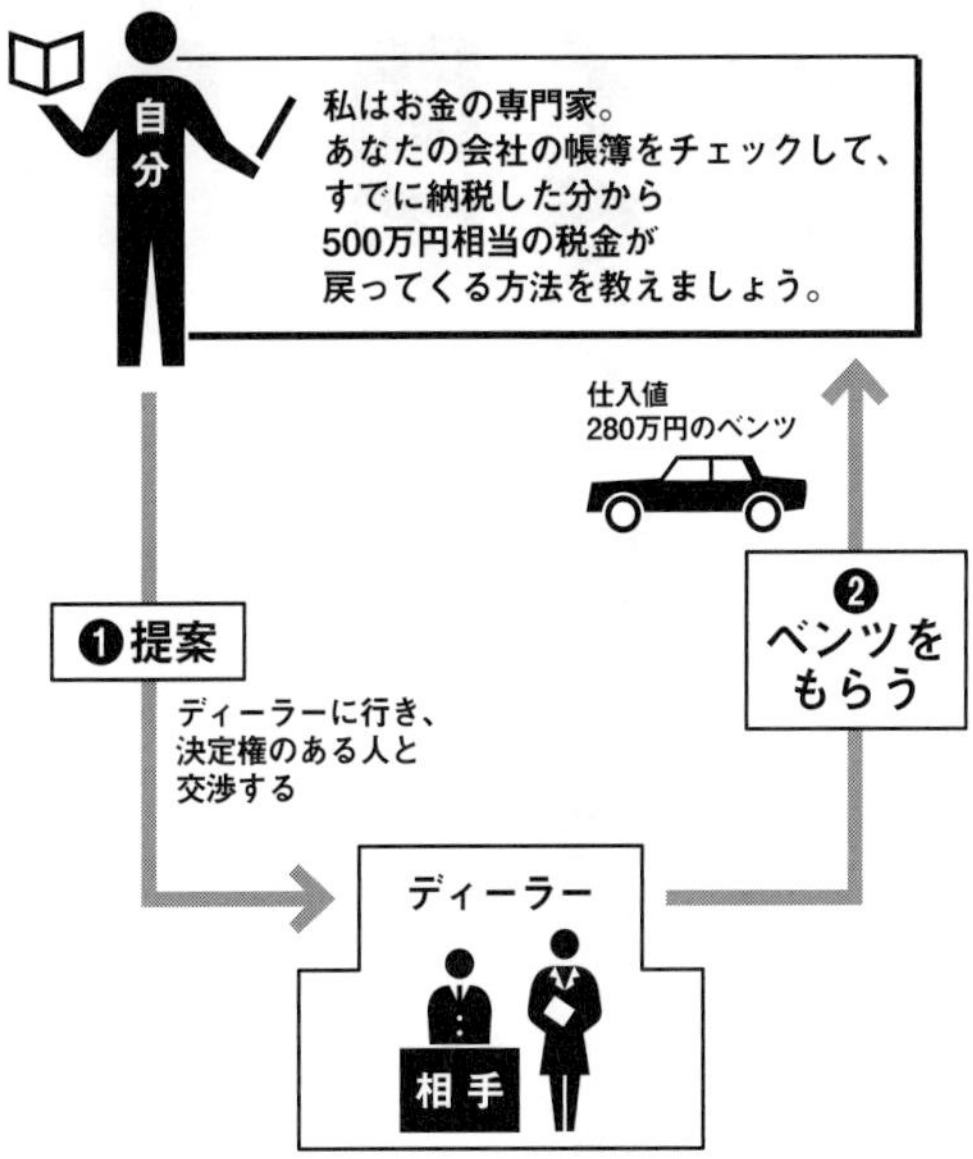
自分
私はお金の専門家。
あなたの会社の帳簿をチェックして、
すでに納税した分から
500万円相当の税金が
戻ってくる方法を教えましょう。
仕入値
280万円のベンツ
❶提案
ディーラーに行き、
決定権のある人と
交渉する
❷ベンツをもらう
ディーラー
相手

Point

交渉するときは、常に決定権のある人と交渉する

Key 2
Financial freedom

成功例❹

15時間でスカイダイビングの参加費を稼ぐ方法

コーチングのクライアントを探して参加費を稼ぐ

日本に私を呼びたいという一念で、2008年に500名の講演会を実現した佐久間さんは、彼がその活動を離れた今でも親しい友人です。

以前、私が訪日したとき、みんなでスカイダイビングをする企画があり、14人が参加申込みをしてくれました。前に書いたように、私はスカイダイビングを、「不安定感」を引き受けることの象徴的な体験として使っています。

スカイダイビングの前日、みんなでランチをとっていると、佐久間さんが私のところにやってきて、

「スカイダイビングの参加費を捻出するのが難しく、払えそうにないので帰ります…」

と言いました。私は驚いてみんなの前で佐久間さんに言いました。

「冗談でしょう。私を日本に呼んでくれたのはあなたですよ。その私は『お金なんか必要

ない』と教えている。必要なものは何でしたっけ？」

彼は私を見つめ言いました。

「よりよい戦略です」

私は言いました。

「そう、そのとおりですよ。もし佐久間さんが、明日までに10万円を用意できずにスカイダイビングに参加しないのなら、私も参加しません」

私は本気でした。私が「参加をやめる」という脅しがレバレッジとなり、佐久間さんの後押しをするのなら、喜んでそうしようと思いました。

「レバレッジ」について説明しましょう。レバレッジは、株式投資でよく使われる言葉で、借入金などの他人資本を使って自己資本の収益率を高めるよう「てこ入れ」することを言います。

簡単にいうと、小さなお金で大きなお金を動かすことです。「レバー（てこ）」から派生している言葉といえば、イメージしやすいでしょう。要は「小さな力で大きなものを動かすしくみ」と考えてください。

さて、話を戻しましょう。彼は言いました。

「でも、スカイダイビングまであと15時間もありません」

「正確には14時間50分です。何をぐずぐずしているのですか？」

私の言葉が本気であることを彼は理解し、席を立ってその場を去っていきました。**「どうすれば、自分が価値を増大することができるのか？」**という質問を、実践しにいったのです。

翌朝9時、集合場所であるホテルのロビーに降りていくと、スカイダイビングツアーに申し込んだ14人が待っていました。佐久間さんの姿もありました。彼は私に手を振り、言いました。

「ピーター、やりましたよ！」

「どんな方法を使ったのですか？」

「ピーター、あなたは日本にあと2日滞在しますよね。その間、あなたにまだ空き時間があって、コーチング・セッションができることがわかりました。私は、あなたのコーチングのクライアントを2人探すことにしました。スカイダイビングの参加費と同じ額のコミッションをもらえたからです。そして2人のクライアントを見つけました」

どうですか？　お金はいらないのです。必要なのはよりよい戦略で「どうすれば私は価値を増大させることができるか」と質問し、そこに全力を尽くすことなのです。

しかも、佐久間さんが紹介してくれたクライアントは、2人ともすばらしいセッションができて、「大きな気づき」を得ていただくことができました。

クライアントは勝ち、私も勝ち、佐久間さんも勝ち、スカイダイビング会社も勝ち、つまり…、

「よりよい戦略によって、全員が勝った」

状態ができたわけです。

15時間でスカイダイビングの
参加費用を稼ぐ方法
佐久間氏
お金がないから
明日の
スカイダイビングには
参加できません。
私（ピーター・セージ）
それなら私も
参加しません。
レバレッジ
小さな力で
大きなものを
動かすしくみ
佐久間氏
よりよい戦略、
よりよい戦略…
佐久間氏
ピーターの滞在中に
あと２人、
ピーターの
コーチングの
クライアントを探そう
クライアント獲得のコミッションで
スカイダイビングへ参加！

成功例❺

最新鋭のコピー機を「原価」で買う方法

電話帳の広告でマーケティングが弱い会社を探す

最後にもう1つ実例を紹介します。2004年にある会社を立ち上げたときのことです。私は「あるコピー機」がほしいと思っていました。キヤノン製の大型カラーコピー機で、約220万円もする、当時の最新のモデルでした。

ただ、私は220万円も払う気はありません。会社の立ち上げを「お金vs戦略」という理論を実行に移す絶好のチャンスだと考え、意図的に資金を使わないようにしたいと思ったからです。

私は電話帳をめくり、コピー機の会社の中で、**「最悪の広告」**を載せている会社を探しました。マーケティングや営業のセンスが「ゼロ」の会社が見つかりました。

おそらく専門である「コピー機」のことは何でも知っているのでしょう。トナーやメンテナンス、ドラムのことなど、コピー機の機能についてなら何でも答えられるけれど、マーケティングや営業のセンスは、からっきしダメな会社であることが明らかでした。

早速、その会社に電話をかけ**「社長につないでほしい」**と頼みました。

電話口で社長が言いました。

「ジェイソンと申しますが、どのようなご用件ですか？」

その会社は4Ｓｉといって、7年経った今でも、ジェイソンとは親しくつきあっています。私はジェイソンに言いました。

「はじめまして、ピーター・セージと申します。私は経営とマーケティングのエキスパートです。グーグルで調べていただければ、私がどんな人物か、おわかりになるかと思います。ところで、今日は1つご提案をさせていただきたくお電話いたしました。先ほど電話帳で、御社の広告を拝見したのですが、印象から申し上げますと、御社はあまり儲かっていないのではないかと察します」

受話器の向こうで、社長は黙ってしまいました。

「Win-Winの取引」を提案をする

私は続けました。

「御社にご提案です。実は○○の機種のコピー機をほしいと思っているのですが、おそらく御社から普通に購入すると220万円くらいではないかと思います。おそらく仕入値は160万円くらいだと想像します」

彼はまだ黙っています。

「私の提案は次のようなものです。一度きりの提案です。明日、私はあなたをランチにお誘いしたいと思います。できれば、マーケティング担当の役員の方もご同席ください。筆記用具かICレコーダーもご持参ください。そこで私は、**御社が営業を強化し、12カ月で売上げを2倍にする方法や戦略について1時間かけてお話しします**。しかも、マーケティング・コストをまったくかけない方法です」

彼はまだ黙ったままです。

「ランチの後で、『その方法を使えば売上げを2倍にすることができる』と100%確信していただくことができなければ、ご縁がなかったということで、そのまま立ち去っていただいて結構です。ランチ代は私がお支払いいたします」

悪くない提案ですよね？　私は続けます。

「しかし、もし、私のお伝えする方法が有効で、12カ月後に売上げを2倍にすることが十分にできそうだと思っていただけたら、そのコピー機を原価で売っていただきたいのです。**その選択をされても、あなたは仕入値と同じ価格で販売するのですから、あなたの持ち出しは一銭もありません**」

実際、その1台で、販売利益はなくても数量ベースでは、その月のキヤノンに対する実績としてカウントされるわけですからプラスともいえます。

しかも12カ月後に2倍に売上げが上がる潜在的利益があります。

「これから考える時間を5分差し上げますので、その間に決めてください。もし、この提案を断る、あるいは考えるのに5分以上かかる場合は、私は次の会社、つまりあなたの競争相手に電話をかけ、売上げを2倍にする方法を教えるつもりです。決断するのはあなたです」

ジェイソンはこの提案が**「Win‐Winの取引」**であることを、すぐに見抜く才覚がありました。彼は即答しました。

「結構でしょう。どこに行けばよろしいでしょうか」

翌日、私たちはレストランで面会し、私は1時間かけて、彼らに「有益なアドバイス」を提供しました。とは言っても、「天才的な奇策」を伝授したわけではありません。マーケティングが専門の私にとってみれば、「常識的なこと」ばかりでした。

しかし、技術屋のジェイソンにとっては、「今まで教わったこともない天才的なアイデア」でした。私は通常価格220万円のコピー機を160万円で手に入れました。しかも3カ月の支払期限と、好条件のメンテナンス・サービスまでつけてもらいました。

Key 1
成功の心理学
Unstoppable mindset

Key 2
お金のつくり方
Financial freedom

Key 3
リーダーシップを高める
Ultimate leadership

Key 4
世界観をつくる
Live by your values

Key 5
10倍強くなる文章術
The skill of copywriting

Key 2
Financial freedom

ビジネスを育てる「3つ」の方法

「1顧客を得る」「2購買額を上げる」「3購買頻度を上げる」の3つ

これまで、「起業の心構えやコツ」について詳しくお話してきました。

ここからは、「ビジネスを育てる方法」について説明します。

ビジネスを育てる方法、実際にビジネスでお金を得ていく方法は、「3つ」しかありません。覚えてしまいましょう。

【1】多くの「顧客を得る」こと
【2】顧客の「購買額」を上げること
【3】顧客の「購買頻度」を上げること

ではそれぞれについて説明していきます。

競争が激しい現代、「多くの顧客を得る」のが最も難しい

1番目の方法は、もっとも難しい方法です。しかし多くの人々がフォーカスすることでもあります。それは「多くの顧客を得ること」です。ビジネスを育てるために、多くの人が最初にトライする方法は、「顧客数を増やすこと」なのです。

しかし、**現在は「顧客を得る」のが難しくなってきています。**なぜでしょうか?

理由は、みなさんのお金を多くの企業が狙い、競い合っているからです。

たとえば、みなさんは会社から家に帰るまでの間、「約5000もの広告メッセージ」にさらされています。ラジオ、歩道、バス、看板、そしてすべての広告から、毎日何千もの「広告メッセージ」から、ずっとコンスタントに攻撃されているのです。

つまり、顧客数を増やそうとすれば、「必ず他のたくさんのメッセージと競合すること」になってしまいます。

販売品目を増やし、顧客が買う「購買額」を上げる

さて、２番目の方法は、ビジネスの増収を可能にするために、「個々の顧客の購買額を上げること」にフォーカスします。それまでの平均の取引額が１０００円だとしましょう。では、１顧客あたりの取引を１５００円にするには何が必要でしょうか？

たとえば、私が18歳のとき、２番目のビジネスを立ち上げ、「フィットネスについての本」を書きました。当時、私はフィットネスを楽しんでいました。健康は私の中で大きな価値がありました。今でもそうです。

はじめての本のタイトルは『究極の体形を手に入れる筋肉プログラム』でした。

本ができると、フィットネスマガジンの広告を使って販売を始めました。「ターゲットは18～25歳のフィットネスに関心のある男性」に狙いを定めました。２万円

を広告に使い、元が取れるくらいに売れ、利益が出て、次の広告費が捻出できるようにと考えていました。

しばらくの間はよかったのですが、あるとき「ちょっと待てよ」と思いました。

広告に2万円かけても、1人から反応がある場合もあれば、100人から反応がある場合もあります。反応が何であろうと「広告代は2万円かかる」のです。

ほかに「顧客数を増やすため」には何ができるでしょう。

そこで、私は**「利益を増やすためには、顧客を増やすことより、それぞれの顧客により多くの製品を売ることにフォーカスすべきだ」**と考え、製品を加え始めました。

まず、ウェイトリフティング用ドリンクの「プロテインパウダー」を販売している会社と組みました。お客さんは「本だけ」を買うこともできますし、プロテインを一緒に購入することもできます。プロテインパウダーの会社は積極的に製品を提供してくれますし、私は広告で顧客を獲得しています。そこで「利益を共有する」ことにしたのです。

顧客は1000円消費する代わりに1500円消費し始めました。

同じ経費で売上げを50%増やすことができたのです。

何度も買ってもらえる「購買頻度」を上げる戦略

ビジネスを成長させる3つめの方法は、「顧客の購買頻度を上げること」です。本の場合、一度買ったお客さんはすぐにもう1冊買うということはしません。読んでしまっているのですから買うのはたいてい1回です。

そこで、私はのちに始めた「プロテインパウダー」の販売で、「定期購入の申込」を受け付けることにしました。いわゆる「リピート・ビジネス」です。お客さんは毎月私からプロテインを購入するようになりました。その話をしましょう。

その会社を始めたのは1997年。「ワールドワイド・ヘルス・コーポレーション」という名の会社です。2004年に売却しましたが、今でも順調な経営です。

会社を始めた頃、私は25歳。まったくお金はありませんでした。「何もないところ」からのスタートです。けれど、登場したばかりの「プロテインパウダー」は需要がありましたし、なぜ人々がほしがるのか理解したい、ぜひ販売したいと強く思いました。

そこで、まず、サプライヤーを探すことから始めました。お金がなかったので、この製品を扱うすべてのサプライヤーに対してEメールを送り、こう提案したのです。

「もし提示の価格で仕入れできるなら、毎週1000本販売します」と。

無謀とも思える提案です。しかし実現できる確信はあり、1社と合意書を交わしました。

サンプルを送ったことのある「顧客リスト」に目を通し、次のようなプロファイルの人々を探しました。「年齢は、40〜50歳。通販で健康製品を購入した履歴がある、豊かで十分な収入がある人たち」です。

そして、「2種類の見出し」と「2種類の価格」を書いた広告のパンフレットを封筒に詰めてダイレクトメールを送付しました。2種類にしたのは、どちらに反応があるか見るためです。2%の反応率を期待していました。そうすれば、トントンの収支が出たからです。実際に1つのタイプのダイレクトメールでは2%の反応率を得ることができました。

1人の「購入額」を上げ、繰り返し買ってもらえるようにする

次に私は「賭け」に出ました。10万通のダイレクトメールを送ることにしたのです。費用は５００万円かかりました。１通あたり50円です。内訳は切手に20円、顧客リストの代金が１人あたり10円。中身と封筒に10円、封入の手数料が１通あたり10円。

当時は手元に５００万円はなかったので、交渉して封筒代金は90日間、切手は15日間、顧客リストは30日間の「支払猶予」をもらいました。すべてを送り、祈りました。反応は２％でした。つまり10万人のうち２０００人に反応がありました。平均注文価格は約５０００円です。結局、５００万円を取り戻した計算です。

そこで今度は**「定期購入を申し込めばディスカウントをする」**という提案をしてみました。そこで先ほどの２０００人にプラスして、新たに２０００人の顧客を獲得し、５００万円を取り戻しました。

その後は、「定期購入」のおかげで、何の費用もかけずに同じく1000万円を受け取ることができるようになりました。何度も何度も購入してもらえるように、「顧客を囲い込んだ」からです。とてもうまくいった戦略でした。

この会社は、3年から4年の間に3万人の顧客と30種類の製品を抱えるまでに成長し、年間数億円売り上げるビジネスとなったのです。私はそれを「何もないところ」からつくり上げました。

成長させることができたのは、**「顧客の購入頻度にフォーカスしたから」**です。顧客リストの人たちにメールを送り、製品を販売するだけだった場合、次の月にまた500万円の広告費が必要になっていたでしょう。そしてそれを繰り返してしまっていたでしょう。

さらに、その後、私は、ボトルを1本だけ売るのではなく、「3本のまとめ買い」の提案もしました。結果として、半分の顧客は1本購入し、もう半分は3本を購入しました。平均注文価格が5000円に達しました。

つまり、私は「顧客リストを使って集客すること」だけにフォーカスしたのではありません。他の製品も同時に購入してもらうことで、「顧客1人あたりの取引の価値を高めること」、そしてリピート購入につなげるため、「顧客を囲い込み購入頻度も上げること」にフォーカスしたのです。

みなさんがどの産業にいても関係ありません。もし「集客だけ」にフォーカスをしているのならば、これはもっとも費用のかかる方法になります。それよりも、

「1人の購入額を上げ、繰り返し買ってもらえるようにする」

と、会社は成長していくのです。

自己資金を使うときは「お金VS戦略」を検討しつくしたあと

さぁ、今日からあなたは「言い訳」ができなくなりました。

何かビジネスを始めたいなら、斬新なアイデアも資金も、驚異的なビジネスプランも必要ありません。

必要なのは「情熱」です。

「安定感」ではありません。不安定感が襲ってきても、それを抱きしめて進むことができる、なぜなら豊かな資源にいつもアクセスできることを知っているからです。

「お金は必要ない、必要なのはよりよい戦略」です。

ビジネスを育てる
3つの方法

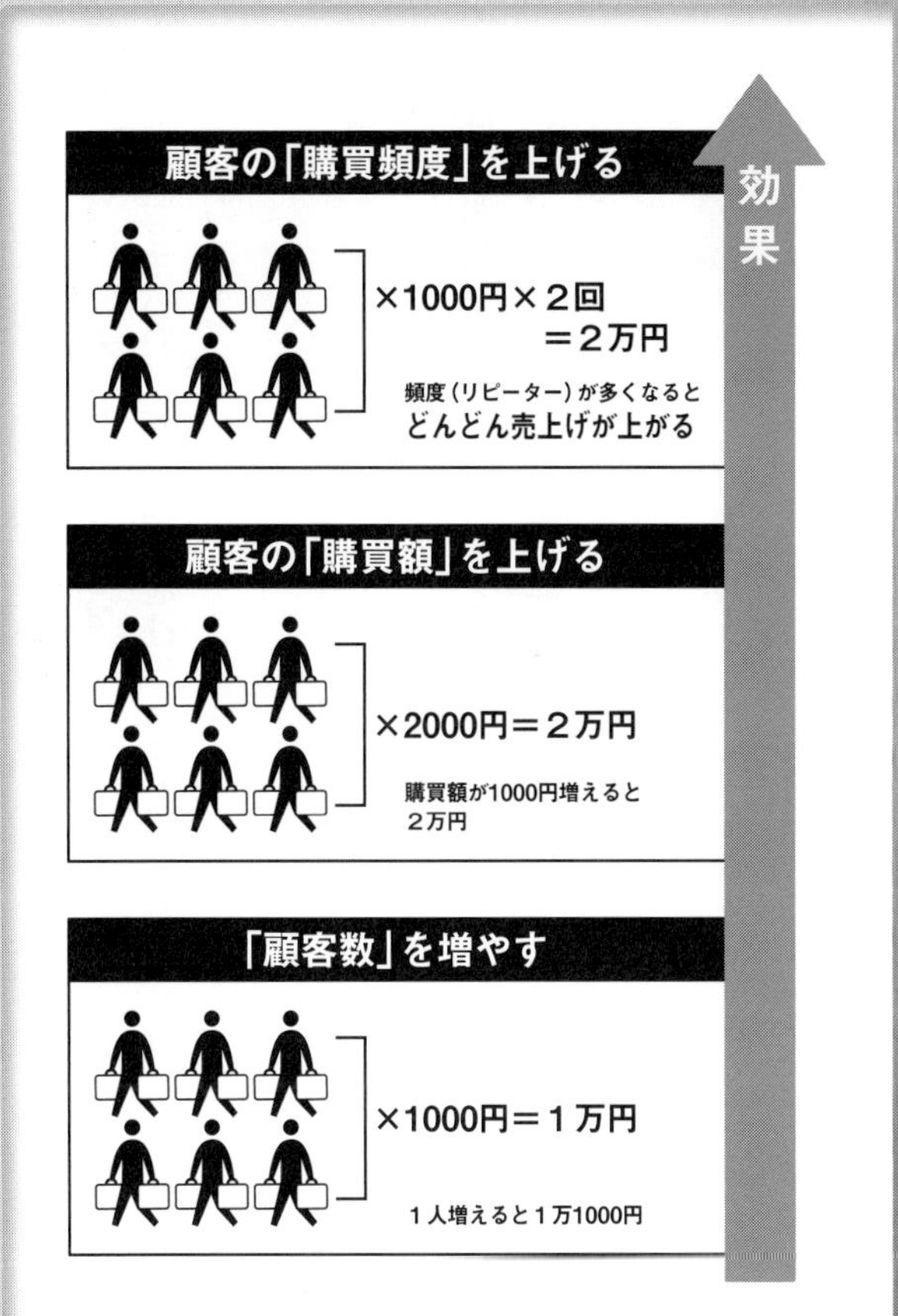
効果
顧客の「購買頻度」を上げる
×1000円×２回
＝２万円
頻度（リピーター）が多くなると
どんどん売上げが上がる
顧客の「購買額」を上げる
×2000円＝２万円
購買額が1000円増えると
２万円
「顧客数」を増やす
×1000円＝１万円
１人増えると１万1000円

つまり、自信を与えてくれるのは「クレジット・カードや銀行口座の残高」ではありません。

自信はあなたの「ハート」からやってきます。勇気を持って進むこと、ビジョンを持って進むことで、自信は与えられます。情熱を注げることに取り組めば、「不安定感」を抱きしめることができるのです。

決して「安定を求めてビジネスを始めてはいけない」のです。

しかも、あなたは「お金を使わずに起業する方法」を学びました。あなたのほしいものが何であれ、それをビジネスの中で、「資金ではなく知恵を使って手に入れる方法」を学びました。

1000万円の起業資金を持っていると、ほとんどの人は「このお金をどのように使おうか？」と質問します。みなさんは、決してそんな質問をしてはいけません。

自己資金の使い道を考えるのは、「お金VS戦略」の考え方を使って、ありとあらゆる可能性をすべて検討し終わって、それでも、お金を使わざるを得ないときのみです。

ネガティブな他人の言葉、そしてネガティブな自分のつぶやきに惑わされて、夢を追うのを決してあきらめないでください。

Key 2

自分を超える「５つの法則」

法則 2

お金のつくり方

Financial freedom

まとめ

●お金持ちになるダントツの方法は「ビジネス」

●お金とは、「社会への貢献度」を示す指標

●ビジネスの選択は、「できること」ではなく「情熱」で選ぶ

●起業を成功させる5つの秘訣は、「情熱」「ウォンツ」「付加価値」「しくみ」「モデリング」

●起業に必要なのは「資金」ではなく、よりよい「戦略」

●「購入額」と「購入頻度」がビジネスを成長させる秘訣

今こそ、リーダーが必要な時代

リーダーシップに必要な要素

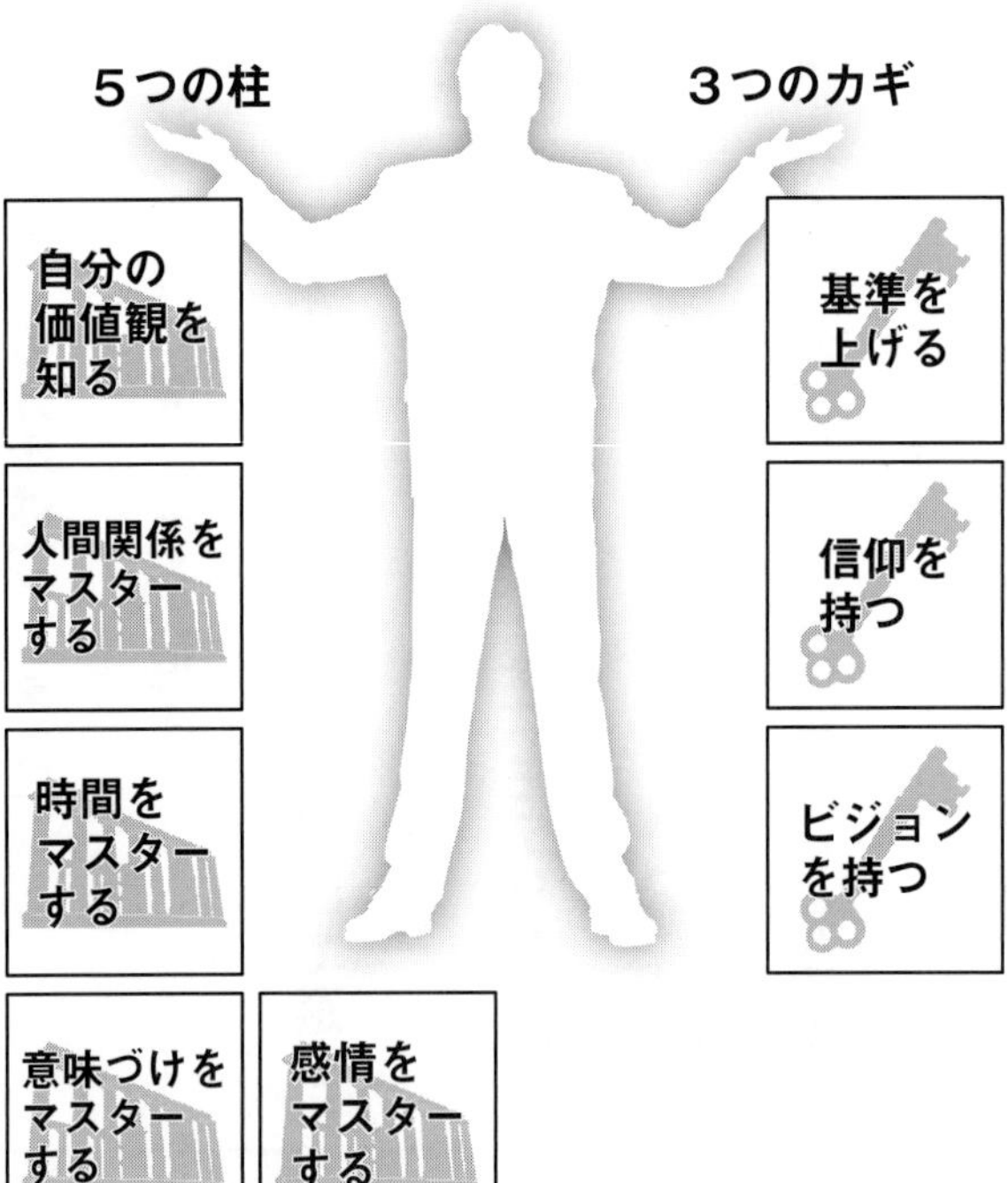
５つの柱
３つのカギ
自分の価値観を知る
人間関係をマスターする
時間をマスターする
意味づけをマスターする
感情をマスターする
基準を上げる
信仰を持つ
ビジョンを持つ

The five keys to excellence

Key 3

自分を超える「5つの法則」

法則3

リーダーシップを高める

Ultimate leadership

Key 3
Ultimate leadership

「リーダーシップ」は育てたリーダーの数で決まる

今、もっとも求められている能力が「リーダーシップ」

「リーダーシップ」は、人生の方向性を大きく左右します。そして、今ほどリーダーが求められている時代は、人類史上かつてありません。

理由は明快です。周囲を見渡してください。社会は「混乱」があふれています。「リーマンショック」で世界経済は混迷し、戦争やテロもあとを絶ちません。日本では予測をはるかに越えた巨大地震が発生し、復興が急がれています。長期的な目標やビジョンでリーダーシップを遂行する「リーダー」が、今こそ必要なのです。

人生にも「確実性」はなく、常に「不安定」です。**社会のほとんどの人は、「誰か私を導いてください」とひざまずき懇願しているように見えます**。

今こそリーダーが必要な時代であり、「リーダーシップ能力こそが求められている」のです。

リーダーシップがあるかないかは、「リーダーを育てた数」で決まる

「リーダーシップ」、あるいは「リーダー」とは何でしょう。

さまざまな定義があります。リーダーの定義について英語の辞書を引くと「指導的役割についている人、指導能力がある人、あるいは集団の長として意思決定をする人」などと書かれています。

現代でもっとも先見性のある経営学者であり、自身もリーダーである「ピーター・ドラッカー」は、リーダーの定義をひと言で「追従者を持つ人」と表現しています。

他人に追従されるためには「影響力」が必要です。ローマ・カトリック教会は、リーダーシップに関する独自の定義をしています。彼らは、**「人々を教会の目的に導くために、相手の自由を100%尊重しながら、彼らの行動心理に影響を与えるプロセスがリーダーシップである」**といいます。

リーダーシップの定義

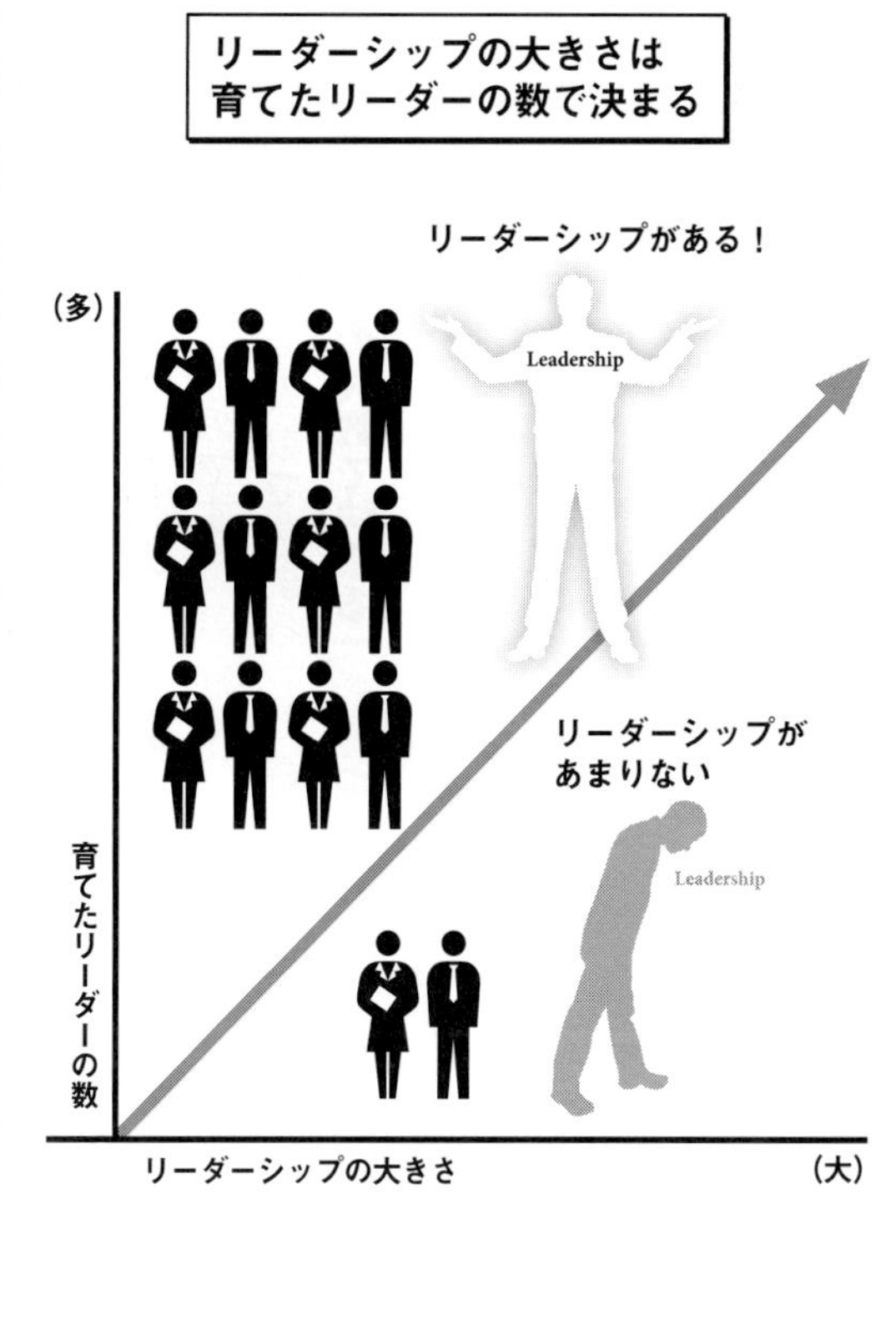
リーダーシップの大きさは
育てたリーダーの数で決まる
リーダーシップがある！
Leadership
リーダーシップが
あまりない
Leadership
(多)
育てたリーダーの数
リーダーシップの大きさ
(大)

私は、リーダーシップは「プロセス、あるいは旅のようなものであり、そこでは、自分自身や世界との関わり方が如実に反映される」と考えています。

別の言い方をすれば、リーダーシップを身につけ、それをまず発揮すべき相手は部下などの追従者ではなく、「あなた自身」なのです。

「リーダーシップの大きさは部下の人数で決まる」と言った人がいますが、私自身は**「リーダーシップは育てたリーダーの人数で決まる」**と思っています。

親が「自分を超える人になってほしい」と子どもを育てるように、リーダーのゴールは、「部下がリーダーを超えていくこと」だからです。

さて「リーダーの定義」がわかったところで、次は、「リーダーシップを発揮するのに必要な3つのカギ」すなわち、

【第1のカギ】「基準を上げる」

【第2のカギ】「信仰を持つ」

リーダーシップの「3つのカギ」と「5つの柱」

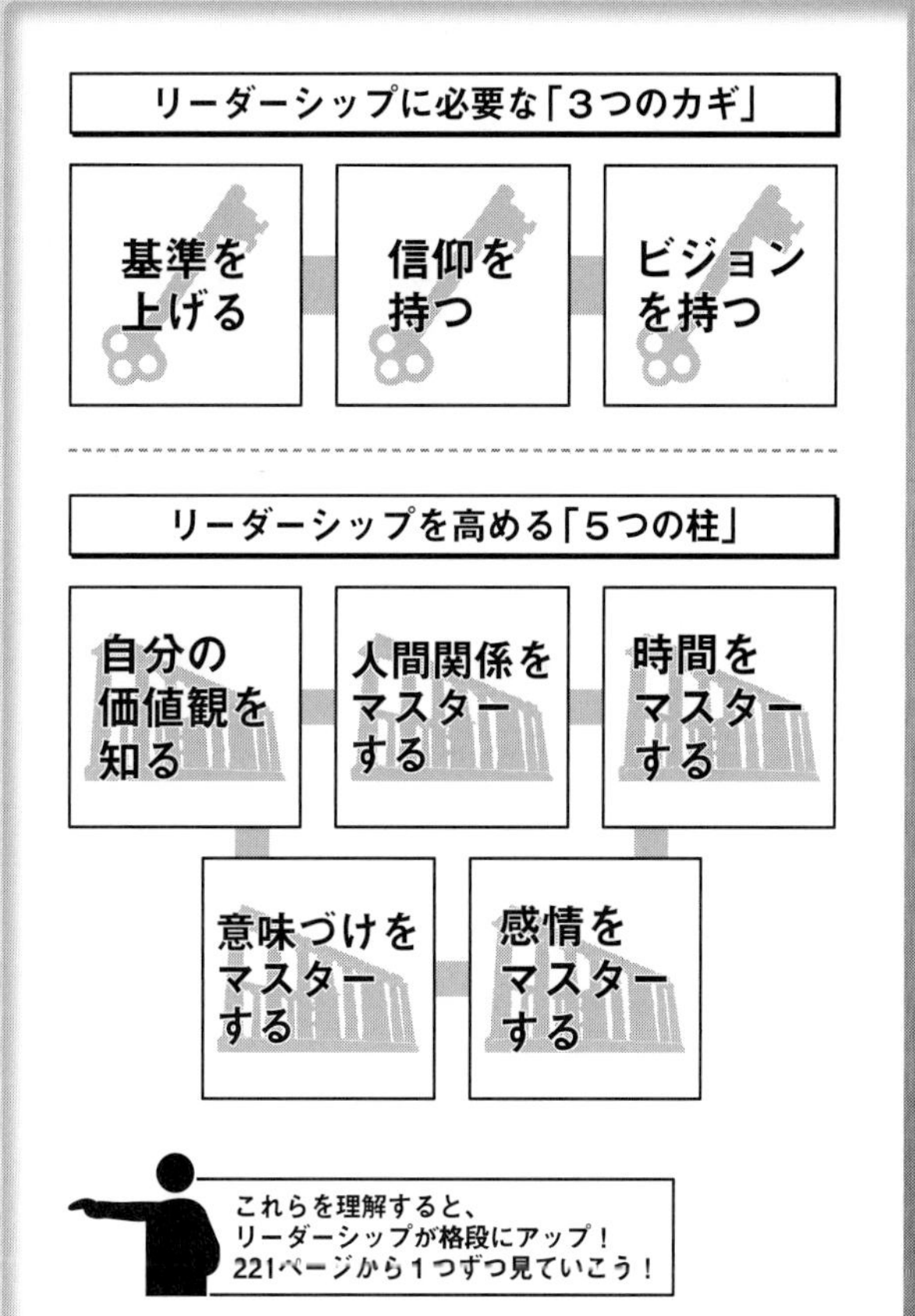
リーダーシップに必要な「３つのカギ」
基準を上げる
信仰を持つ
ビジョンを持つ
リーダーシップを高める「５つの柱」
自分の価値観を知る
人間関係をマスターする
時間をマスターする
意味づけをマスターする
感情をマスターする
これらを理解すると、
リーダーシップが格段にアップ！
221ページから１つずつ見ていこう！

【第3のカギ】「ビジョンを持つ」

と、リーダーシップを高める5つの柱、すなわち

【第1の柱】「自分の価値観を知る」
【第2の柱】「人間関係をマスターする」
【第3の柱】「時間をマスターする」
【第4の柱】「意味づけをマスターする」
【第5の柱】「感情をマスターする」

について説明していきます。

リーダーシップを発揮するカギ❶

「基準を上げる」

どんなに忙しくても決めたことはやる

リーダーシップ発揮のヒントになる最初のカギは、「基準を上げる」ことです。

他人を導き、優秀なリーダーに育てるために力を尽くそうとするなら、私たちは「自分の基準を上げる」ことをしなければなりません。

基準は、訓練を積むことで上げることができます。**基準を上げるときに大切なのは、「訓練に必要な時間を投資すること」と「決意を持続させること」**です。どんなに忙しくても時間をつくり、決めたことを続けるようにします。

人生にはさまざまな領域がありますが、訓練で基準を上げられる領域は「健康」「知性」「感情」「精神」の４つがあります。その一つひとつについて見ていきましょう。

リーダーは自分の基準を上げる必要がある

訓練で基準を上げることができる「4の領域」

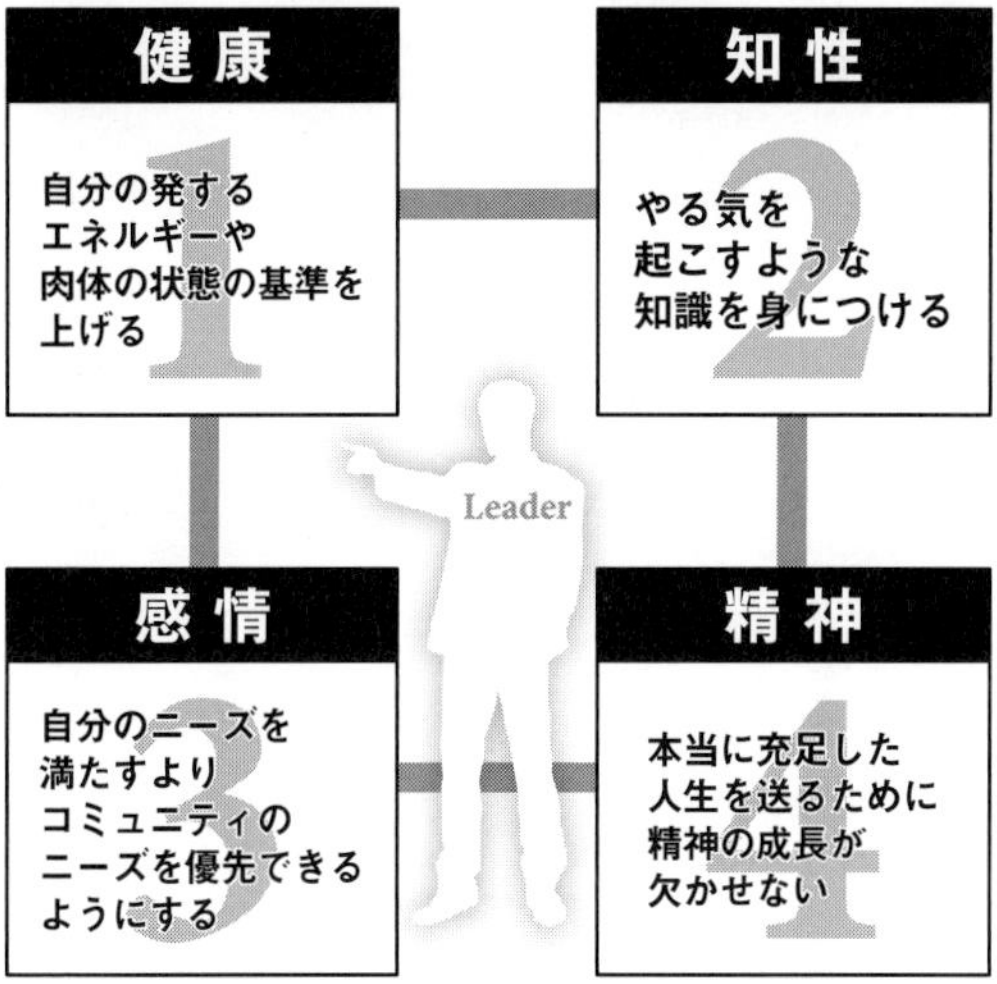
健康
1
自分の発する
エネルギーや
肉体の状態の基準を
上げる
知性
2
やる気を
起こすような
知識を身につける
Leader
感情
3
自分のニーズを
満たすより
コミュニティの
ニーズを優先できる
ようにする
精神
4
本当に充足した
人生を送るために
精神の成長が
欠かせない

Point

基準を上げるためのポイントは
「訓練に必要な時間を投資すること」
「決意を持続させること」

Key 3
Ultimate leadership

「健康」の基準を上げる

自分にとって効果のある「食事」と「運動」は何かを見極める

第1の領域は「健康」面の向上です。人が発するエネルギーや肉体の状態を向上します。経済的にようやく豊かになったのに余命いくばくもない人や、退職後の人生を楽しもうと思っていた矢先に、長年おろそかにしていた**「健康のツケ」**で、病魔に侵されたりする人は少なくありません。日ごろから気をつけましょう。

健康の基準を上げる最初のステップは、とてもシンプルです。

現在の自分の健康や活力が、望むレベルに達していない人は、鏡に向かい自分の姿を映し出すことです。顔色はいいですか？　イキイキとした表情をしていますか？　太りすぎ、あるいは痩せすぎていませんか？

どこに問題があるかをチェックするのです。

「自分の健康管理の主導権を取り戻すには、食事と運動がカギ」となります。

ただし、気をつけなければならないことがあります。健康産業が世界的な巨大産業になり、さまざまな企業が、さまざまな解決策を提案し「あなたの財布を狙っている」ということです。

「健康になるための万人に有効な唯一の解決方法など存在しない」のです。食事と運動が重要なことは確かですが、ある人にとって非常に効果的な方法が、別の人には逆効果になることもあります。

「自分にとって効果のある食事と運動は何かを見極めること」が健康の基準を高めるカギとなります。

難しかったことが楽に感じられたら「次のレベル」へチャレンジする

健康になるために「肉体管理をする」と決心し、「自分が望む人生を生きるために必要な活力とエネルギーを得たい」と思うなら、基準を上げ続けられる自分なりの方法は何かをまず見極めましょう。

フルマラソン完走を目標とするのがベストな人がいる一方、５㎞さえ走ったことのない人にとっては、マラソン完走は不可能に近い挑戦となるからです。

まずは小さなこと、**「自分のレベルに合ったことから始めることが大切」**です。

５㎞のウォーキングから始めてもいい。できた自分をほめ、「少しずつレベルを上げていくのがポイント」です。


リスクを冒さずに成長しないままでいるゾーンを私は「快適ゾーン」と呼んでいますが、快適ゾーンの外に踏み出すことが大事です。

そして、難しかったことが楽に感じるようになったら、「次のレベルにチャレンジする」という過程を続けるようにしましょう。

大切なことは「目標に向かう過程」で自分の成長を発見すること

私の経験をお話ししましょう。

90年代後半、私ははじめて「フルマラソン」に挑戦する決心をしました。フルマラソン完走は長年の夢で、人生の目標として達成したいことの1つでした。

ただ、当時の私は、ジムやウエイト・トレーニングは大好きでしたが、走るのは得意ではありませんでした。

私にとってマラソンを始めることは、**「快適ゾーン」の外に踏み出すこと**になります。自分の健康の基準を上げるのには、マラソンは格好の目標だと思い、さっそくトレーニングを始めました。

数カ月後、何とか「ハーフマラソン」の距離をコンスタントに走れるほどまでになりました。さらに数カ月間、トレーニングを続けました。雨が降ろうと、寒い日だろうと関係ありません。

「複数の会社」を経営していたので多忙でしたが、トレーニングは休みませんでした。4月に行なわれる「ロンドンマラソン」まで残りあとわずか6カ月。どうしても出場したかったので、何が何でもトレーニングをやり抜くしかありませんでした。

そして、ロンドンマラソンに出場し、42・195㎞を完走することができました。タイムは平凡なものでしたが、ゴールしたとき、圧倒されるような高揚感、達成感を味わいました。そのすばらしい感覚は一時的でしたが、それでよかったのです。

最終目的は、達成感を味わうことではなかったからです。

私が目標を設定する目的は、それを達成するためではなく、そこに向かう過程で「自分がどのような人間になれるのか」を発見するためだからです。

マラソン完走がゴールではなく、その過程で、私が自制心を高め、より強靭に、より健康に、より活力に溢れる人間になる、そのことに価値があるのです。

「決めたことを貫き、自分ができると思う以上を目指す力を身につけること」、それこそが目標設定し、マラソンを走ることで得られる、真の恩恵なのです。

「達成する方法がわかる目標」は、目標として小さすぎる

その後、ほかのフルマラソンを完走し、成すべきことはすべて成し遂げた、と思っていました。

でも、肉体面において、**「1つを達成すれば次のレベルが必ず現れる」**ものです。人生は、「安定した状態」が永遠に続くことはないようです。「次に目指す目標」がすぐにできました。「サハラマラソン」への参加です。

サハラマラソンは、「世界一過酷なマラソン」です。世界中から集まった参加者が、地球上でもっとも厳しく、荒れた地形の1つである「サハラ砂漠」を7日間かけて約250㎞の走破に挑戦するのです。

しかも、ルール上、「全行程で必要となる食料と道具類」は、すべて参加者自身がかついで走らなければなりません。荷物の重さは「約20kg」。昼間の「気温は50度近く」になるのに、夜になれば凍えるような寒さです。

すさまじい砂嵐が吹き荒れ、巨大なサソリのうごめく砂漠を走る、こんなレースに参加するのは「正気の沙汰とは思えない」と思う人は多いでしょう。私自身、何度も同じように考えました。

このサハラマラソンに出ることになったきっかけは、レースの8カ月前、私が敬愛する友人のティムが、「サハラマラソンに出る」と言い出したことです。

ティムは長年の親友で、サハラマラソンのことをあれこれ話してくれました。聞けば聞くほど、ロンドンで走ったマラソンが「ひどく簡単」に思えてくるのでした。

気がつくと、私もサハラマラソンを次の目標にしていました。

私には次のようなポリシーがあります。

「達成する方法がわかる目標は、目標として小さすぎる」

というものです。

どうすれば完走できるか想像もつかないサハラマラソンは、「このポリシー」にもピッタリの目標でした。

新しいことに挑戦するときは「メンター」を探す

レースは8カ月先でしたが、イメージさえできないくらい、「極めてスケールの大きい困難」に取り組むという決意は、実に「パワフル」なことでした。

決心すると、すぐにわくわくし始めました。でも、次に「恐怖」が襲ってきました。そして再びわくわくし、ということを繰り返しました。

「ゴールする瞬間の感覚」を想像すると、鳥肌が立ちました。そして、「絶対にやってやるぞ！」と決意を固めました。

私は、３年前にサハラマラソンを走った人に「トレーニングのメンター」となってもらいアドバイスをもらいました。彼の名は、デービッド・ベッカーです。

デービッドは、私をあらゆる形で「支援」してくれました。彼の支援がなければ、レースでの成功はありえなかったでしょう。

「何か新しいこと」を始めたときは、やる気が持続できなかったりします。そんなとき、メンターや友人がそばにいてくれたら、どれだけ有利であるかわかりません。彼はまさしくそのような存在でした。

「適切な人と組み、助けてくれる人と適切なタイミングでつながる」と、１＋１が11となります。２ではないのです。

一歩を踏み出した人の９割は、突き進むことができる！

ついに「サハラマラソン」のレースのときがやってきました。私はほかの出場者とモロッコに飛びました。650名の参加者のうち、約3分の1はイギリス人でした。

到着した日は「豪華なホテル」に宿泊しました。地の果てに放り出される前の、最後のぜいたくです。


その夜、私は部屋でテーブルに足を強くぶつけ、指と指の間に「けが」をしてしまいました。10分間も血がとまりませんでした。

一瞬、「こんなけがで走れるだろうか?」という弱気な思いが頭をよぎりましたが、「いまさら後戻りできるはずはない」と思い直しました。

「一歩踏み出したら、もうつべこべ言わず前進するしかない」のです。

実際、飛行機に乗る前にレースをキャンセルした人の数は、レース中にリタイヤした人数の10倍。つまり、**多くの人は一歩も踏み出さずにあきらめてしまったのですが、逆にいうと、一歩踏み出した人の9割は、突き進むことができているのです!** これは、「非常に深い教訓」でした。


レース開始当日は、5時30分に起床。ちょうど日が昇り始めていました。荷物の再確認をし、靴をはき、いよいよスタートです。

1日目の25㎞は、ほんの「足慣らしのコース」でした。2日目、3日目と、厳しい暑さの中、それぞれ42・195㎞のフルマラソンを走りましたが、さらに4日目は、どんな準備も無意味となるほど「過酷」でした。

この日はフルマラソンの2倍の距離である84㎞を1日で走らなければならないのです。しかし問題が起こりました。前日、水を節約するために、食事中に十分な水分を取らなかったため、胃をやられ、「食中毒」のような状態になってしまったのです。早朝5時に目覚めましたが、体は弱り、リュックを持ち上げることさえできません。

しかし、私は覚悟を決めていましたので、何とかリュックを背負い、出発しました。とは言え、最初の4時間はほとんど走ることなどできず、みんなに抜かれ、私はひとりぼっちになりました。

夜8時になり、日が暮れ始めました。走ったのは、まだわずか32㎞。その晩のうちにあと約50㎞を走らなければならないのに…。

24時間何も食べられなかったので、ひもじく、寒く、孤独でした。座り込み、泣き出しそうになりました。そこへ聞こえてきたのは「心の囁き」です。

「もう十分やった。ここでやめたっていい。家に帰ろう。発炎筒を放てば、救助のヘリが迎えに来て、ホテルに連れて行ってくれる。暖かい食事と飲み物が待っている」

「他人にどんな貢献ができるのか」がモチベーションを高めるカギ

私は発炎筒を放ち、「途中棄権」しようとしました。

その瞬間、「驚くべきこと」が起こりました。日暮れの砂漠に「物音」が聞こえてきました。見ると50ヤード（約45メートル）ほど離れた私の右側を、60歳代の「盲目」のアジア人の男性が走っており、私を追い越していきました。目の見えないその老人は、手首に結わえられた縄で、ガイドに導かれていました。ほとんど歩くような足取りで、黙々と去っていきました。

私は仰天しました。

明らかにアスリートではない盲目の老人。彼がなぜ、この「世界一過酷なサハラマラソン」を走るのか？

目の見えない彼は、自分の足元を見ることができないのです。私がくじけそうになったとき、何度も力づけてくれた、この「雄大な自然美」すらも見ることさえできず、ただ、とぼとぼと進んでいるのです。

度肝を抜かれた私は、「彼が走る理由を絶対に聞かなければならない！」と思いました。でも、そのためには、彼に追いつかねばなりません。

私はすぐさま、彼の後を追いかけました。その後、彼の通訳でもあるガイドを通して、彼の「身の上」を聞きました。

ガイドによると、彼は数年前にガンで弟を亡くし、以来毎年、このレースに参加することで資金を集め、弟の治療をしてくれた「ホスピス」に寄付しているということでした。

私は「絶句」しました。**彼は、「自分のためではなく、他の人のために走っていた」のです**。その瞬間、私はモチベーションを取り戻すカギを見出しました。

そう、**「自分のためではありません。他人にどんな貢献ができるのか、ということがモ**

チベーションを高めるカギ」だったのです。

彼からの「大いなるインスピレーション」のお陰で、私は内なるパワーにアクセスすることができ、前進する力を得ました。その日のマラソンを走破し、結局、レース全行程を完走できました。

完走したときの「感動」を、今でも、私は覚えています！

「すばらしい贈り物」を与えてくれた「盲目の老人」に、私はずっと感謝したいと思っています。

サハラマラソンを目標にかかげたことで、苦難を乗り越える力をつけ、盲目の老人との出会いで大いなるインスピレーションも得ました。

「マラソンを完走すること自体が最終目的ではない」と言った意味がおわかりいただけたでしょう。

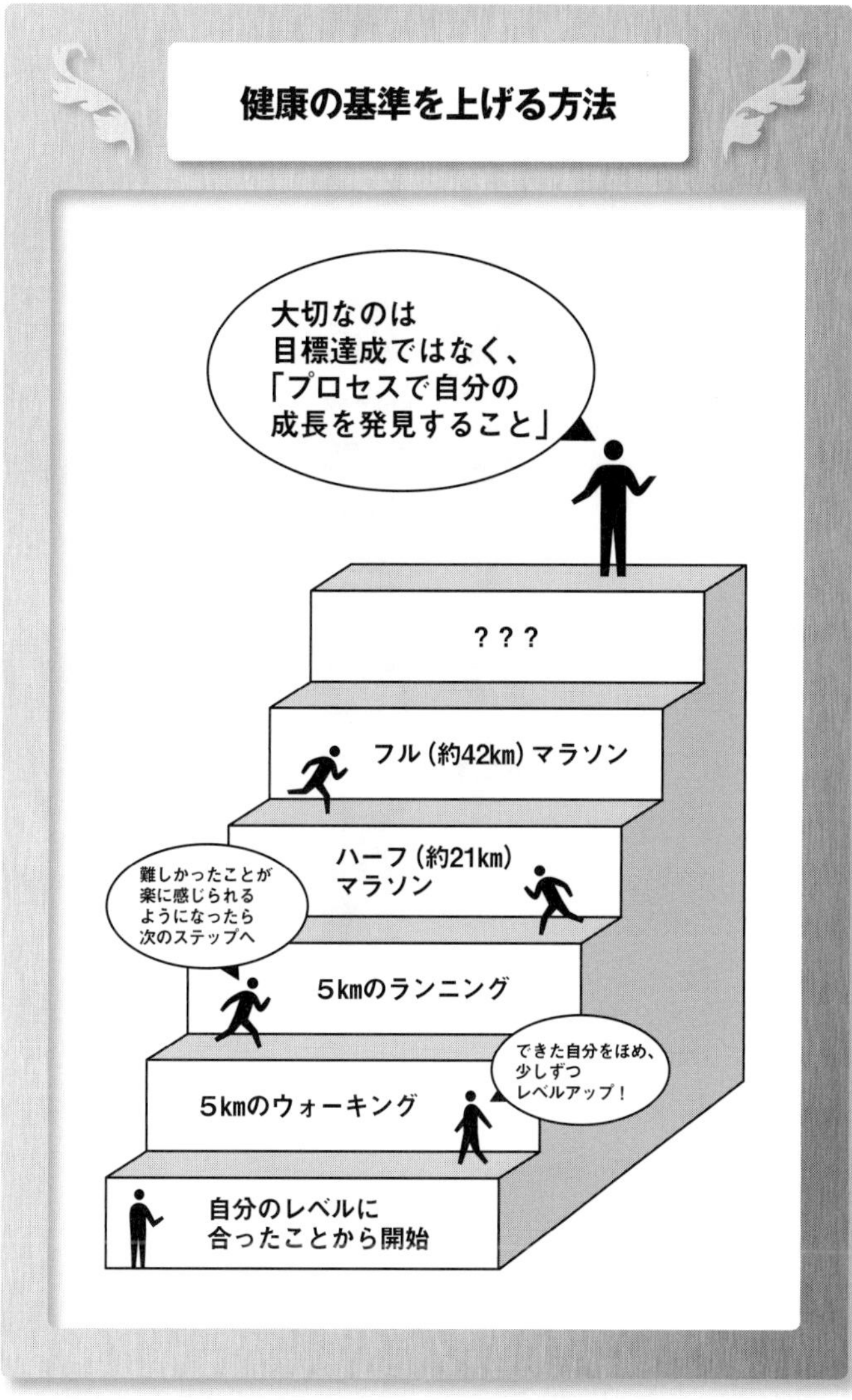
健康の基準を上げる方法
大切なのは
目標達成ではなく、
「プロセスで自分の
成長を発見すること」
???
フル（約42km）マラソン
ハーフ（約21km）
マラソン
難しかったことが
楽に感じられる
ようになったら
次のステップへ
5kmのランニング
できた自分をほめ、
少しずつ
レベルアップ！
5kmのウォーキング
自分のレベルに
合ったことから開始

Key 3
Ultimate leadership

「知性」「感情」「精神」の基準を上げる

すでに私たちが直感的に知っている ことを、理解し、思い出す

「知性面」を伸ばそうとするとき、多くの人は学校の教育や訓練などに頼ろうとします。教育や訓練自体はすばらしいことです。

私自身、「学び続けることは重要」だと考えています。ただし、机に向かっているだけでは十分とはいえません。

「教育＝エデュケーション」という言葉の語源を見ると、ラテン語の「エデューコ」、つまり「内側から引き出す」という意味の言葉から来ていることがわかります。

聖書では、創世記の中に「生命の木」と「知恵の木」が出てきます。神はアダムに、「『知恵の木』の実は決して食べてはならず、『生命の木』にとどまりなさい」と命じます。

この物語に対する私なりの解釈は、**「人生の目的は、もっと生命とつながること、もっと生命を味わうこと、もっと人生を謳歌すること、もっと人生を経験することである」**

です。

人生は、じっと机に向かって、外部から知識を頭に詰め込むことではなく…、

「すでに私たちが直感的にわかっていることを、理解し、思い出すためにある」

のではないかと思っています。それほど、人間には「生まれながらにして偉大な力」が備えられているのです。

「誰かを微笑ませる方法」は、学校で勉強する必要はありません。

「自分自身をやる気にさせて行動する方法」は、教科書で勉強する必要はありません。私が言う「知性面の向上」とは、本書で語るような真理や洞察などをよく理解する、ということです。

豊かな知性を養うには、「先人達の残した偉大な教えを学ぶこと」が有益です。人類に大きな貢献をした歴史上の人物が、どのようにその偉業を成し遂げたのかを知ること。それが、知性を養う方法です。

知性の基準を上げる

知性の基準を上げる３つの方法

先人達の教えを学ぶ

1

学校の教育や訓練に頼らず、
人類に大きな貢献をした
歴史上の人物が
どのように偉業を
成し遂げたかを自ら学ぶ

集中力を磨く

2

さまざまな方法がある。
自分に合った方法を見つけ、
気が散らない力を身につける

記憶力を磨く

3

たとえば、
記憶力を競う競技に参加する

ほかの方法としては、「集中力を磨くこと」も、非常に見返りの大きな知的鍛錬です。何かに集中し、気を散らさずに焦点を当てる能力は、もっとも難しい技能です。方法はいろいろあると思います。グーグルで「集中力　練習」などのキーワードで検索してみると、自分に合った方法を探すことができるでしょう。

また、「記憶力を競う競技」があったらぜひ参加してみましょう。記憶力を伸ばすことも、知性面の強化の1つです。

「自分中心」から「他者中心」の意識が感情面での成長となる

次は「感情面」の成長です。

ここに体を鍛えたアスリートがいるとしましょう。記憶力も抜群です。でも、**「エゴにとらわれた自己中心的な人」だとしたら、彼は、世に「貢献」するにはまだ早すぎる**ということになります。感情面で快適ゾーンを越え、基準を上げることは、人生における重要なカギの1つです。

感情の基準アップで目指すレベル

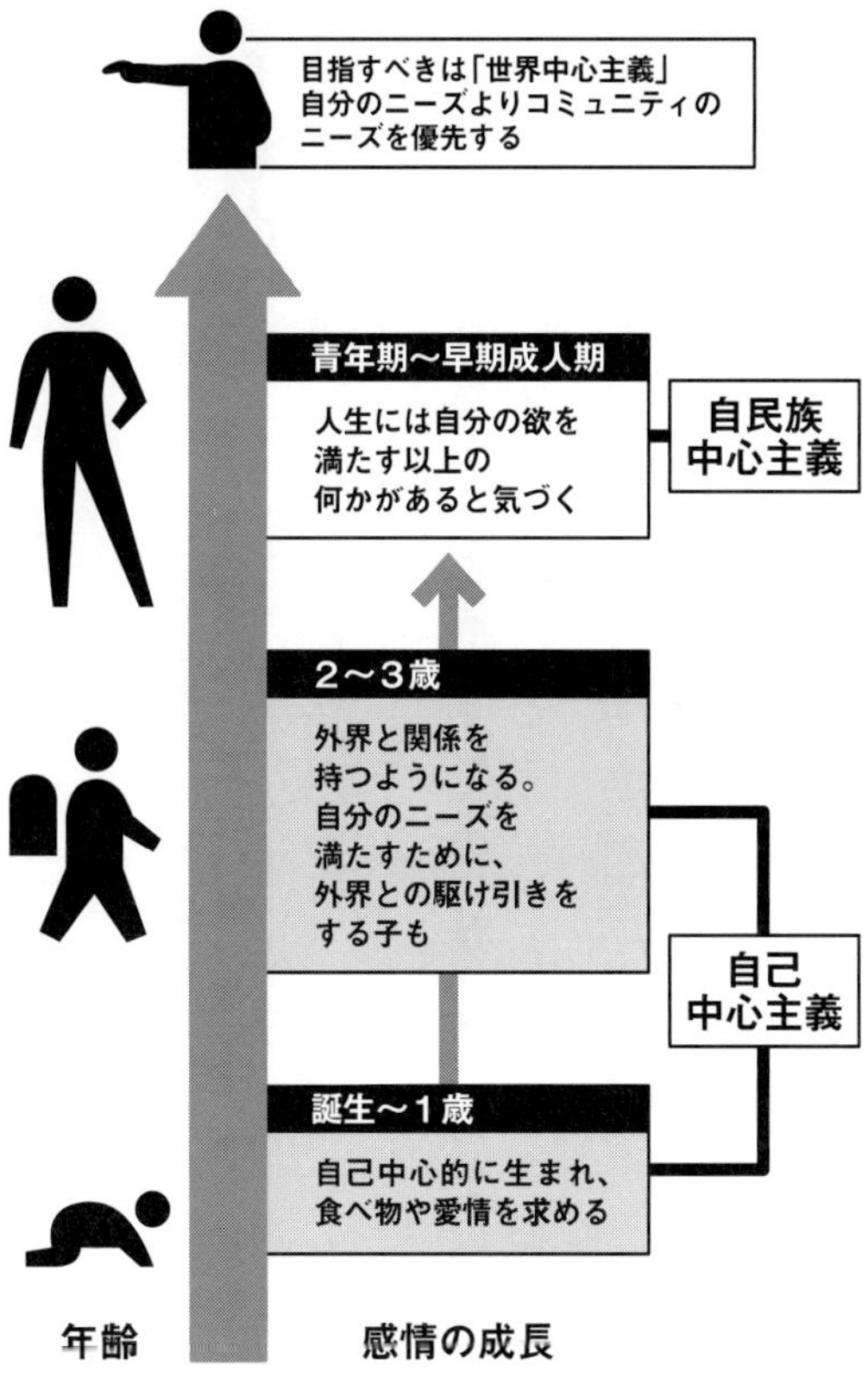
目指すべきは「世界中心主義」
自分のニーズよりコミュニティのニーズを優先する
青年期〜早期成人期
人生には自分の欲を満たす以上の何かがあると気づく
自民族中心主義
2〜3歳
外界と関係を持つようになる。自分のニーズを満たすために、外界との駆け引きをする子も
自己中心主義
誕生〜1歳
自己中心的に生まれ、食べ物や愛情を求める
年齢
感情の成長

人間は、誰でも「自己中心的なレベル」で生まれます。それは成長に不可欠な過程です。赤ちゃんが、自己中心的に食べ物や愛情を求めるのは当然です。2、3歳になると、自分の「外側」に関心が向かい、望むものを得るために「外界」と関係を持つようになります。

実はこの段階で成長が止まります。ここで、**「自分のニーズを満たすために、外界を操作して、駆け引きをする人」**はとても多くいます。この段階はまだ、自己中心的レベルです。感情の成長は、「自己中心主義」から「自民族中心主義」へと発達するときにはじめて起こります。

自民族中心主義とは**「人生には自分の欲を満たす以上の何かがある、と気づくこと」**です。自分のニーズではなく、他者のニーズに焦点を当てるようになることです。その対象は、親族、親しい知人、自分の属する小サークルなどに向けられます。

普通は青年期から早期成人期にこの発達が起こります。そうでないと「仲間外れ」にされてしまいます。しかし、リーダーシップが本当の意味で機能し始めるのは、さらに「次の段階」に移行するときです。

つまり、「自民族中心主義」から「世界中心主義」への成長です。

感情面の成長が目指すのは「より多くの人への貢献」

世界中心主義とは「自分のニーズよりコミュニティのニーズを優先すること」。コミュニティよりも国のニーズを優先すること。国のニーズよりも世界のニーズを優先すること。**自分個人のニーズではなく、「より大きな善」に意識をおき、どのような貢献を自分はできるのか、考え、実行すること**です。

たとえば、公園の原っぱにスターバックスの紙コップが落ちていたら、誰が見ていなくても、それを拾い、ゴミ箱に捨てること。より多くの人々に尽くすということです。

感情面で成熟した世界のリーダーの例として、オバマ大統領、ネルソン・マンデラなどが挙げられます。

彼らは、子どものような自己中心的なレベルから始まり、コミュニティレベルを経て、どうすれば世界に貢献できるか、というレベルに到達しています。これこそが人を動かすリーダーシップであり、感情面において私たちが目指すべきレベルです。

生きている意味を知ることが「精神」面の成長

4つ目の領域は「精神（スピリチュアル）」面です。精神面で「快適ゾーン」を越えることは、真に満たされた人生や、目的のある人生の実感を深めるために不可欠な要素です。

精神的に成長していくためには、「自分がなぜ生きているか」の深い意味を知っていく必要があります。

お金を稼ぐ、マラソン・レースに出る、会社で出世する、博士号を取る、専門分野で一番になる。これらは人生という旅の一部ではありますが、「精神的な成長」をおろそかにすれば、本当の満足感は得られず、人生は空しいものとなります。

たとえば、「禅のマスター」と「ある大企業のＣＥＯ」とを比べてみましょう。

禅僧はものを所有していないかもしれませんが、知恵、充足感、愛、静けさがにじみ出ています。一方、ＣＥＯはガラクタや名誉を手に入れたけれど、「人生の意味」をわかっていないかもしれません。２人はとても対照的です。

すべての人は、「人生の深い意味を探り、精神的に成長する必要がある」のです。

人生は「目的地」ではなく「旅路」、学び続け、成長し続けること

「精神的な成長」は難しいものです。その理由の1つは、それが**「目的地ではなく、旅路そのもの」だから**です。

多くの人は旅を始めても、途中でやめてしまいます。彼らは肉体面、あるいは知性面、感情面、精神面で、「成長しよう！」と意気込みます。ところがやがて、諦めてしまうのです。どこかに「ゴールがある」と思い込んでいるからです。そこにはゴールはありません。

ゴールとは、この一生に関していえば、「息を引き取る瞬間だけだ」と私は思っています。人間には何かを完成させたいという欲求が生まれつきあります。一方で、拡大し続

けたい欲求も備わっています。

ですから私たちは、何かを完成させた瞬間、さらなる拡大を目指し、「完成↓拡大、完成↓拡大」というサイクルを繰り返すのです。

ところが、「快適ゾーンを抜け出る」という考えを持たない人は、そのサイクルを続けることができず、ゴールだけを目指し、ゴールに到着しないことがわかると、途中で挫折してしまいます。

多くの人は、ある程度進歩したら、その後はのんびりと人生を楽しみたい、と考えるでしょう。しかし、人生はそのようなものではありません。快適に暮らすことが目的ではないのです。人生の目的は…、

学び続け、成長し続けること

です。「高い目的」を持って成長し続けましょう。そうすれば人生は、思いもよらぬ展開を見せます。

精神的成長をするには「人生の意味」を知る

精神的成長をするには
「自分がなぜ生きているか」の深い意味を知ること

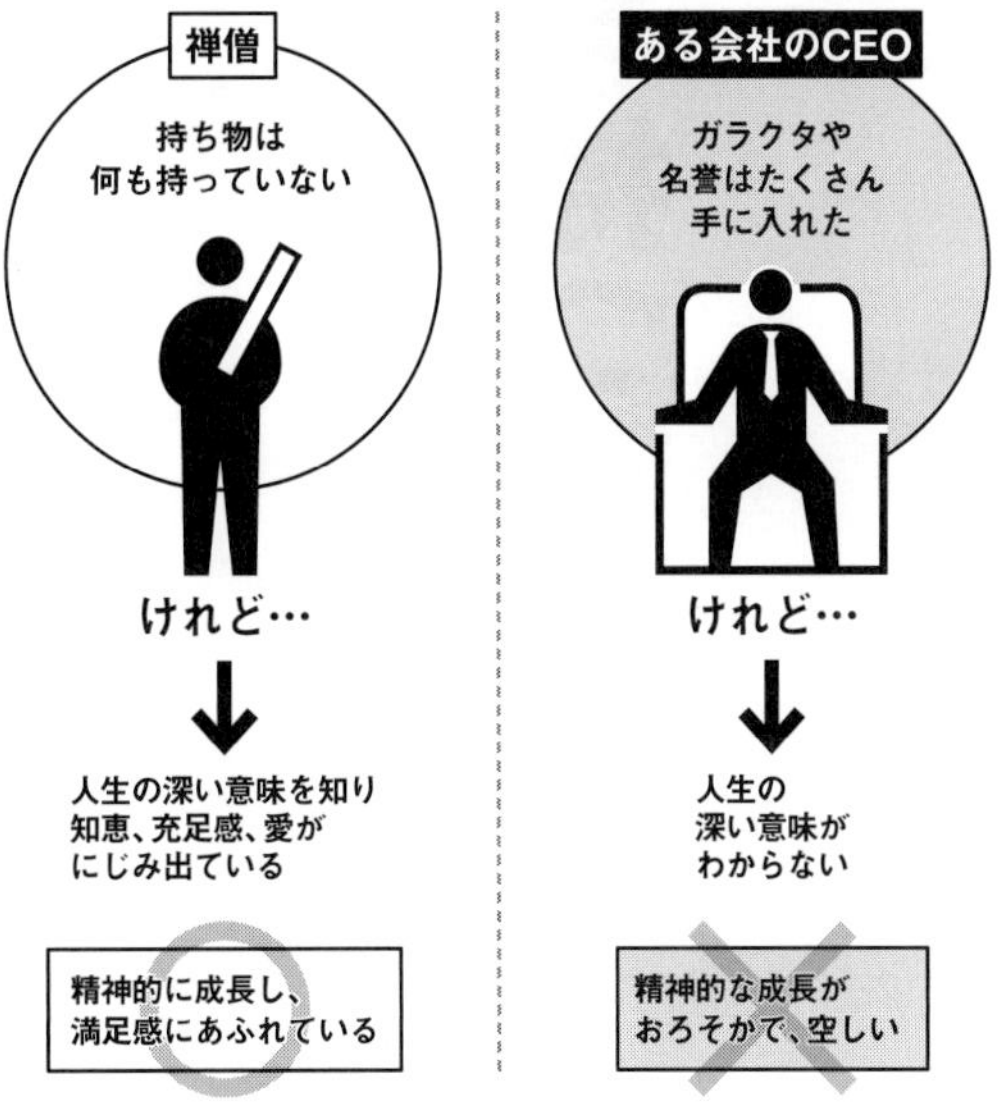
禅僧
持ち物は
何も持っていない
けれど…
人生の深い意味を知り
知恵、充足感、愛が
にじみ出ている
精神的に成長し、
満足感にあふれている
ある会社のCEO
ガラクタや
名誉はたくさん
手に入れた
けれど…
人生の
深い意味が
わからない
精神的な成長が
おろそかで、空しい

Point

人生を満足したものにするために
精神的成長は欠かせない

Key 3
Ultimate leadership

リーダーシップを発揮するカギ❷

「信仰を持つ」

困難を乗り越えるには「信仰」が不可欠

基準を上げていくとき、いろいろな困難が生じます。それをどう乗り切るかというのが、リーダーシップの2番目のカギ、「信仰」です。

私が「信仰」と言うとき、そこに「宗教的含み」は一切ありません。人がどのような宗教的信条を持とうとも、私はそれを受け入れます。

人間の行動は、その人が所属する既存の宗教規範からの影響よりも、「その人個人の価値観」に左右されることがはるかに大きいと信じています。

表向きの形式がいかなるものであれ、**「自分は本当は何を信じているか？」が人生の質を決定する最大要因**となるのです。

まず、「信念」と「信仰」の違いから話します。

信念は「確信のある感覚」にすぎません。何かに対して「確かだ」と感じられると、それは信念となります。信念は、参考となる情報や体験が源泉となっています。

たとえば、「あの壁を飛び越えられる」と私が信じているとすると、それは以前、飛び越えた経験があるからです。また、それは必ずしも自分自身の経験である必要はありません。他人の体験を根拠としてもいいのです。

「あの壁を飛び越えられる」と信じるのは、自分より体格の小さい人が飛び越えたのを見たことがあるからだ、と言うこともできます。

「信念」は必ず参考となる情報や体験に基づいているのです。

私は、一文無しから1億円稼ぐことは可能だと、信じています。それは、私自身「それをしたことがあるから」です。

「信仰」とは、参考情報や経験がない中で、何かを信頼すること

参考にできる情報や経験がまったくなかったらどうでしょう。1億円をゼロから稼いだことがないとしたら……。そのときこそ「信仰」の出番です。

信仰とは、「参考情報や経験がない中で、何かを信頼すること」です。

信仰を持つには、自分の中の、いつもとは違う場所にアクセスする必要があります。経験にアクセスするのではありません。他人が持っている情報でもありません。あなたがアクセスするのは「あなたの内なる知恵」です。

たとえ「人に批判されても、自分は真実を知っている、という確信に満ちた感覚」です。自分の中にある「それは必ず実現する」と信じている確信感だけが頼りです。

あなたが何を信じるべきかは、自分で決めることです。

ただ、敢えておすすめしたいのは、「どんな形でも構わないから、何らかの信仰、信念は持つこと」なのです。

さもないと、大多数の人々のように、あちこちとさまよいながら生きていく可能性が高くなります。

外側で何が起ころうとも、「自分には確かなものがあるという信頼」は、「無上の平安」

を心にもたらしてくれます。信仰や信念があれば、嵐のさなかにあって、平常心を保つことができるのです。自信に満ちて進むことができるのです。

人々が右往左往するさなか、あなたは「不思議な静けさのオーラ」を放ちます。これこそが、実は、「リーダーに欠かせないもの」なのです。

現代に生きた、もっとも著名かつ誉れ高い物理学者、アインシュタインは、あるときこう言いました。

「人はよく言います。『世界をよく見よ。神はどこに存在している？　証拠がないではないか』と。しかし、私は言います。『世界をよく見よ。神が存在しないことがどうしてありえようか？』」

毎秒、人間の体内で行なわれている「精緻な営み」の、わずか一部でも理解することができたなら、体というこの驚異的な機械を授けられている事実に対し、感謝と畏敬の念でひざまずかずにはいられません。

私たちの体は70兆個もの細胞から成り立ち、その細胞の一つひとつで、毎秒５００もの異なる生化学反応が同時に起きているのです。

それらは一度たりとも誤ることなく、「完璧にシンクロ」しながら、休みなく機能して

「信念」と「信仰」の違い

あの壁を飛び越えられるか？

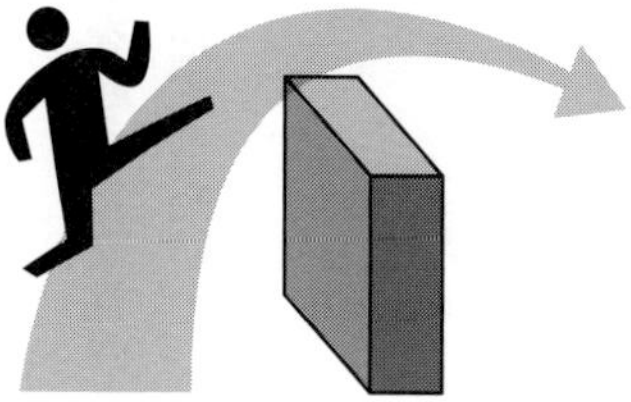

以前、
飛び越えたことがある。
だから飛び越えられる

「自分は飛び越えること
ができる」という
確信だけがたより

信念

参考となる
情報や体験が
源泉となり、
確かだと
信じられること

信仰

参考となる
情報や体験が
ない中で、何かを
信頼すること

Point

信仰や信念があれば、嵐のさなかにあっても、
平常心を保つことができる。自信に満ちて進むことができる

いるのです。この完璧すぎる秩序ある営みの背後には、「大いなる知性」が働いているという以外に説明がつきません。

ぜひ、おすすめしたいのは…、

「この宇宙には人智を超えた知性があり、そのような存在を信頼する感性を、意識的に時間をとって養っていただきたい」

ということです。

人は誰もが**「自分はなぜ生きているのか」**という感覚を自分なりに持っています。けれど、**「究極の真理は、誰にもわからない」**のです。

人生において、それは**「人智を超えた領域」**です。ただ私は、人間が肉体という形を持ってこの三次元世界に生を受けたのには「理由がある」と信じています。

信仰というテーマについては、すべて私の主観的解釈という枠を超えることはできません。あなたに当てはまるかどうかはわかりません。

ですから、私の意見は参考程度にとどめてもらって、「人生とはあなたにとって何のためにあるのか」ということについて、

「あなたなりの考え」「あなたなりの真実」を、どうぞ探求し続けてください。


人生には、表面に見えていること以外に、何か壮大な計画、壮大な目的が潜んでいるのかもしれません。そして、「偉大なる人生を歩むよう運命づけられた巨人」が、あなたの中に眠っているのかもしれません。

「あなたが、自分自身をそのように信じること」ができれば、ケタ違いにパワフルで美しい生き方をすることができるでしょう。

信念については、「法則４」でもう少し詳しく掘り下げます。

Key 3
Ultimate leadership

リーダーシップを発揮するカギ❸

「ビジョンを持つ」

先人たちが描いた「ビジョン」があったから、現在の発展がある

「ビジョンなき民は滅びる」。

古代イスラエルのソロモン王は3000年も前にこの言葉を残しました。

「ビジョン」とは、将来の見通しや未来像のことです。

今、私たちが生きるこの世界は、パソコンのキーをポンと押せば、家にいながらほしいものが何でも手に入る、そう、キャンディーからロケットまで買えないものはないという、人類史上初のすばらしい時代です。

こんな世界が築かれたのは、「いにしえの時代からそのビジョンを見た人たちがいたから」です。

彼らは、当時、自分たちが生きていた世界を**「どうすればよりよい世界にすることができるのか」**について、インスピレーションを発揮しました。

トーマス・エジソンは、石油ランプしかなかった時代に、世界中を電灯で照らす技術を「何が何でも開発してみせる」という信念を抱き、1万回の失敗の末、ついに「白熱電球」を発明しました。

ガンジーは、武力を使わずにインドの民を解放するというビジョンを描いて、「非暴力」という武器で、軍を圧倒しました。

ウォルト・ディズニーは、時代を超えて何百万人もの人々に「喜びを与えるようなテーマ・パーク建設」のビジョンを見ました。ウォルトの甥であるロイ・ディズニーは、実験未来都市ディズニー・パークとして知られるエプコットをオープンしたとき、取材に来ていたレポーターにこう言われました。

「こんなすばらしいテーマ・パークの完成を見ずに、ウォルトが逝ったなんて本当に残念ですね」

ロイはすかさず切り返しました。

「いえ。いちばん最初に（ビジョンを）見ていたのはウォルトなんです。だからこそ、今あなたが実物を見ることができているんです」

これぞ「ビジョンのパワー」なのです。

「答えを見つける執着」を手放すと「使命」のほうがやってくる

ビジョンが原動力となり、私たちは信じがたい「偉業」を成し遂げます。

けれど、「どうすればビジョンを持てるのか、わからない」という人が多くいます。

実は私も、以前はまったく同じ悩みを抱えていました。

年齢は25歳。手に入れられないものはない、目標は必ず達成する自信がある、と考えていました。

でも反対に、当時は自分の立てた目標を「なぜ達成したいのか」がわかっていませんでした。何かを制覇しても、内面は満たされない感覚でいっぱいでした。

そこで「自己の使命」を探求し始めました。

「生きる目的」を見つけるため、山にこもり、部屋の片隅で瞑想をしました。インスピレーションを求め、砂浜をひとり歩いたこともあります。必死になって答えを求めましたが、何のひらめきもわき出ませんでした。

でも、今はわかることがあります。

「何が何でも答えを見つけねばという執着」こそ、手放す必要があったのです。**それができたときにはじめて、「使命のほうが私のところにやってきてくれる」**ということを、当時は知らなかったのです。

ミツバチが教えてくれた「毎日を一生懸命すごすこと」の価値

ここで、寓話を1つ紹介します。起業家のキース・カニングハムから聞いた話です。彼は私の知る中でもっとも洞察力溢れ、もっとも自分らしく生き、もっとも人間的な魅力を持った人物のひとりです。

その彼が語ってくれた「ミツバチの話」です。

「ミツバチの生きる目的を知っているかい？　もし、ミツバチに『あなたたちは何のために生きているのですか？』と尋ねたなら、彼らはきっとこう答えるだろう。『ハチミツを作ることが仕事よ。せっせとミツを作るの。なぜなら私たちはミツバチだから』」

キースは続けます。

「でも、その答えは必ずしも正しくない。ミツバチには、ハチミツを作ることなどよりも、生態系やエコロジーに対し、はるかに重要な役割があるんだよ。その役割とは、花の『花粉』を運び、受粉の手伝いをすること。それにより花は咲くことができ、生命が循環している。仮にその営みを取り去ったとしたら、**すべての生態系が崩壊してしまう**ほど、もっとも根本的、かつ絶対不可欠な役割を担っているわけだ」

当のミツバチは、おそらくそのことを知らないでしょう。もし、今、全世界のミツバチが「自意識」に目覚め、こう言い始めたらどうでしょう？

「ねぇ、私、生きる目的を知りたくなってきたの。仕事なんか放って、山で瞑想するわ。生きる意味の答えが見つかるまで、山頂のバラの茂みにしばらく引きこもるの。使命が見つかれば、充実感と情熱に満たされて、また仕事に戻ることができるから、しばらく仕事はお休みみね」

全世界のミツバチが、突如そんなことを言い出したら、花が咲かなくなり、生態系の循環が停止してしまいます。

当のミツバチは気づいていないかもしれませんが、「毎日の仕事を精一杯こなすこと」で、彼らの「真の使命」がまっとうされているのです。

私が言いたいのはこういうことです。

「あなたが日々無意識に、自然体でできていることの中には、実は世界に大きく貢献しているようなことがある」

のです。

感動できることに敏感になり、人生に身を委ねて行動すること

「完璧なビジョンにこだわりすぎる」と、その執着があなたの才能にフタをしてしまい、それが世に表現されなくなる可能性が高くなります。

では、具体的にどうすればいいのでしょう。

思考レベルではなく、感情レベルにおいて…、

自分が感動できることを敏感に認識しながら、人生に身を委ねて、とにかく行動すること

です。そして、**「ただ毎日精一杯、最高に自分らしく存在すること」**です。

ややもすると、私たちの毎日は、享楽を追い求めたり、ストレスまみれでいることに甘んじたり、あるいは人生のサバイバルゲームで手一杯になります。

社会生活に追われることで、実は「社会という過保護なしくみ」にどんどん自分自身を依存させてしまっているのです。

人間はみな、「生まれながらに個性的」ですばらしい才能を持って生まれているのに、そのような生活を長く続けていると、おそらくストレスを感じ始めるでしょう。「天性の才能」はずっと隠されたまま、それを表現することで得られる喜びの感覚も、永遠に封印されたままとなるのです。

「自分のビジョン」が何であるか、自然にわかるときが必ずくる

ビジョンを持つための心構えについて、３つほどヒントをお伝えします。

第一のヒントは、「インスピレーションを感じるものを敏感にキャッチする」ということです。

「自分のビジョンが何であるか、自然にわかるとき」は必ずきます。タイミングがくれば誰にでもわかるのです。ビジョンを得たとき、あなたはそれを体の細胞レベルで感じるは

ずです。

朝目覚めるとき、あなたはいつもガバッと飛び起きて、今日も充実した日が始まるぞ、とニコニコ顔になっていますか？　そうでなければ、あなたはまだ使命やビジョンを生きていないかもしれません。

ただ、「ビジョン」は、その時々で変わるものです。人生折々で変化するのです。

歳をとったら、パートナーとあんな生活をしていて、孫が何人いて、すでにあれを達成していて……というようなイメージが、65歳までず〜っと変わらない、というようなものではありません。

「今やりたいことは何だろう？」でもいいのです。**大切なのは「自分の可能性に自然に心を開いたままでいること」です**。そして、「聞こえてくるメッセージ」に対して柔軟でいてください。

無限の知性、あるいは生命が、あなたの魂が進む方向に調和した道を示そうと、常にあなたに囁いています。それは、必ず、あなたのもとにやってくるのです。

本物のビジョンは「個人の枠」を超えたもの

2番目のヒントです。

「ビジョンは、それが本物なら、必ずあなた個人の枠を超えたもの」になるはずです。

多くの人は、必死に「自分の価値観」をまわりに証明しようとしています。両親、同世代や同僚など、他人の目にどう映るかばかりを気にし、承認を求め、拒絶されることを恐れています。

しかし、本当の充足感とビジョンは、常に「個人の枠」を超えたものになるのです。

すでに紹介したアンソニー・ロビンズの言葉を思い出してください。

「力とは、貢献しようとする意志の強さに正比例して与えられる」

「貢献」の対象は、自分自身ではありません。

意志とは、「人によく見られようとする意志のこと」ではありません。

威光を見せつけるために、街で一番高いビルを建設しようとする意志のことではありません。

そうではなく、**「自分の小さな殻を超えた何かのために尽くそうとする意志のこと」**です。誰かに微笑みをもたらそうとする意志のことです。善が遂行されるために何かに奉仕することです。

行為は匿名でも実名でも構いません。これこそ、ビジョンの真髄です。

「成長」と「貢献」のニーズを満たす、「自分を超えるビジョン」

3番目のヒントは、**「本物のビジョンとは、『成長』へのニーズ、そして『貢献』へのニーズを満たすようなものである」**ということです。

この「2つのニーズ」を無視すると、私たちは真の幸福感を味わえなくなります。

・「やる気」を奮い立たせてくれるようなビジョン
・達成のために「器を大きくせざるを得なくなる」ような目標
・自分の枠を超えた大きな何かに、「自動的に奉仕」してしまうようなビジョン

これらが、本物のビジョンを手にするカギとなります。

かつて、ＣＮＮを創設した成功者、テッド・ターナーの話を聞いたことがあります。彼はこう言いました。**「生きている間に達成できるゴールは設定するな」**と。

彼の言葉が何を意味していたのか、当時の私にはあまり理解できませんでした。彼の考えは、自分を鼓舞させてくれるような「壮大なビジョンを持つべきだ」ということでした。

そう…、

「自分を超えるビジョン」

です。

私が今、すべての時間をつぎ込んでいるプロジェクトを、あなたにお伝えしたいと思います。それは私にとって自分の枠を超える、壮大なビジョンです。

宇宙で太陽光を発電する「1兆円規模のプロジェクト」

そのプロジェクトは、私がカナダにいたときにスタートしました。2004年以降、ビジネスと不動産の売却で順調だった私は、インスパイアしてくれる何かを探していました。多くの人が私を訪れ、ビジネスのアイデアや、取引、お金儲けの方法を提案してくれました。しかし「私を魅了するもの」はありませんでした。

そんなある日、1人の科学者に会いました。彼はすばらしいビジョンを持っていました。私はそれに魅了され、虜にされました。

彼は世界初の太陽電池を使った、「効果的な商業用アプリケーション」を作りたいと言いました。それは宇宙空間にある「太陽電池のパネル」で、太陽光を電気に換え、それを地球に送信するというプロジェクトです。

24時間発電できてクリーンなエネルギー源になります。とても大きなビジョンですが、課題がありました。

・彼にはお金がないこと
・事業計画書がないこと
・商業的に実現できるという証明がないこと
・実現には1兆円（100億ドル）の予算が必要なこと

私は「適正評価」を行ない、NASAやボーイング、レイセオン、三菱の幹部などに会い、「可能な事業であること」を伝えました。すると、多くの感触のよい回答がきました。日本もその1つです。日本は政府として、「国が目指すゴールは、宇宙での太陽光発電を支援すること」であると述べた最初の国なのです。

現在世界中で、いくつもの政府とこのエネルギー契約を交渉中です。そして、実際に、現在、世界中に「投資してくれるグループ」がいます。

「原発」に換わる電力供給で世界を変える

このプロジェクトが実現すれば、効果的に貧困を減らすことができるでしょう。

宇宙から、電力供給が不可能な第三世界の村々に、安全でクリーンな電力を供給できます。町に明かりを灯し、水を供給し、穀物を保存できる冷蔵庫に電源を入れることができるのです。

「宇宙で太陽光発電をする1兆円規模のプロジェクト」は多大な可能性を秘めています。

現在、原子力発電以外の技術で、24時間エネルギーを供給できるプロジェクトは他にありません。

このプロジェクトでは、20年間にわたり20兆円相当のエネルギー供給を実現します。

実証の段階で300億円が必要で、その資金はすでに確保できています。

6年前にクレイジーだと言われたこのプロジェクトも、今では「1兆円プロジェクト」としてきっちり1つになろうとしています。20兆円ものエネルギーをクリーンで安全な方法で地球に送ることで、「地球温暖化問題」に貢献できるのです。

自分をインスパイアし、他の人々をインスパイアしてください。

「自分の人生のためにビジョンを持つこと」は急務です。多くの人は、「可能だと思えること」を前提にビジョンを描きます。しかし、私がいくつものストーリーを伝えてきたように、**「何が可能であるかは、誰にもわからない」**のです。

あなたのモチベーションを上げてくれる唯一のものは、戦略でも、テクニックでも、誰かの言葉でもありません。あなたがどのような人生のビジョンを描き、そしてそのビジョンの中にどのようにあなたが登場するかなのです。

ビジョンを持つための3つのヒント

Hint 1

インスピレーションを感じるものを敏感にキャッチする

自分のビジョンが何であるか、わかるときは必ずくる。ビジョンを得たとき、あなたは体の細胞レベルで感じるはず。

Hint 2

本物のビジョンは必ず「個人の枠を超えたもの」になる

本物のビジョンは、その根底に自分の小さな殻を超えた、何かのために尽くそうという強い意志がある。

Hint 3

本物のビジョンは「成長」「貢献」へのニーズを満たすもの

『成長』『貢献』のニーズを無視すると真の幸福は味わえない。達成のために器を大きくせざるを得なくなる目標を見つけよう。

Key 3
Ultimate leadership

リーダーシップ能力を高める「5つの柱」

「自分の価値観」とは、自分にとっての重要度の順番

リーダーシップを発揮するための「3つのカギ」について話してきました。

ここからは、自分自身そして他人を導く能力を高める「5つの領域」について紹介します。

私はこれを、「リーダーシップの5つの柱」と呼んでいます。

「5つの柱」を理解し、マスターすれば、リーダーとしての能力に劇的な影響を与えるでしょう。

あなたがマスターすべき1番目の柱は「自分の価値観を知る」ことです。

では、「自分の価値観」とはいったい何でしょう?

ひと言で言うと、**あらゆるものを「自分にとって重要度が高いものから低いものまでを並べた階層」です。** 私たちはそれを自分の中に「体系」として持っています。私たちは「価

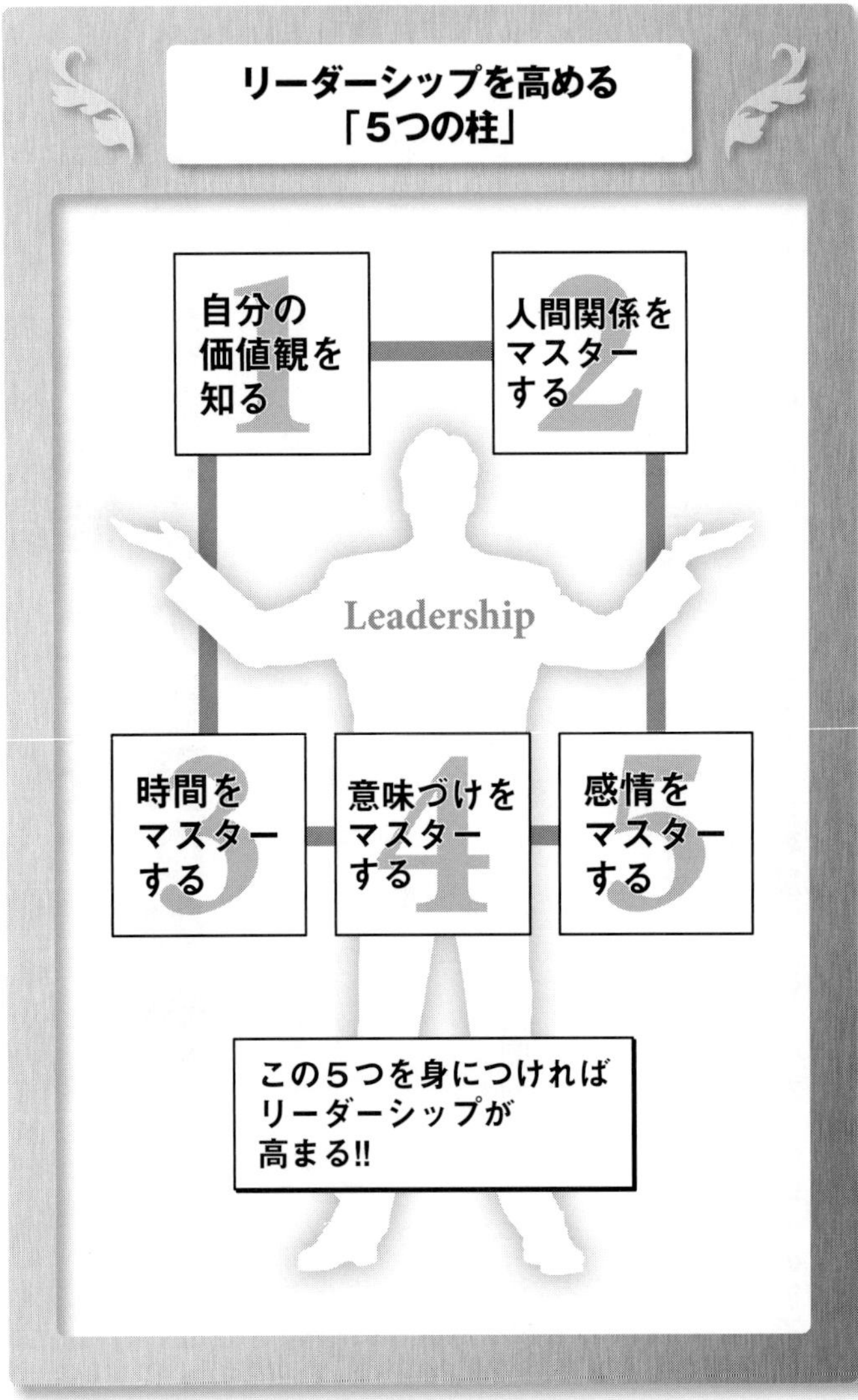
リーダーシップを高める
「５つの柱」
自分の
価値観を
知る
1
人間関係を
マスター
する
2
Leadership
時間を
マスター
する
3
意味づけを
マスター
する
4
感情を
マスター
する
5
この５つを身につければ
リーダーシップが
高まる!!

値体系のフィルター」を通して、人生を眺め、理解し、行動しています。

たとえば価値観の上位に「健康」を位置づけている人は、健康をあまり重視していない人に比べ、より健康的な生活を送ります。**人間の行動は、「その価値観に沿ったものになる傾向がある」**からです。

仕事よりも家庭が大切な人は、時間の使い方も、仕事よりは家族中心になる傾向があります。

反対に、家庭よりも仕事が重要と考える人は、残業すべきか、帰宅して家族と一緒にすごすかという選択の岐路に立ったとき、価値観の優先順位に沿って「残業をする」可能性が高くなります。そこで、質問です。

- 「あなたの価値観」は何ですか?
- 最近、自分の価値観を「じっくりと顧みた」のはいつですか?
- 自分がどんな価値観を持っているか「知っていますか?」

自分の価値観がすぐにわかるエクササイズ

こんな「エクササイズ」をしてみてください。腰を落ち着けて紙とペンを取り出し、正直に問いかけるのです。

「私が人生で、とても大切にしているものは何だろう？」

しつこく問いかけてください。

・お金ですか？
・家族ですか？
・成功ですか？
・旅行ですか？
・自由ですか？
・冒険ですか？

・安定ですか？
・愛ですか？

片っ端からリストアップするのです。じっくりと、時間をかけて問いかけます。
リストアップが終わったら、次の質問に移ります。

「このリストで一番大切なものは何だろう？」

このようにして、1番、2番、3番……と番号をつけていきます。
すると、最上位から最下位までの優先順位ができ、「自分の価値体系」が浮かび上がります。
このような「洞察を得る」のははじめての人も多いと思いますが、一たびそれがわかると、特定の状況やプレッシャーにおける、「自分の行動の動機、選択の動機」を見極めることができるようになります。

ほとんどの人は、このような「内面の探究」をほとんどせずにすごしていますが、このエクササイズによって、あなたは、自分自身の行動や選択のほぼすべてが、「自分の価値体系に導かれていること」にすぐに気づくでしょう。

人は自分の行動を、95％の確率で「まわりの人」にあわせる

価値観は、実際には「自分自身のものでないこと」がほとんどです。周囲の人、伴侶や恋人などの価値観を、盲目的に取り入れてしまっているのです。これに関して、「順応の法則」あるいは「95％の法則」と言われる考え方があります。

「人は自分の行動を、95％の確率で普段ともにすごす人の考え方に順応させようとする」というものです。

あなたがとてもポジティブな人で、「ポジティブさは価値が高い」と考えるとします。するとつきあうのは「私はできる！」と言う前向きな人たちばかりです。

そんなあなたが突然、「私にはできない…」というタイプの人たちに囲まれたらどうなるでしょう？　長くつきあっていくと、あなたの価値観は新しい仲間、つまり「私にはできない…」という人たちの特徴に染まっていくのです。

自分の価値観を すぐに見つけるエクササイズ

❶紙とペンを用意する

❷「私が人生で、とても大切にしているものは何だろう？」と自分に問いかける

❸「❷」の答えを片っぱしからリストアップする。
例）お金、家族、旅行、冒険など…

❹すべて書き出したら「このリストで一番大切なものは何だろう？」と問いかけ、順番をつけていく

自分の価値体系のできあがり！

口から摂取する食事には注意を払うのに、ともにすごす仲間から摂取する「心の食事」に気をつける人はあまり多くありません。後者は将来に対して、「重大な影響」を与えるというのに……。

メンタル的に健康的な人とつきあえばつきあうほど、メンタルの健康を大切にする価値観がますます強化されるのです。

リーダーには「共通する価値観」がある

では、「リーダー」に共通する価値観は、どのようなものがあるのでしょうか？

私の個人的な経験で無作為にいくつか紹介すると、たとえば「勇気」という価値観があります。たいていのリーダーがリーダーと称されるゆえんは、この「勇気」にあります。

つまり、**「成功の見込みが極めて薄いことに挑戦している」**のです。

「決意」も多くのリーダーが備えた特徴、価値観です。

なぜなら、たとえ「勇気」があっても、最初に声をかけた人に反対され、すぐに引き下がってしまったらどうでしょう？　状況が極めて困難だとわかり、最初の一歩さえ踏み出させそうにないとき、「決意」がなければ、それ以上前に進むことができません。

「誠実さ」も共通した価値観の1つです。

誠実さとは、有言実行のことであり、「自分自身の価値観に忠実に生きること」を意味します。どんなことが起ころうとも、自分らしさや自分の信条に関して「妥協しない」ということです。「誠実さ」の土台は、自分に正直であることです。

「信仰」や「信念」という価値観も、ほとんどのリーダーに共通する特徴です。

リーダーは「困難」に立ち向かいます。人々が恐ろしくて目を背けるような状況を見ます。不確実性に対し、過去の実績が役に立たないとき、人々をそこに導くための具体的な方法がわからないとき、「信仰」は強い力となります。

そして、もう1つの側面もあります。**「リーダーは、100人中99人に反対されても構わないと考える人たち」**です。自分の「信念」に関わる決断をするとき、「長い目で見れば大きな貢献につながる確信」があるとき、「大衆の意見」に左右されません。

すでに説明した「貢献」という価値観もあります。

リーダーとして誰かを導くとき、その動機が私利私欲であったり、個人的な都合だったりした場合、偉大なことを成すために必要なリーダーシップのスキル、存在感、人格などは決して手に入れることはできません。

「役に立ちたい」という願いの大きさに応じて、「力《パワー》」は動員されるのです。

「存在感」という特徴もあります。

偉大なリーダーに近寄ったことがある人は経験があると思いますが、彼らには「独特のエネルギー」があります。彼らの内面にある価値観から「存在感」が放たれます。

ものの見方、世界や他者との関わり方が「とても印象的」です。彼らは人と話をするとき、「その人がこの世でもっとも大切な人として扱われている」と感じるように接します。たとえ意見が合わなくても、そのような関わり方をするのです。

「愛」も、多くのリーダーに共通する特徴です。

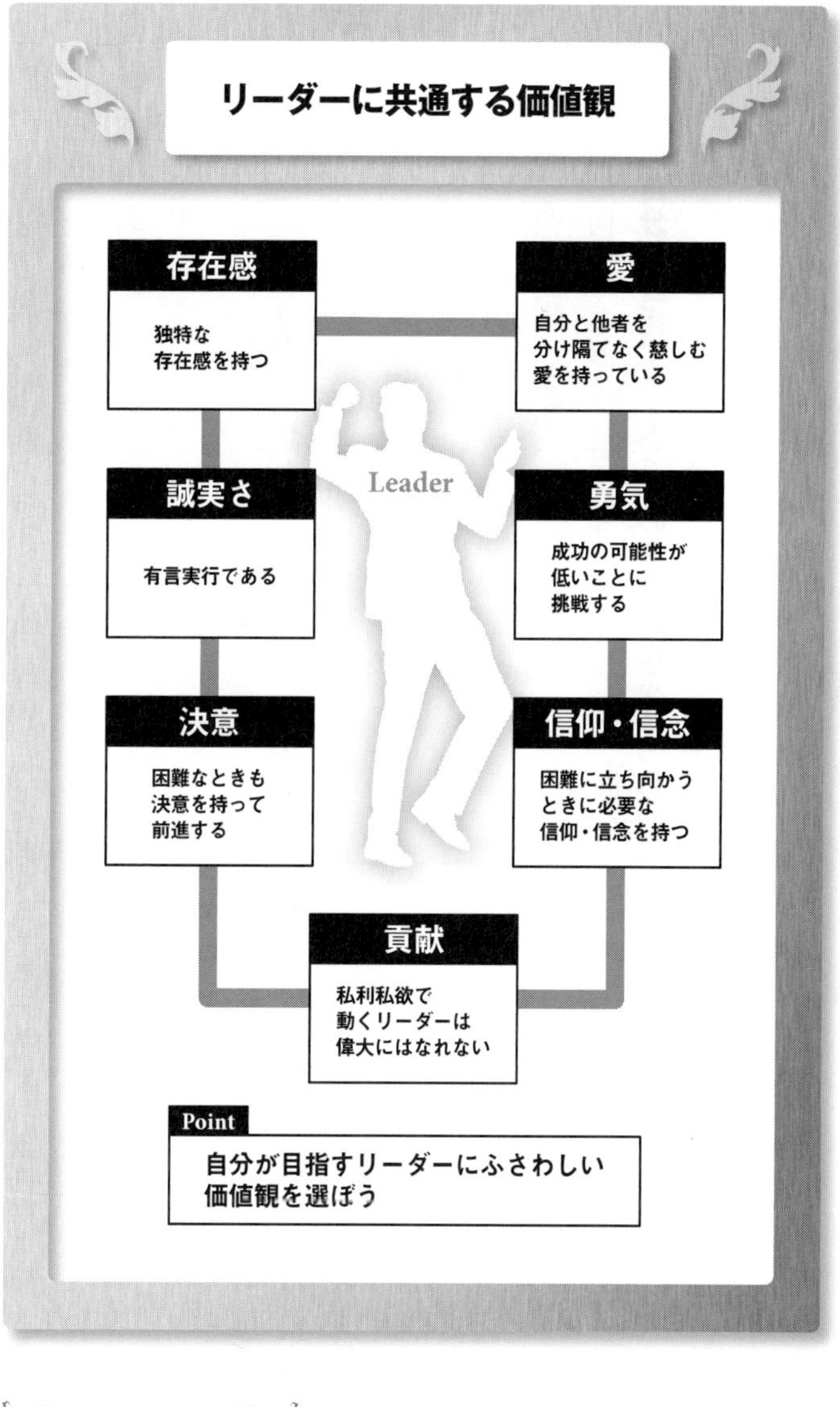
リーダーに共通する価値観
存在感
独特な
存在感を持つ
愛
自分と他者を
分け隔てなく慈しむ
愛を持っている
Leader
誠実さ
有言実行である
勇気
成功の可能性が
低いことに
挑戦する
決意
困難なときも
決意を持って
前進する
信仰・信念
困難に立ち向かう
ときに必要な
信仰・信念を持つ
貢献
私利私欲で
動くリーダーは
偉大にはなれない
Point
自分が目指すリーダーにふさわしい
価値観を選ぼう

リーダーとは、「厳しい決断をせざるを得ない立場にある人たち」です。決断によりマイナスの影響をこうむる人もいるでしょう。しかしそうするのは、「より大きな貢献につながる確信があるから」です。彼らの愛は、自分と他者を分け隔てなく慈しむ「真実の深い愛」なのです。

このように、「自分の価値観をマスター」し、あるいは「価値観を知る」というステップを経て、自分がどのようなリーダーとして世に現れればいいかが、やっとわかり始めます。自分の価値観がわかると、世界の99％の人に比べ、はるかに優位なポジションでゲームをすることができるのです。

「自分の本当の価値観」を知ってください。

それを他の何よりも優先させてください。

そして**「自分が目指すリーダーのあり方にふさわしい価値観」**を選んでください。

自分を律し、宣言どおりの生き方ができるような価値観を選択するのです。

自分の価値観は変えることもできます。その方法については３６１ページから詳しく説明します。

人間関係をマスターする

リーダーは、まず、「ありのままの自分を愛する」こと

リーダーシップの2本目の柱は、「人間関係をマスターする」ことです。まわりを見渡してください。**「人生はすべてが人間関係の範疇に収まる」**のです。そこには、夫婦や恋人、子ども、親戚、顧客、友人など、さまざまな可能性があり得ます。とくにFacebook、Twitter、ブログなどの「ソーシャル・ネットワーキング」が花盛りな21世紀の現代は、いたるところに「人間関係」があります。山にひっそりと暮らしたところで、他者とのコミュニケーションを絶って生きることはできません。

ここに「価値観に磨きをかけたリーダー」がいたとします。

その人が「最初にマスターすべき人間関係」は誰との関係でしょうか？　推測してみてください。妻でしょうか。子どもでしょうか。あるいは職場の人でしょうか。

正解は、「自分自身」です。

残念なことに、ほとんどの人は、「自分を愛しい」と感じなくなるよう心のつぶやき、「セルフ・トーク」をしています。

「私はなんてダメなんだろう」

「また失敗した」

心の中でそんなふうにつぶやいていませんか?

セルフ・トークで警戒すべきことは、鏡に映った自分の姿を見て「あぁ、顔のこのアザが嫌い」とか、「自分の髪がイヤだ」などと、「否定的に言ってしまうこと」です。「自分いじめ」は絶対にやめましょう。

リーダーは、「ありのままの自分に心地よさを感じる」のです。リーダーになるための第一歩は、「自分自身との関係をマスターすること」です。

・自分を愛してください
・自分に感謝してください
・自分に温かく接してください

「バスタイム」はどうすごしていますか？　お湯を張って浸かるだけですか？　天然入浴剤を入れ、キャンドルを灯し、素敵な音楽を流す手間を、自分にかけていますか？

1人でいるとき自分自身にどのように接しますか？

Eメールのチェックの合間に、「コンビニ弁当」を適当にかき込むのでしょうか？

きちんとテーブルで、手作り料理を食べ、「自分といる時間を楽しんだ」のはいつのことですか？

「他人から認められたいという欲求」を自分から切り離す

ほとんどの人は、「必死になって他人からよく思われよう」とし、どうすれば「人から認められ」、「愛とつながり」を持てるだろうかと考えて、行動を変えていきます。

しかし、**「リーダーとは、人にどう思われようと構わない、自由な人たち」**です。真のリーダーの典型的な特徴の1つは、「人に嫌われることを厭わない性質」です。

リーダーにそれができるのは、**「行動が一時的に支持されなくても、長期的には大きな**

貢献につながる」と信じているからです。

こんな話があります。

ある紳士がパーティーに招待されました。優れたリーダーでした。会場に現れた彼は、怪訝そうな顔をする入口のドアマンにニコリと微笑み、入場しました。中に入ると、彼を招待した友人が向こうにいるのが見えました。

しかし、友人はちょっと気まずそうです。これが「フォーマルなパーティー」であることを彼に言い忘れたことに気づいたからです。みんなドレスアップし、タキシードと蝶ネクタイに身を包み、高級な靴を履き、キメています。

ジーンズを履き、カジュアルな格好の彼は、招待してくれた友人のところへ行き、大きなハグをしました。しかし友人はどこか落ちつかない様子です。10分か15分くらい経ったころ、こらえ切れなくなった友人は彼に謝りました。

「ドレスコードを伝えず申し訳ない。君にたいそう恥ずかしい思いをさせてしまった」

これを聞いた知恵者のリーダーはまわりを見渡しました。確かにタキシードだらけです。

そして視線を再び友人に戻して言いました。

「正直言って、気づかなかったよ」

これほど「自分を愛せている人」がいるでしょうか？　すばらしい「自己愛」です。

私たちはたいていの場合、「他人に受け入れられそうか」を判断基準に、「何かをするか、しないか」を決める傾向があります。

真のリーダーが「自分との関係」をマスターするとき最初に行なうのは、**「承認への欲求、他人から認められたいという欲求を自分から切り離す」**ということです。

それができると、「他人にどう見られるのか、陰で何を言われているのか」という思いに左右されなくなります。

無神経や図々しさとは、違います。とくに日本では、文化的な背景から、「他人の目を気にする風潮」があるでしょう。親、上司などさまざまな人から、どのように行動すべきか、どのように規則に従うべきかなど、期待され、プレッシャーがかかります。

しかし、「他人にどう見られるかという束縛」から解放され、他人の都合ではなく「自分の価値観に基づいて行動する自由」を獲得できたならば、それは「偉大なリーダー」になるための、すばらしい第一歩を手に入れたことになるのです。

「状況」を変えるのではなく、「意味づけ」を変える

「状況は変えられる」と考えるから
ストレスが生まれる

3本目の柱は、「意味づけをマスターする能力」です。

意味づけとは、「人生に起こるさまざまなできごとに対し、どのような解釈をするのか」ということです。


「状況はコントロールできない」のです。真のリーダーたちは、この事実を喜んで受け入れています。もちろん、目標を設定したり、目的意識を持って前進するのもいいでしょう。ただ、**究極的には、「人生のできごとを都合よくコントロールすることはできない」**のです。このことを肝に銘じておきましょう。

「状況はコントロールできる」と幻想を抱くとストレスにさらされます。「自ら影響を及ぼすことが不可能なこと」なのに、状況を制圧しようと必死に戦ってしまうからです。

「状況はコントロールできない」、ではどうすればよいのでしょうか。

例をあげましょう。あなたは、誰かと「深い関係」になったことがありますか。そしてその人が、「あなたのもとを去った」という経験があるでしょうか。

まぁ、認める必要はありませんし、手を挙げなくてもいいですよ（笑）。

とにかくそんなとき、あなたはその経験を、「2通りの方法」のどちらか1つで表現することができるのです。

1つは「私という人間じゃダメなんだ。だから振られたんだ」

もう1つは、「恋人が去るのは自分にはコントロールできないのでしかたない。でも、もっと素敵な人に会えるスペースができた」と。状況は同じです。

「起こったできごと自体は同じでも、それにどのような意味を与えるか？」で、その後の人生の質がまるで変わってくるのです。「思い通りならないできごと」という点は同じでしたが、「どのような意味づけを選ぶのか」によって、まったく異なる未来が待ち受けているのです。

真のリーダーは、目の前に展開する人生を「受け取るしかない」ことを知っています。

どの「人生のできごとカード」が配られようとも、「配られた手で勝負するしかない」のです。「人生のできごとカード」を切りなおしてもらうことは、究極的にはできないのです。

「人生で起こるできごとそのものはコントロールできませんが、その意味は、常に自分でコントロールすることができる」のです。

　具体的なコントロールの仕方については、法則４の「世界観をつくる」でさらに詳しく説明します。

セミナー中に遭遇した9.11

　２００１年9月11日の話をしましょう。「9.11同時多発テロ」が発生したとき、私はハワイで「アンソニー・ロビンズのセミナー」に出ていました。80カ国から２０００人が参加し、多くのアメリカ人もいました。１００人以上はニューヨークからの参加者でした。

あの「惨事」は現地時間の夜中午前３時に起きました。目覚めたら「大変なニュース」

意味づけを変えると未来が変わる

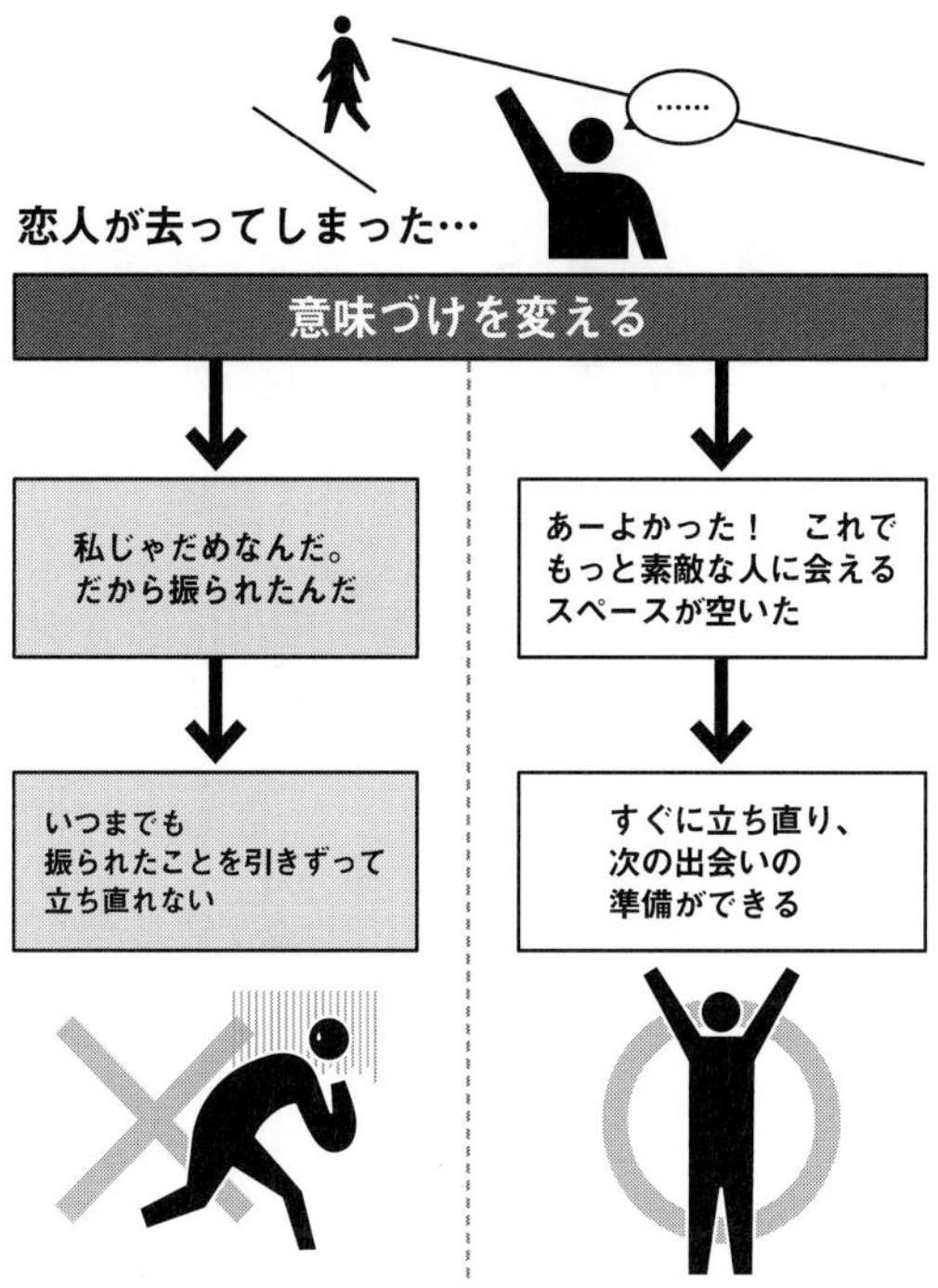
……
恋人が去ってしまった…
意味づけを変える
私じゃだめなんだ。だから振られたんだ
いつまでも振られたことを引きずって立ち直れない
あーよかった！　これでもっと素敵な人に会えるスペースが空いた
すぐに立ち直り、次の出会いの準備ができる

Point

状況は変えることはできないが、
意味は常に自分でコントロールできる

が報じられていた、という状況でした。

私はそのとき、セミナーを「ファシリテート（調整する役割）」するリーダーシップチームの一員でした。朝一番で「緊急ミーティング」が開かれ、トレーナーやリーダーシップチームだけが招集されました。

夜が明けたあと「ニュース」を知ることになる２０００人の参加者が「冷静さを失わずに、セミナーに参加するためには、どのような前向きな意味づけをすればいいのか」、を話し合いました。


セミナーが始まると、**セミナーリーダーのアンソニー・ロビンズは、大事件に「前向きな意味づけ」を与える、さまざまなワークをしていきました。**卓越した手腕でした。

それでも、セミナールームには、ありとあらゆるさまざまな感情が、煮えたぎる鍋のように激しく渦巻いていました。

婚約者を亡くしたルイーズの「意味づけ」

そんな中、参加者の意識を「1つにまとめるできごと」が起こりました。

参加者の1人、ルイーズという女性が、「自分の考えをシェアしたい」と手を挙げたのがきっかけです。話はこうです。

彼女は、ゲーリーという愛情の深い男性と18カ月前からつきあっていました。何度も「結婚」を申し込まれていましたが、彼女はその2年前に婚約者を交通事故で亡くしていたことによる傷が癒えていなかったため、申し込みを断り続けていました。

交通事故で婚約者を亡くしたことに「恋愛なんてうまくいくわけない。誰かと親しくなってはいけない。その人がいつ取り去られるかわからないから」という「意味づけ」を与えていたからです。

ルイーズは「忌まわしいできごとのせいで行き詰っている人生を、少しでも前進させたい」とアンソニー・ロビンズのセミナーに参加しました。

そしてセミナーのゲスト講師だったコメディアン、キャシー・バックリーの話を聞いて、「心を強く打たれた」と言いました。

人生は、「ほしいものを自動的に運んでくる」ことは決してない

ここで、ルイーズの心を揺らした、キャシー・バックリーの話をします。

キャシーは信じられない経歴の持ち主です。生まれたのは40～45年くらい前です。生まれつき「極度の難聴」でしたが、当時、周囲は気づかず、「知的障害」と診断されてしまいます。そして、学習障害者のための学校に入れられてしまいました。実際は学習障害ではなく、耳が聞こえないので、話しかけられても反応が鈍くなっていただけでした。

10代になると継父に虐待されました。20代にはガンに侵され、30代にはガンが再発します。その直後、たまたまビーチで寝そべっていたとき、4輪駆動車に顔をひかれるという大事故に遭ってしまいます。

キャシーは大事故の後、悟りました。**「人生は、ほしいものを自動的に運んでくれるよ**

うなことは決してない」ということを。

何もせず傍観し、不幸を嘆き、犠牲者でいることに甘んじているのなら、「同じパターンの繰り返し」になることは火を見るより明らかでした。それは絶対にイヤでした。

そこで、彼女は「人とコミュニケーションをとる方法」を学びました。手話を勉強し、人と交流するようになりました。障害を克服する手段として、「ジョーク」を話すようになりました。そして、コメディアンのコンテストに、たまたま、本当の偶然で、友人の代役として出演したところ、勝ってしまったのです。

そこからは、「全国決勝戦」まで進み、「全勝する」という快挙を成し遂げました。

その後は、「本」を執筆し、なんと「自分のテレビ番組」まで持つようになりました。空前のサクセス・ストーリーです。人生を180度転換させたのです。そんな彼女のメッセージは非常に明快でした。

「過去という鉄の足かせをはめたまま、人生を進むことはできない。人生のドライブは、後ろが心配だからといって、バックミラーを見ながら進むことはできない。前に追突してしまうし、美しい景色を見ることができないから。**ただ、ひたすら前を見て進むしかない**」

ルイーズに訪れた さらなる試練

9月11日の朝、ルイーズは立ち上がってこう言いました。

「キャシーの話を聞きながら、私がとらわれていたパターンが見えました。『何てことなの！　私は婚約者を亡くした事故を、文字通りずるずると引きずっているわ』その瞬間はっきりと見えました。なぜ人生に少しも満足できず、ゲーリーとの関係に幸せを感じられないのかわからずにいた自分の姿を。突然目が覚めました。完全な進歩と根本的な発想の転換が起こりました。嬉しくてたまりませんでした」

そして、セミナー中の宿泊先であるホテルの部屋から昨夜、ニューヨークのゲーリーに電話をかけたと言うのです。

「ハニー、とうとうブレイクスルーできたわ！　ずっと結婚をためらっていたけれど、セミナーが終わったらすぐに帰るから、結婚しましょう！」

興奮しながら、そんなメッセージを留守番電話に残しました。翌朝、彼は折り返しのメッセージを、彼女の留守番電話に残しました。**ワールド・トレード・センターの104階にいた彼からのメッセージ**はこうでした。

「たった今ビルが攻撃された。部屋が煙で充満している。たぶん、僕は死ぬだろう。でも、たとえ死んでも構わない。君のあの留守番電話のメッセージを聞けて、きっと幸せに死ぬことができる。この関係になったことを確かめた今、僕は、幸せに死ぬことができる」

ルイーズは言いました。

「メッセージの背後では、人々の叫び声が聞こえていました。そして電話は切れ、彼はビルとともに崩れていきました…」

1日1日を味わい尽くすために、「情熱」を持って生きる！

2000人の前で立ち上がった彼女が、「やっぱり、人生は残酷なのよ」と言ったとしても、誰も彼女を責めることはできなかったでしょう。しかし彼女はこう言いました。

「こんな『過去を振り返って後悔しながら毎日をすごす悪循環の人生』はもうたくさんだわ！　どこにも行き着かないことがやっとわかったの。今回の『9．11同時多発テロ』に対して私が与えた意味は、**『これから私は人生というゲームを、全力でプレーするということ。そして1日1日を、最後の一滴まで味わい尽くすために情熱を持って生きるということ**』。なぜなら、もし2年前そうしていたら、私は今頃結婚していたのだから！」

こう言って彼女は、私と2000人の参加者の心を打ちました。そのおかげで私たちは、さらなる「情熱」と「決意」を持って、残る9日間のセミナーに、全力で取り組むことができたのです。

「強烈なできごと」でした。けれど、メッセージは「明快」です。

「人生で何が起こるかは重要ではないということ。そして、できごとに対して与える意味と、その結果どのような行動を選択するかだけが重要だ」

ということです。そしてもう1つ言えるのは、「人生には、後で振り返ると全然感じ方が違うことがたくさんある」ということ。

「それが起こった当時は、最悪のできごとにしか見えなかったこと」が、6カ月後、1年後、5年後、**「逆にそれがあったからこそ、何かできるようになっているとか、それが自分の役に立っているということが必ずある」**

はずなのです。私が言いたいのは、「6カ月後、1年後、5年後に、そう思い直すことができるのだとしたら、そんな気分になるまで、何で長い年月を待つ必要があるのですか？」ということ。「今すぐ、このできごとが自分にプラスになる」と思えばいいのです。

Key 3
Ultimate leadership

時間をマスターする

「○時までに終わらせる」ではなく、「完全に完了させることに集中」する

リーダーシップの4番目の柱は、「時間をマスターする力」です。
日々の生活に即効果がある領域を1つ選ぶとしたら、それは「時間の使い方」です。真のリーダーと、何でも中途半端なその他大勢の人々を比べたとき、際立つ違いというのが、「時間管理の姿勢」なのです。

時間は、「誰にも平等に与えられている」という点が特徴的です。つまり誰もが1日に、他人とまったく同じ数の時間、分、秒を持っています。それなのになぜ、24時間で多くを成し遂げる人と、ただ些事《さじ》にとらわれバタバタと動き回るだけで、一向に偉大さに近づくことができない人がいるのでしょう？

「私たちは与えられた時間のうち、ほんの20%だけを結果を生む活動に使い、残り80%は

生産性の低い無駄な活動に費やしている」という調査もあります。

あなたがビジネス・オーナーや経営者なら、時間の大切さをよく理解しているでしょう。ビジネスの上でそれを掌握しながら仕事をするのと、時間の大切さをわからずに仕事をするのでは、まったく意味が違います。

前者は「すばらしい結果」を生み出しますが、後者は、たいていの場合、「業務」となります。ビジネスではありません。

「時間管理」は規律を持った訓練が必要です。テクニックや優先順位づけの方法は重要ではありません。アシスタントの数も重要ではありません。時間を見つけ、効率的に時間を使う唯一の方法は、「行動を変えること」です。

それ以外にはありません。

集中するために絶対にしなければならないのは、「限られた時間内でどのような結果を得たいのかを明確にすること」です。

そして、確保した時間に、「漫然と仕事を埋めていくこと」をしてはいけません。

多くの人は何かの仕事をするのに1時間とか、午前中とか決めます。○時までに終わらせればいい、という姿勢で枠を設定するのです。
そうではなく、ほとんどの場合、**「その仕事を完全に完了させることに集中する」**ことで、期限よりもずっと早く仕上げることができるのです。

「休憩時間」は仕事を効率化するために必要

時間管理に「くつろぐ時間」を取り入れることは、良好な状態を保つために絶対不可欠です。木こりがたくさんの木を切るためには、斧《おの》やノコギリを休ませ、その間に刃の手入れをしなければなりません。時間管理も同じです。頑張って長時間労働しても、たいていの場合とても「非効率的」です。

それよりも、穏やかな状態へと「リラックスする時間」を確保することでメリハリがつき、目標達成に向けて精力的に仕事をすることができるのです。

仕事を済ませた後は、「振り返りの時間」を取りながら、再び肩の力を抜いてゆったりとし、そしてまた仕事に戻るのです。このほうがはるかに効率的です。

「Eメールのプログラム」はメールが終わったら必ず終了させる

「時間管理のポイント」をお伝えします。

まず、「仕事のリスト」は短くすること。多くの人は「やるべきこと」を羅列して、非常に長いリストを作ります。人によっては「リストのリスト」を作る人もいます（笑）。

リストが長すぎると、「項目をこなす作業」に焦点が当たってしまい、「最重要課題を達成するという目標」がぼやけてしまうのです。

また、「Eメールのプログラム」は消しましょう。**「Eメールのプログラム」を立ち上げっぱなしにすることは、これはつまり、「時間管理の死」を意味します。**

こんなことはありませんか？　デスクにいて「おっと、メールが来たぞ。すぐに見なきゃ」とか、「おっと、Facebook のコメントが来たぞ」とか、「チャットが来たぞ」とか。

あなたが「時間の使い方の主導権を他人に明け渡してしまう」のなら、決して時間管理

Eメールのプログラムは「消す」を習慣に

時間をマスターする４つのコツ

Tips 1

仕事は終わらせる
「時間」を決め、
その枠の中で終わらせようと
取り組むのではなく、
ひたすら
「完了させることに集中する」

Tips 2

リラックスする
休憩時間を
取ることが、
仕事の効率化を生む

Tips 3

仕事のリストは
短くする

Tips 4

Eメールのプログラムを
立ち上げる時間は
限定する。
作業が終わったら、
プログラムを終了させる

をマスターすることはできないでしょう。

偉大なリーダーの多くは、「なかなか連絡が取れない人たち」です。そこには理由があります。

彼らは「自分の優先順位」を明確に持っています。世の中に貢献するための自分の目標やビジョン達成に、集中しているからです。

ですから「Eメールを立ち上げる時間は限定する」ようにしてください。メール作業が終わったら、かならず「プログラムを終了させる」のです。いいですね、1日中、「受信メール」のお知らせが鳴るような環境は、「時間管理の死」を意味しますし、決して時間管理をマスターすることはできないでしょう。

大切なので、もう一度、言いますね。**メール作業が終わったら、かならず「プログラムを終了させる」**のですよ。

感情をマスターする

「感情」はコントロールしようと思わないこと

リーダーシップ達人のための5つ目の柱は、「感情をマスターする能力」です。

「感情をマスターする」と言っても、感情を「コントロールする」とか「抑圧する」という意味ではありません。感情を「マスターする」のです。

感情は、とらえがたく概念的で、多くの人にとって「未知の領域」です。

人間として生まれた私たちは、非常に広範囲な、さまざまな感情を感じる能力を備えています。バラエティに富んだ感情を、日常的に経験することもしばしばです。

たいていは、「普段アクセスする頻度の高い感情」が、現実世界での人生経験の質を大きく左右します。「感謝」という感情につながる時間が長い人は、怒り、ストレス、落ち込み、憂うつといった感情につながる時間の長い人とはまったく異なる人生経験をします。

では、どうすれば「感情をマスターできる」のでしょう？

残念なことに、これまでは「感情はコントロールすべきもの」という固定観念がありました。とくに日本のような「アジアの文化」ではそうです。

しかし、感情をコントロールしようとすれば、結局は「抑圧」せざるをえなくなります。抑圧された感情は「危険」です。体調不良などの肉体的症状として現れたり、怒りや憂うつなどの精神的な形として現れたり、さまざまな「マイナスの形で表面化」します。

では、感情を処理し、マスターするためにどうすればいいのでしょう。

ちょっと不思議に思われるかもしれない考え方を紹介します。

「感情が存在している目的は、感情を感じるためである」

という考え方です。感情を感じることと、その感情を行動に移すことは、まったく別物です。

「怒りという感情を感じること」はあるでしょう。でも誰かを殴ること、つまり「怒りの感情を実行する」のは不適切です。

ここで明確に区別したいのは、「体の細胞レベルで感情を感じること」と、「その感情ゆえに行動を変えること」は全然違う、ということです。

1分で「感情のマスター」になれる方法

みなさんに試していただきたいことがあります。ほとんどの人は「感情の扱い方」を知らずに、あるいは理解しようとか、極めようとか思うことなく一生をすごします。

紹介するのは、これができれば「感情のマスターになれる」という真理です。

今すぐ「感情を感じ尽くす」ことをしてください。注意していただきたいのは、「頭であれこれ判断しない」ということです。そして次のようにしてください。

・感情に「善悪のレッテル」を貼りません。理屈をつけないのです
・ハートのまわりにある「感情センサーだけ」で感じ続けます
・感情の波を「全身にかぶって」ください
・感情の波を「体中に駆け巡らせて」ください
・それを「味わう」のです

・細胞の一つひとつが振動するのを「感じて」ください
・善悪の判断は「シャットダウン」します
・「評価」もしません
・ただ、体の中にいる感情を、「あるがまま放って」おきます

どうでしょう？

「感情は、たいていの場合、最長60秒くらいで消えてしまう」

のです。信じられないと言う人もいるでしょう。でも、ぜひ試してください。真実であることを実感するでしょう。

突然何か「不愉快な知らせ」を受けたとします。それによりストレスを感じます。そんなとき、知らせに反抗したり、感情に抵抗しようとしないことです。感情が力を持ち、「あなたを支配してしまうから」です。

そういうときは、感情に逆らわず「そう、今、私はストレスを感じている」と認めるのです。

「セルフ・トークのスイッチをオフ」にし、ボリュームをゼロにします。その感情につながり、「感じるだけ」です。感情が大きくなっても、そのままにしておくのです。ストレスという感情の幅の、端から端まで、とにかく「今の感情を無心に味わい尽くす」のです。するとⅠ分後には、「その感情が消えてなくなっている」ことに気づくでしょう。

これが「感情の真実」です。「感情は抵抗するとパワーを持ち始め」、あなたを振り回します。怒り、憂うつなど、役立ちにくい感情のモードにはまったとき、あるいは、反対に、愛、感謝、喜びなど美しい感情などでも同じです。

「評価し、レッテルを貼れば貼るほど、頭で考えれば考えるほど、感情は力を持つ」のです。押し殺そうと頑張ったり、強がったり、感じないように無視したりすると、それは再浮上し、「役立たない形で表面化し始める」のです。

なぜなら、「感情を処理したのではなく、抑圧しただけだから」です。「対処したのではなく、抵抗しているから」です。「あなたが感情のマスターになった」のではなく、「感情があなたのマスターになってしまったから」です。このことが理解できると、**「99％の人々が理解していない、感情のマスター方法を体得できる」**のです。

1分で
感情をマスターする方法

❶今すぐ感情を
味わい尽くす。
感情の波を全身に
かぶるイメージで

❷感情に善悪の
レッテルを貼らない。
感情を判断しない

❸体の中にいる感情を
あるがままに放っておく

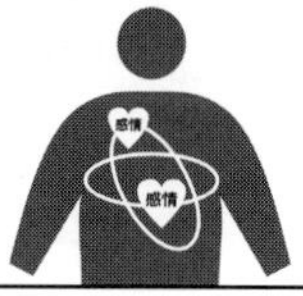

感情は60秒くらいで消える！

Point

感情に抵抗しようとしたり、無視したり、評価したりすると、
感情はパワーを持ち始め、あなたを振り回す

Key 3

自分を超える「５つの法則」

法則 3
リーダーシップを高める

Ultimate leadership

まとめ

- ●リーダーシップの有無は、育てたリーダーの数で決まる
- ●訓練を欠かさず、「健康」「知性」「感情」「精神」の4つの基準を上げる
- ●「達成する方法がわかる目標」は目標として小さすぎる
- ●「自分中心」から「他者中心」の意識が感情面での成長
- ●「ビジョン」の真髄は、「成長」と「貢献」の中にある
- ●リーダーシップ能力を高める5つのキーワード、「価値観」「人間関係」「意味づけ」「時間」「感情」

力を与えてくれる世界観

世界観を構成する「6つ」の要素

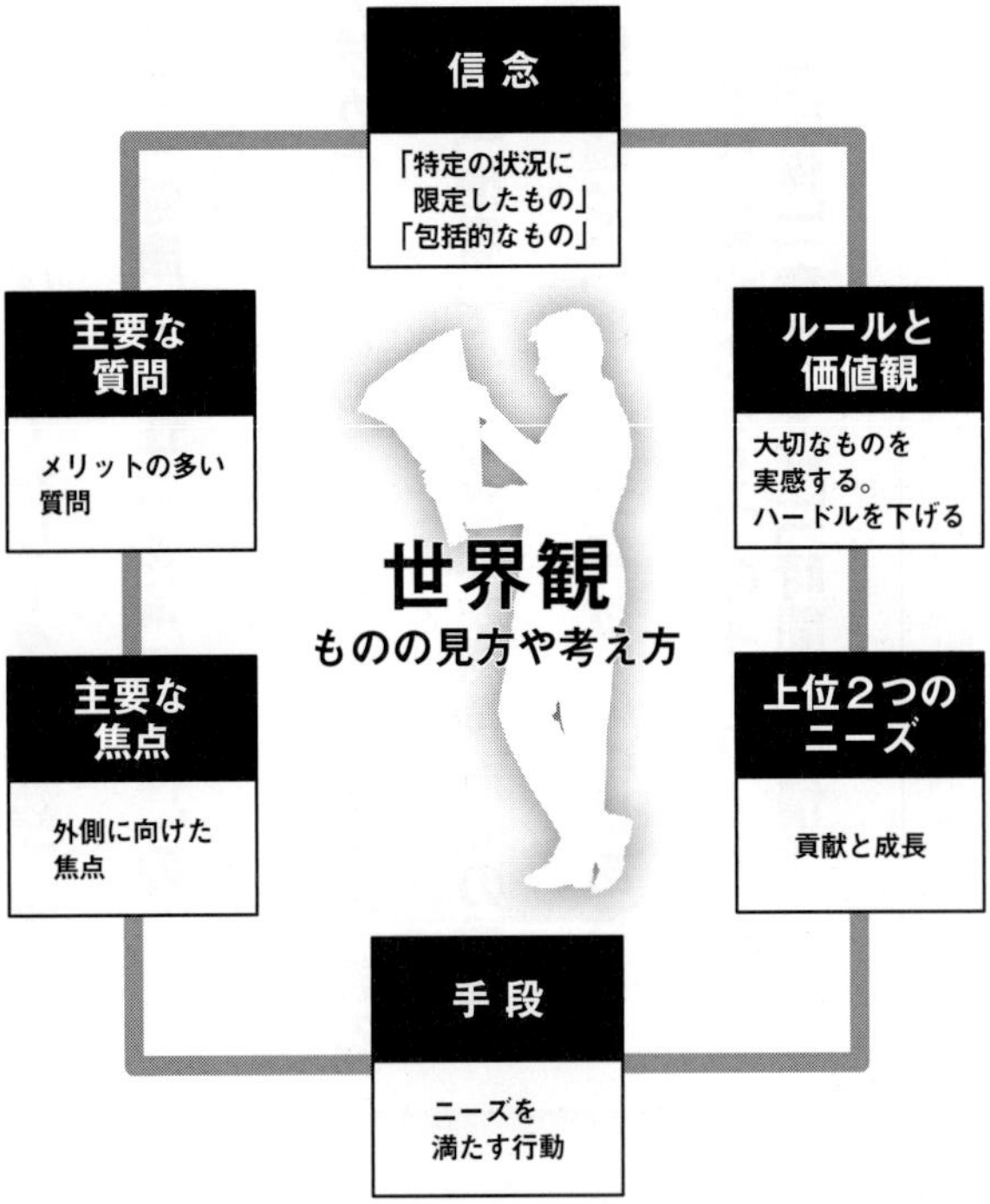

信念
「特定の状況に限定したもの」「包括的なもの」
ルールと価値観
大切なものを実感する。ハードルを下げる
上位2つのニーズ
貢献と成長
手段
ニーズを満たす行動
主要な焦点
外側に向けた焦点
主要な質問
メリットの多い質問
世界観
ものの見方や考え方

The five keys to excellence

Key 4

自分を超える「５つの法則」

法則 4

世界観をつくる

Live by your values

Key 4
Live by your values

自分に「力を与える世界観」をつくり上げる

状況はコントロールできないが、「自分の世界観」はコントロール可能

「力を与える世界観をつくり上げる」

これは、「効率的にリターンを得られるテーマ」です。

法則3の298ページでも説明しましたが、交際相手があなたのもとを去ったとき、その経験を表現する方法は「2通り」ありましたね。1つは次のような言い方。

「やっぱり私は魅力がない。だから振られたんだ」

このような無価値感や喪失感、あるいは異性に対する不信感が、今後、別の人と交際しようとするとき、「あなたの世界観」に深刻な影響を与えてしまいます。

もう1つは、こんな言い方です。

「恋人が去るのは自分にはコントロールできないのでしかたない。でも、もっと素敵な人に会えるスペースができた」

こう言えるのは「よりよいものが必ず存在する」とか、「できごとにはすべて深い意味がある」という、「自分に力を与えてくれる世界観や考え」を持っているからです。「力を与える世界観」を持っていると、同じ経験でも、後者のような受け取り方をすることができます。もう少し具体的に説明しましょう。

世界観とは「世界に関する見方や考え方のこと」です。世界観は、人生の質に極めて重要な影響を及ぼします。世界観を「自分に力を与えるもの」につくり上げていくと、現実の世界で起こることに対処する際、「その意味を自分で選ぶことができる」ようになります。

すでに説明してきたように、「究極的には、私たちは状況をコントロールすることができない」のですから。

多くの人の欲求不満は、「コントロールすることが不可能な状況」に「自分の世界観」を無理やり当てはめて、「どうしてもこうなりたい！」という不毛な期待を抱くことから生まれます。

しかし、あらかじめ工夫をすることによって、あなたが日々関わっている現実世界を、「自分に力を与えてくれるような経験」に変える方法があります。そして、喜び、充足感、幸せといった感覚に、もっと楽にアクセスできるようになるのです。

「力を与える世界観」は、偶然、手に入ることはほとんどありません。常に「自分が選びとる」のです。「世界観をつくるための時間をしっかりとる」こと。これが、後に大きなリターンを得ることにつながります。

世界観を構成する「6つの要素」

「世界観」はどんなもので構成されているかを見ていきましょう。

世界観を構成する要素は次の6つです。

【1】「信念」
【2】「価値観とルール」

【3】「上位2つのニーズ」
【4】「手段」
【5】「主要な焦点」
【6】「主要な質問」

それぞれについて詳しく見ていきましょう。

信念には「正しいも間違っている」もない。60億通りの信念があるだけ

人の世界観にもっとも大きな影響を与える要素の1つが、すでに出てきた「信念」です。信念は、実に多様です。地球上には60億人の人がいますので、「60億通りの信念がある」と言ってもいいでしょう。

自分にとって可能なことと不可能なこと、自分がすべきこととすべきでないこと、さまざまな状況や他者に対する意見などに対する信念は、人により千差万別です。

重要なのは、「どの信念が正しくてどれが間違っているという決めつけをしないこと」です。**多くの人が、「自分の世界観の正当性を主張」し、「相手の世界観の欠陥をあげつらねよう」と、信じられないくらい大量のエネルギーを費やしている現実があります。**

「誰かが応援するサッカーチームがどれほどダメ」で、「自分のひいきのチームがどれほどすごいか」ということで張り合う。夫婦でテレビを見ながら、出演している芸能人のライフスタイルについて意見が割れて、夫婦喧嘩をしたりする……。

でも、現実問題として、こんなことは「どちらでもいいこと」ですよね。

「相手を説得し、自分の世界観に引き込もうとして、ものすごいエネルギーを使っている」のです。ですが、たいていの場合、その動機を少しずつ明らかにしていくと、「自分を認めてほしい」という重要感を求める心理に行き着くことが多いのです。

今度あなたと誰かの主張が食い違うようなことがあったときに、ぜひ自問してみてください。「この主張は一体どこから来ているのだろう？」と。

「包括的な信念」とは、あるグループ全員を、レッテル貼りすること

信念の1つに「包括的な信念」があります。

「包括」とは1つにまとめること。「包括的信念」とは、あるグループのものや人々に対して、**「判で押したように一律のレッテルを貼ること」**です。信念には特定の状況に限定したものと、包括的なものの2種類があるのです。

例をあげましょう。交際していたボーイフレンドが浮気をしたとします。そのとき、「男なんてみんな、裏切りもの」と信じるようになったとしたら、それが「包括的信念」です。このような信念を持ったとき、以降出会うすべての男性に影響を与えます。

これが逆に、「特定の状況に限定された信念」だったらどうでしょう。

たとえば、「別れた夫は、裏切りもの」だとしたら、前の例とは違います。「個別の状況」

信念には２種類ある

ボーイフレンドが浮気

２種類の信念

男なんて、みんな裏切り者だ！	彼は裏切り者だ！
包括的信念	**特定の状況に限定した信念**
× それ以降、出会うすべての男性に影響を与える	○ 個別の状況に結びつけているので、以降への影響は少ない

Point
信念の持ち方が自分の世界観を大きく左右する

に結びつけられているからです。しかし残念なことに、多くの人々が、「さまざまな個別の状況を、勝手に包括的な信念へとつくり上げること」をしています。そして、それ以降はほとんど無意識に、「その信念の影響を受けた状態」で行動してしまうのです。

「ビジネスをする人は、みんな、金儲けのことしか考えていない」という信念を、あなたが抱いているとしましょう。

すると、起業家やビジネスパーソンと出会ったとき、話をする前から、すでにその人のことを「偏見の目」で見ていることになるのです。

これに対して、「ビジネスをする人は、価値を創造する人たちのことである。彼らは、次のような行為をビジネスだと考えている。すなわち**等価以上のものを提供することで、取引相手に喜んでもらうという関係を築くこと**である。また、彼らはビジネスが、同時に自分も利益を得る営みであることも理解している人たちである」という「力を与えるような信念」を持つこともできるのです。

「信念」はその人の世界観を大きく左右します。まず、「自分がどんな信念を持っているか？」を、今一度振り返ってみてください。

自分自身を「点検」するのです。腰を据え、現在の信念を一度疑って、「この信念は今でも自分の役に立っているだろうか？　それとも新しい信念に更新すべきときだろうか？」と自問してください。「新しい信念への変え方」は後半でしっかり触れていきます。

価値観を実感するための「自分なりのルール」が世界観を左右する

世界観を構成する２つ目の要素は「価値観とルール」です。「価値観とルール」は、無意識のうちに、私たちの日々の営みに、測り知れない役割を果たしています。

毎日行なわれる「他者とのやりとり」や「状況やできごと」に対処するとき、あるいは「1人きりでいるとき」でさえ、大きな影響を与えています。日常の経験の大部分が、「価値観とルール」で決まることがあまりに多いため、疑問を持つことすらありません。

幼少時代に無意識に形成された「価値観とルール」は、改めて、「現在の視点」で客観的に観察したとき、変更したり、無効にしたほうがいいことがあります。

誰もが「自分なりの価値観とルール」をひと揃え持っています。内容は十人十色です。たとえば、「安定」に価値を置いている人は、「冒険」を重要としている人とは全然違う「フィルター」で世界を眺め、全然違う人生を送るでしょう。

もともと備わっていたひと揃いの価値観が、人生の方向を導くというのは事実ですし、人生経験を積む中で変わる価値観もあります。

その一方で、それらの価値観と結びついているルールのことを、ほとんどの人が気づいていません。ルールとは、「○○が起こってくれないと、△△と感じられない」という決めごとです。

「力を与える世界観」を持った人と、「狭く限られた世界観」を持った人との違いは、結局、「それぞれのこのルールに集約される」のです。

「大切にしている価値観を実感するには、どんな条件が必要か？」というルールが違うのです。

「大切な価値観」を実感するハードルを下げる

「健康」を例にとってみましょう。健康を大切にしている人はたくさんいます。

健康という状態を経験したり、健康だと感じるために取る方法は、人によって千差万別です。それは、「その人のルール」に現れます。

健康に高い価値を置いている人がいたとします。その人が健康だと感じるために設定するルールは、**「難しい」か「簡単」か、どちらか2通り**に分かれます。

「ルールを難しくしてしまう人」は、健康を感じるために、次のようにルールをたくさん作ってしまいます。

「特定の食材の料理じゃないとダメ、次の5㎞長距離走大会でベストタイムを出さなければダメ、あるいは毎日の睡眠は必ず7時間以上で、かつ、週3日以上ジムに通わなければダメ……」

このように「大切なものを実感するハードル」を高くすれば、人生はストレスが多くなり、不幸になり、つらく感じることが多くなることは間違いありません。

では、次のように「ルールを簡単にする」とどうなるでしょう。

「ただ深呼吸するだけで健康を実感できる。日光浴をするたびに健康を感じる」

簡単なルールにして、**「大切なものを実感するハードルを低くした」**ので、いつでも健康という感覚に簡単にアクセスできます。

すると、人生はもっとゆったりとしたものになり、ストレスも減り、喜びが増えるでしょう。充足感が増すからです。大切なものに楽にアクセスし、それを常に実感していられるからです。

ですから、冷静に立ち止まって、次のような問いかけをしてみましょう。

「ちょっと待てよ。私が人生で大切にしているものは何だろう？　私はどんな価値観を持っているのだろう？　それらを実感するために、頭の中でどんなルールを作り上げているんだろう？」

「無条件の愛」を感じるルールを低く設定する

「無条件の愛」を感じるためのルールはどうでしょう?

私は、「自分が導かれている」と感じるとき、いつでも「無条件の愛」を経験できます。微笑みを見たとき、あるいは自分が微笑んだときもそうです。美しい自然を見たときや誰かをハグしたとき、ほめてもらったとき、両親の魂とつながり、2人の生前、すばらしい親子関係を結べたことを思い出したとき……。

両親は今も私のそばにいてくれていて、彼らがいる場所に、いずれ私も旅立つことを思うだけで、「無条件の愛」を感じることができます。

私は日常的に、「無条件の愛」をたっぷりと感じていますので、驚くほどストレスの少ない生活をしています。

そのルールがもし「半径50メートル以内にいる人は、全員私のことを『大好き』と言わなくてはならず、全員私のことを『スゴイ』とほめちぎらなくてはならず、私に不満を言ったり、陰口を少しでもたたく人は1人もいない、という状況でなければ、私は『無条件の愛』を感じることができない」というものだったらどう思いますか？

「大切なことを実感するためのルール」は、このようなほぼ実現不可能なものに設定しないようにしましょう。

「失敗」は何かを学んだことの証

「知性や知恵を大切にする」という価値観を持っていると、たやすく自分の知性を感じることができます。

少しでも何か新しいことを学んだとき、これまで達成したことを思い起こすとき、与えられた情報に基づいて賢明な決定ができたとき、あるいは、失敗をしたときにさえ、「自分の知性」を実感します。

「えっ、失敗したときも？」と首をかしげる方もいるかもしれません。
なぜでしょう？

それは、**「失敗とは何かを学んだことの証」**だからです。私にとって、この考え方は自然です。でも多くの人は、失敗は賢さの正反対だと考えています。そういうルールにしてしまうと、失敗するたびに「自分は愚かだ」と感じてしまうのです。

「ルールの変更」は簡単にできる

この違いは「ルールだけ」です。

「リーダーシップの章」でも触れましたが、一度、価値観をリストアップしてみることをおすすめします。

「私にとって、人生で重要なことは何だろう？」と自分に投げかけるのです。

ほとんどの人は、自分の価値観さえわからないまま、「勝手にできあがってしまった自分の世界観」に自動操縦されながら、人生をさまよっています。ですから「リスト」を作ることでなんらかの洞察が得られるかもしれません。

リストができたら、シンプルに次の質問をします。

「その価値観を実感するために、何が起こる必要があるのだろう？」

この質問に答えると、びっくりするはずです。大切にしているものがあるのに、それを感じるために、「いかに厳しいルールを設定していたか」に気づき愕然《がくぜん》とするはずです。でも、実は、「ルールの変更」は、意外に簡単だということも気づくでしょう。

そもそも「あなたが自分で設定したもの」ですから、新たに自分で決め直せばいいのです。健康を実感したいときには、「ただ深呼吸をすればよい」とか、「体によい食事をしたときはいつでも健康と感じる」とルールを変えればいいのです。

「大切にしている価値観」を実感するのに、こんな簡単な方法はありません。

「感じたくない経験」条件を上げ、「感じたい経験」は条件を下げる

このように、「価値観とルール」は、「力を与える世界観」を築く上で、非常に大きな役割を果たします。

「価値観とルール」は、幼少期の環境や同世代の影響で形成されたり、強烈な感情を引き起こす重大なできごとを通して無意識に身につけてしまうことが多いのですが、それだけではありません。主体的に、腰を据えて「設計することもできる」のです。

「自分にとってもっとも役に立つ価値観とルールの体系」を意図的に作るのです。その際の大原則は、**「自分がもっとも好きなもの、大切に思っているものを、楽に、日常的に実感できるように設計する」**ということです。

そして反対に、好きでないものに対しては、「それを経験するのが難しくなるようなルールを設定する」ことも重要です。

Key 1 成功の心理学 Unstoppable mindset
Key 2 お金のつくり方 Financial freedom
Key 3 リーダーシップを高める Ultimate leadership
Key 4 世界観をつくる Live by your values
Key 5 10倍強くなる文章術 The skill of copywriting

たとえば「拒絶」です。

「他人から拒絶されること」を恐れている人がいるとします。

その人のルールが、「誰かに『ノー』と言われたら拒絶されたこととする」「微笑んでくれない人は、私を拒絶している」「職場で、今朝、誰も挨拶してくれなかったのは、私が拒絶されているという意味である」というものだったらどうでしょう？

イヤなことを経験するためのハードルを、「恐ろしく低い水準に設定している」ので、いとも簡単に感じてしまうのです。では、こんなルールだったらどうですか？

「私が拒絶されたと感じるのは、1時間のうちに10人の人間に『お前なんか大嫌いだ！』と言われたときのみである」（笑）

自分が感じたくない経験は、「それを味わう条件をほぼ不可能なくらい難しい基準に設定」し、逆に「自分が感じたい経験は、それを味わう条件を簡単にすればいい」のです。

ルールを意図的に作る

自分が「感じたい」価値観のとき
→ハードルを低くする
（条件をやさしくする）

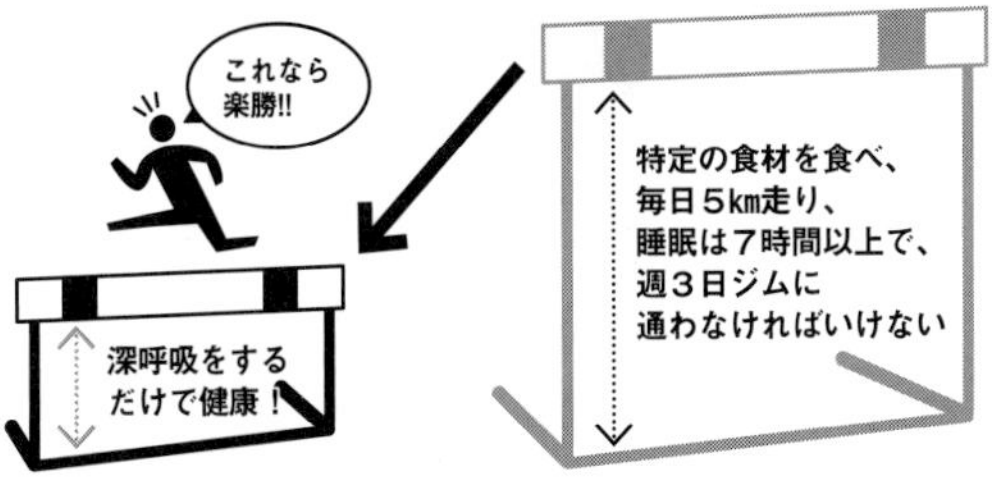
これなら
楽勝!!
深呼吸をする
だけで健康！
特定の食材を食べ、
毎日５km走り、
睡眠は７時間以上で、
週３日ジムに
通わなければいけない

自分が「感じたくない」価値観のとき
→ハードルを高くする
（条件を難しくする）

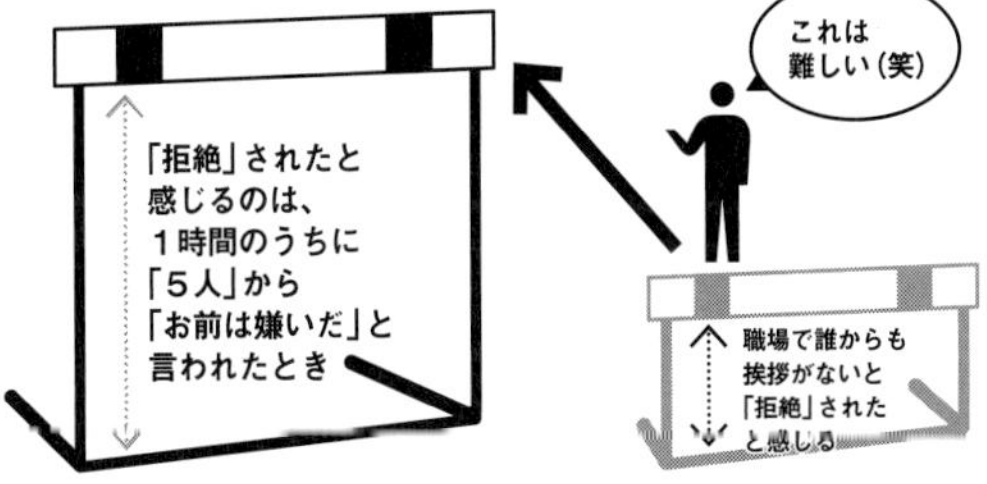
「拒絶」されたと
感じるのは、
１時間のうちに
「５人」から
「お前は嫌いだ」と
言われたとき
これは
難しい（笑）
職場で誰からも
挨拶がないと
「拒絶」された
と感じる

Key 4
Live by your values

「成長」と「貢献」が世界観をパワフルにする

上位2つのニーズを「成長」と「貢献」に置き換える

【法則1】の「成功の心理学」で、私たちには「6つのニーズ」があることを学びました。
このうち「上位2つのニーズ」、つまり、6つのニーズのうち、とくに強力に自分を突き動かしているのは上位2つのニーズです。この2つは、「世界観」をつくるのに大きな役割を果たしています。

上位2つのニーズが、その人の行動に影響を及ぼしています。たとえば、最重要のニーズが「安定感」だという人がいます。一方、最重要のニーズは「不安定感」だという人もいたとします。両者の行動パターン、休暇のすごし方、旅行先の選び方、日々のさまざまな選択は、大きく違ったものになるでしょう。

「外的状況」がどうであれ、心から幸せを感じられる人がいます。一方、とても順調な人生を送っているように見えるのに、なぜか「心に惨めさ」を感じながら人生を送っている人がいます。

私は両者の「相違点」を解明しようと懸命に探求してきました。その過程で、何度も何度も浮かび上がってきたことの1つが、**「弱々しい世界観」を持っている人は、おおむね、「重要感」と「安定感」を、上位2つのニーズとしている事実**です。

そもそも「安定など存在しないこの世界」で、中毒のように「安定感」を求めたら、どうなるのでしょう?

「重要感」にとらわれすぎてしまい、「自分はつまらない人間なのではないか」という恐れを打ち消すことにやっきになっていたら、膨大なエネルギーを浪費することになります。

上位2つのニーズを入れ替える

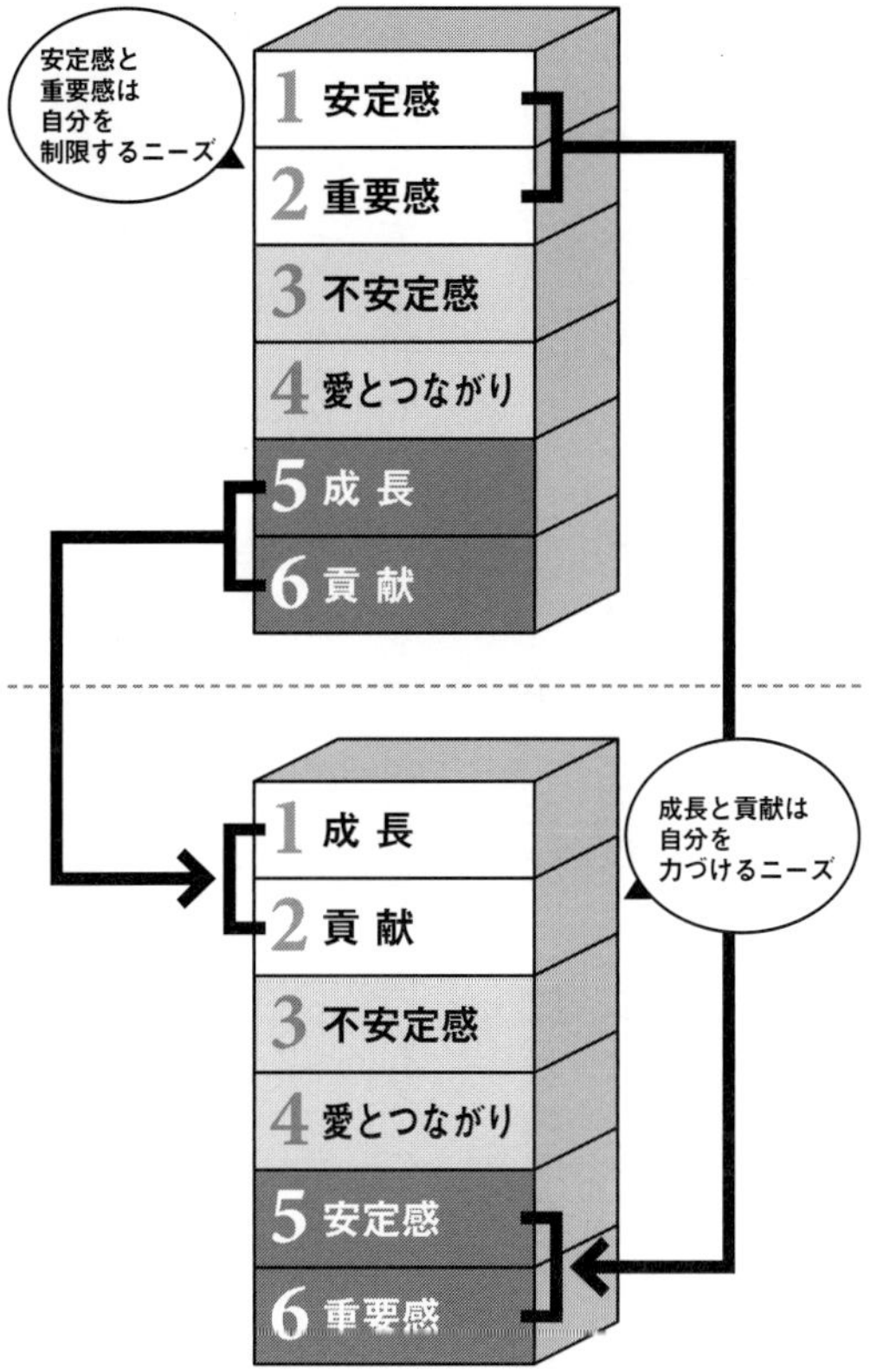
安定感と
重要感は
自分を
制限するニーズ
1 安定感
2 重要感
3 不安定感
4 愛とつながり
5 成長
6 貢献
1 成長
2 貢献
3 不安定感
4 愛とつながり
5 安定感
6 重要感
成長と貢献は
自分を
力づけるニーズ

「成長」と「貢献」に意識を向けると、矢印が内向きから外向きに変わる

この上位２つのニーズ、すなわち【「安定感」と「重要感」】を↓【「成長」と「貢献」】にシフトすると、どうなるでしょう。

そう、「成長と貢献」こそ、建設的な世界観を強力に推進してくれるニーズなのです。

焦点を「内向き」から「外向き」に変えるのです。**「矢印（←）」を内向きから外向きに変え、「どうすればもっと成長し貢献できるか？」と自問するようになると、外部世界との関わり方が大きく変化します。**

世界観をつくり上げるためには、「自分の上位２つのニーズ」を深く見直すことが大切です。ニーズは「自分で選択可能」ですから、どうせなら自分を制限するようなニーズよりも、自分を力づけるようなニーズを選びましょう。

充実した人生を歩む人は、「自分」よりも「外」の世界に焦点を向けている

「クラス1の経験」によって、自分のニーズを満たす

「上位2つのニーズ」や「価値観とルール」、そして「包括的な信念」は、多くの場合、それを満たすための「具体的な手段」という形で現れます。たとえば、「安定感（ニーズ）」を満たすため、「喫煙する（手段）」人がいます。

つまり、「手段」とは、「そのニーズを満たすために、私たちが絶えず行なっている行動、習慣、パターンのこと」です。

もう少し、喫煙について見ていきましょう。

喫煙は、喫煙者にとっては「ニーズを満たす手段」となります。煙草を吸うと、いつも安心感が得られます。気分転換という面もあります。煙草を吸うと、クールでかっこいいという優越感を感じる時代もありました。

今では多くの国で、「優越感のイメージ」は急速にすたれて「煙草はよくない」という

イメージが広がり、喫煙者は今や、肩身の狭い思いをさせられています。「成長」や「貢献」の要素はありません。

「愛とつながり」は多少あるかもしれません。私の観察では、喫煙者は、人とのつながりを渇望しているけれど、「純粋な愛や充足感というかたちでそれを満たすこと」ができないパターンが多いように思います。

その代償として、自分自身とつながるために、煙草という手段を使うのです。でも煙草は、本当には、力を与えてくれる手段には思えません。

ここで「クラス」について簡単に説明します。

経験はすべて、「4つのクラス」に分けることができます。

・【クラス1の経験】

それ自体気持ちがよく、自分のためにも他人のためにもよい。社会に役立つ。

デメリットはない。自分のニーズを満たす手段として、日常的に「クラス1の経験」をすることができれば、力強い世界観を持てる可能性が高まる。

・**【クラス2の経験】**
必ずしも気持ちがいいとは限らないが、自分のためにも他人のためにもよい。社会に役立つ。たとえば運動。運動は最初、気持ちよくはないが、体によいことはわかっている。他人にもよい影響を与え、ひいては社会の役に立つ。デメリットは自分が「つらいと感じる」こと。

・**【クラス3の経験】**
気持ちはよいけれども、自分のためにはならなくて、他人の役にも、社会の役にも立たない経験。たとえば喫煙。

・**【クラス4の経験】**
気持ちもよくない上、自分のためにも、他人の役にも、社会の役にも立たない経験。たとえば怒り。

力を与える世界観をつくるカギがほしいなら、「クラス2の経験」を↓「クラス1の経験」に転換させることです。なぜなら、「クラス2の経験」には「さらにすばらしい経験

経験は「4つのクラス」に分かれる

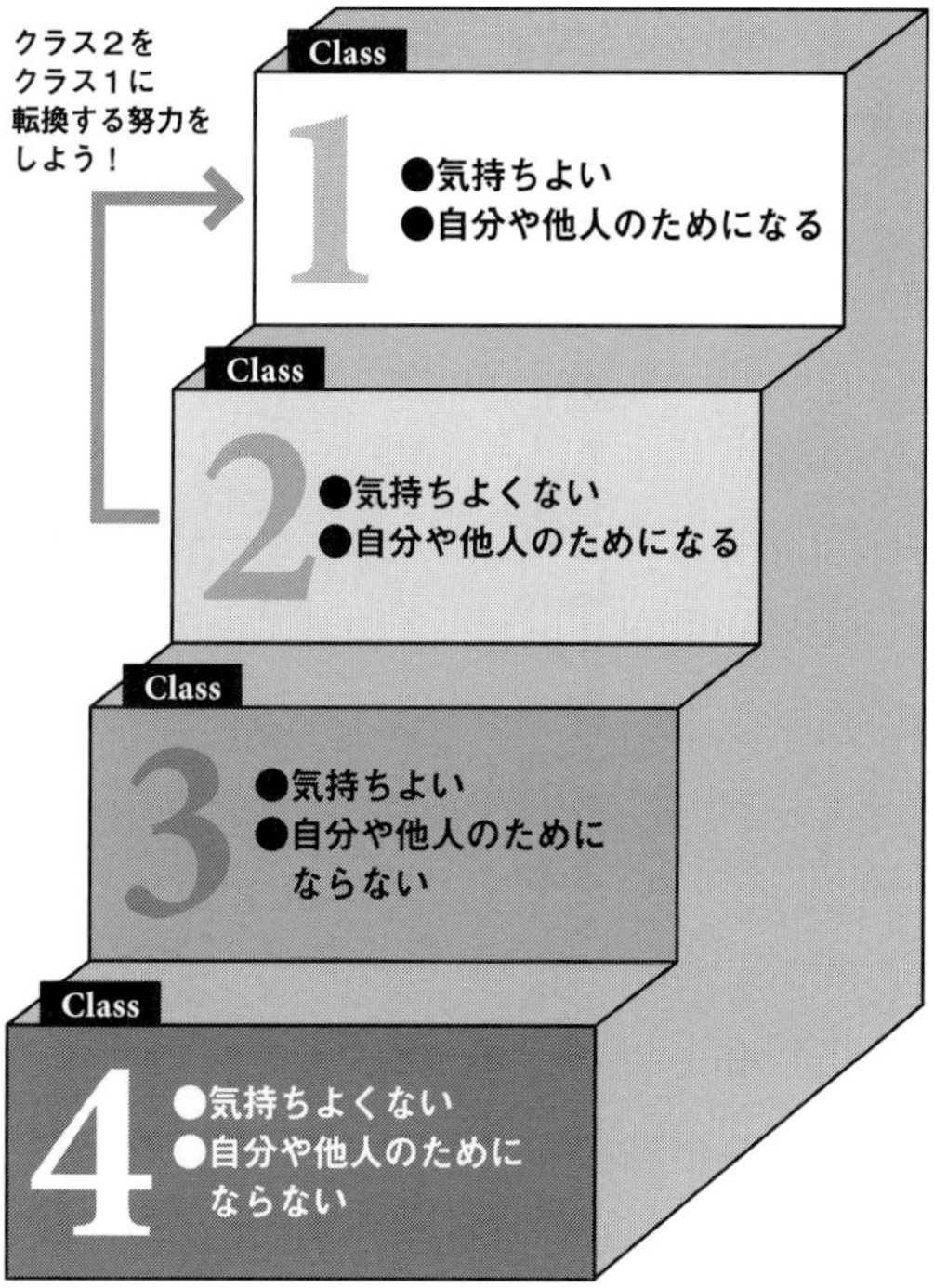
クラス2をクラス1に転換する努力をしよう！
Class 1
●気持ちよい
●自分や他人のためになる
Class 2
●気持ちよくない
●自分や他人のためになる
Class 3
●気持ちよい
●自分や他人のためにならない
Class 4
●気持ちよくない
●自分や他人のためにならない

にできる余地」があり、継続的に努力すると、「クラス1の経験」へと転換することができるからです。たとえば、運動も、最初はあれほどつらく感じたのに、気がつくとジム中毒になり、ジムに行かずにはいられなくなってしまうようにできるのです。

他のスポーツや趣味も同じです。最初の頃は、気持ちよくはありません。むしろ、能力がないとか、うまくできないと感じます。しかし、**そこを乗り切ると、「クラス2の経験」↓「クラス1の経験」になり、突然、楽しくなるばかりか実際的なメリットもついてきます。**

焦点を「自分」から「外側」に向ける

「主要な焦点」も世界観形成にとても重要です。

主要な焦点とは、「焦点を、自分の内に向けるか、自分の外に向けるか」ということです。

私の経験から言うと、建設的な世界観を持っている人は、かたちはいろいろあるけれども、共通点としては、「焦点が自分の外に向いている」のです。自分の内向きではありません。

ところが、「自分のことばかり考えている人、つまり、焦点が自分の内に向いている人」はとても多いのです。私自身も20代前半から中盤まではそうでしたが、なんとか成功はできました。けれど、難点もありました。「自分のメリットになることばかりに目を向けていた」ため、「自然の摂理」や「人生の魔法」から、ますます遠のいてしまったのです。「うつ状態」の人たちを何人もサポートしてきた結果、わかったことがあります。

彼らが重圧や空虚感に苦しんでいるのは、多くの場合、「自分のことばかり意識していて、そのことに気がついていないから」ということです。

反対に、**すばらしく充実した人生を歩んでいる人たちは、たいていの場合、「自分よりも外の世界に焦点を向けている」のです。**彼らはどんな状況でも、「どうすれば価値を提供できるか」と考えます。決して、「どうすれば自分が一番得できるか？」とは考えないのです。この差が、日常生活における「大きな結果の違いを生む」のです。

重圧とストレスでまいっている人はまず、「自分は何に焦点を向けているだろう？」と自問することです。

たいていの場合、「自分の期待通りにならないことで、焦点が自分に向いている」はずです。しかも、期待すること自体、本当は筋違いなのです。

ただし、「外向きの焦点」にも「注意点」があります。それは、外へ関心を向ける真の動機が、「貢献したい」という思いではない場合があるからです。その根底にあるのは「恐れ」です。

「拒絶されることへの恐れ」から、**「相手のために何かをしていないと、いつ嫌われるかわからないので怖い」**という「恐れ」です。

この「恐れ」が根底にある場合は、「役に立ちたい」という気持ちがないわけではありませんが、純粋ではありません。貢献という建前のもと、「立派な行ないをしている」と自分にも言い聞かせていますが、本当は、**「立派な行ないをしなかったら、自分が拒絶されるかもしれないというのを恐れている」**のです。

「みんなのためになることをしているのだから嫌われるはずはない」と忙しく立ち回るのですが、「嫌われるのを恐れている」ため、心が満たされることはありません。それがパターンとなり、「真の問題（拒絶への恐れ）」が覆い隠されてしまうのです。これは、とくに、「日本人」に多い傾向でしょう。自分がそうなっていないか「チェック」をする必要があります。

Key 4
Live by your values

自分にしている「無意識の質問」を変えると大きな自由が手に入る

多くの人々は「無意識の質問」に縛られた人生を歩んできた

次に「主要な質問」を見てみましょう
主要な質問とは何でしょう？　人は誰もが「固有の世界観」を持っていますが、私はそこに、「無意識の質問」が潜んでいることを発見しました。

私たちが意識を向ける対象は、常に、その「無意識の質問」によって誘導されるのです。
たとえば、かつての私は、いつも、次のような主要な質問をしていました。

「どうすればもっと成功できるだろうか？」

10代から20代中盤までの間、この「無意識の質問」が私を突き動かしていたと言っても過言ではありません。
無意識のうちに、人はそうした質問を、1日に何回も自分に問いかけているのです。

質問の内容は、人それぞれ、千差万別です。

しかし、**ひとたび自分がどんな質問を、主要な「無意識の質問」としてしているのかがわかると、「大きな自由」を得ることができる**のです。これまで起こった人生のさまざまなできごとが、突然、「意味を持ってつながる」からです。

自分がしていた「無意識の質問」を知ると、陥っていたパターンがわかる

「主要な質問」は両刃の剣のようなものです。メリットとデメリットがあります。

私の質問「どうすればもっと成功できるだろうか？」のメリットは、とても成功したことです。20代前半で、すでに複数の会社を経営し、何十人ものスタッフを抱え、何億円もの売上げを達成していました。これがメリットです。

しかし、この質問には大きな問題点がありました。「ゴールがない」のです。

「やった、また新しい会社をつくったぞ！　俺ってすごいな！」となっても、次の瞬間、

また、質問が浮かぶのです。「どうすればもっと成功できるのだろうか?」と。

つまり、デメリットとして、「大きな欲求不満」を抱えるようになってしまったのです。

ゴールが見えず、「手に入れた成功を、ありがたく味わう余裕」などまったくありませんでした。私は必死になって、「より大きな成功」をいつも求めていました。

疲労困憊していた私は、ある日、この「主要な無意識の質問」という考え方に出合います。そして、心の内面にある、「主要な無意識の質問」を深く探ったとき、私は自分が陥っているパターンがはっきりと見えるようになりました。

「自分への質問」で人生の焦点を変えていく

私は次のように質問を変えました。

「今この瞬間を、ますます喜びに満ちたものにするにはどうすればいいだろう? そし

て同時に、私が自分の中の輝きを、ますます人々と分かち合うにはどうすればいいだろう？」

私はこの質問を、常に意識的に心の中でつぶやくようにしました。すると、「焦点」が完全に変わりました。完全にです。

新しい質問では、それを口にした瞬間、すでに私は喜びに満ちているということが前提になっています。かつては「自分はダメな人間なのではないか」という恐れが、私の潜在意識と行動を「支配」していました。

しかし、「私自身が輝かしい存在であるという事実を認める」とどうなるでしょう？　自分の中の輝きを少しでも「他者と分かち合い」、それによって彼らにも、「自分が輝かしい存在であること」に気づいてもらえれば、どんなにすばらしいだろう？

しかも、それをしている私自身も、楽しめるのだとしたら……。

質問次第で「焦点」が変わる

質の低い質問
???
どうすればもっと成功できるだろう？
→ゴールがないので、疲弊してしまう
質問を変える
質の高い質問
自分の中の輝きを、人々と分かち合うにはどうすればいいだろう？
→自分が「輝かしい存在」であることを認めている
質問を繰り返す
自然と「質問の答え」が見つかるようになる

同じ質問を「繰り返す」ことで、脳が自然と答えを見つけて引き寄せる

その質問を、最初はわざわざ時間をとって「意識的に自分に問いかけること」をしました。くる日もくる日もそれを行ないました。するといつのまにか、「無意識」にできるようになっていたのです。すべてのトレーニングは「繰り返しが肝心」ですが、質問も同じです。

以前なら「自動的にストレスを感じたであろう状況」がきても、私の頭は即座に先ほどの「今この瞬間を、ますます喜びに満ちたものにするにはどうすればいいだろう？　そして同時に、私が自分の中の輝きを、ますます人々と分かち合うにはどうすればいいだろう？」という質問をし始めるようになったのです。

さて、「自分で自分に質問を繰り返している」と、素敵なことが起こります。**「脳が自然**

と質問の答えを見つけて引き寄せるようになる」のです。「完璧な答え」ではないかもしれませんが、「何らかの答」が見つかるのです。そして、それを「引き寄せる」のです。

よくしてしまう「質の低い質問」

「昔からみなさんがよくしてしまう質の低い質問」のいくつかを紹介しましょう。あなたも思い当たるものがあるかもしれません。

・**【質の低い質問1】「どうすれば、みんなに気に入られるだろうか?」**

これは「質の低い質問」の典型です。この問いをする理由は、「自分は大したことない人間なのではないだろうか?」とか、「嫌われたらどうしよう」という恐れのフィルターで、世の中を眺めているからです。

質問は意識的に言語化されてはいませんが、「無意識」で、自分自身と対話をしているのです。その対話が、あなたの焦点を誘導してしまうのです。

・【質の低い質問2】「どうすればもっと改善できるだろうか?」

このような質問をする人をたくさん見てきました。いわゆる完璧主義者です。常に改善や改良できる点を探しているのです。

ここにもメリットとデメリットの両方があります。メリットは、「ものごとがどんどん改善される点」です。デメリットは、「自分が決して満足することがない点」です。

・【質の低い質問3】「どうやってこの状況に対処すればいいのか?」

これもよくある質問。私は「母さんめんどりパターン」と呼んでいます。大変だと騒ぎ立てて、いつも「状況をコントロールしようと走り回っている人」のことです。自分が面倒を見て守らなければと思っている、生粋の「母さんめんどり」です。

メリットは、「自分がコントロールしているという安心感を得られる点」です。また役に立っている、という感覚も得られます。

デメリットは、「自分の時間がない」ことです。自分の内面を見つめる余裕がありません。そしてたいていの場合、周囲の人に嫌な顔をされます。「あなたにおせっかいなんか焼いてもらいたくないし、守ってもらいたくもない」というわけです。

本人は、「人のために何かをしていると思い込んでいる」のですが、実際には、**「他人を活用して自分のニーズを満たすことが主目的になっている」**のです。

このような質問を持っている人は、今すぐ「新しい質問」に変えるようにしましょう。

私たちには、「自分で世界観を変える」能力が備わっている

「もっと効率的に仕事を片づけるにはどうすればいいのか？　どうすればもっと多くの仕事を片づけることができるか？」

そう思っている人、いませんか？　私もこのような「時間管理」に関する質問をよく受けます。

でも、よく見てください。この質問は「どうすればもっと成し遂げることができるか？」に焦点が向いており、彼らを駆り立てているのは「自分の重要感に対する強烈なニーズ」なのです。

時間管理を学びたい人が相談にきた場合、私はまず次のように質問します。

「人に何かを断られるのはお好きですか？」

なぜなら、たいていの場合、問題の本質は「時間管理とは関係ない」からです。**問題の本質は、「人に『ノー』と言うのが怖いこと」**なのです。

つまり、「嫌われるのが怖い」だけなのです。


やるべきことが山ほどたまってしまうなら、いつもあくせくと動き回らずに、断固とした態度で「ここからは私の領域です。勝手に入ってこないでください」と相手に告げてみてはどうでしょう。


大まかに一般化して言うと、「心に深く根を張っている信念、心理、世界観」というものは、たいていの場合、「強い感情を引き起こす過去のできごとを通して形成される」ことが多いのです。

それらは「苦しみの源」であり、その感情は根を張り、「問題となる」のです。たしかに、それらのできごと自体は「過去の事実」であり、現在の自分に「大きな影響」を与えているでしょう。一方で知らなければならないのは、

「私たちはそれを変容させる能力がある」

ということです。**「世界観は自分で変えることができる」**のです。

世界観を変える方法については、378ページから紹介していきます。

「力を弱める9つのパターン」

ここで、私が「力を弱める9つのパターン」と呼んでいるものを紹介したいと思います。人が「問題」と呼ぶものは、実は「それほど種類が多くない」からです。いろいろな人がいつも、さまざまな問題を訴えますが、突き詰めて分類すると、だいたい「9種類に集約」されてしまいます。

それを今から紹介しましょう。

・【1】ルールに縛られる

苦しみの原因の1つは、先ほど紹介した「ルール」と関係があります。多くの人々は、「味わいたい感情を感じるために難しいルールを自分で作り」、「味わいたくない感情は、容易に感じてしまうルールを作る」ことをしています。その結果、「ストレスの問題」や「完璧主義」が生まれます。ルールでがんじがらめになっているからです。

・【2】「重圧感」や「抑うつ」

心理学用語では「学習性無力感」ともいいます。いつも何かに圧倒されていると感じたり、うつ状態に沈んでいる人というのは、「自分のことばかり考えている場合」が多いのです。そして、周囲で起こっているできごとに、「力を与えるような意味を結びつけること」ができていません。

私はこれまで「自殺」を考えている人たちを、何人もケアしてきましたが、最終的には全員が、死ぬのを思いとどまりました。自殺阻止に成功したのは、私が彼らの「根本的心理を理解したから」だと思います。

自殺願望者の共通点は、「将来に希望をまったく見い出せない点」。将来に絶望し、命を絶てば苦痛を減らすことができるという幻想があるので、自殺という選択肢が現れるのです。この点を理解した上で、彼らに「希望の光やその可能性を提示」し、「自殺という選択がより大きな苦痛につながることを示してあげる」と、自殺を思いとどまるのです。

・【3】「コントロール、自信過剰、不安感」

これらはすべて、「安定感」への中毒からきています。不安感はたいていの場合、「低いセルフイメージが原因」です。「愛されないことへの恐れ」があり、何でもコントロールしようとする人はこの問題を抱えています。彼らは何でも支配できるという幻想、「世の中には確実なことがあるという幻想」にすがりたいと思っています。しかし、現実を正直に見つめたとき、「世の中に確実なものなど、どこにも存在しない」のです。

・【4】「退屈」

将来に希望が持てず、「何事に対しても意味を見い出せない」という問題です。情熱がなく、インスピレーションがわくことがありません。何ごとにつけ、「それって何の意味があるの?」という姿勢です。「大切なもの」があるにもかかわらず、「それを感じたり手に入れたりする条件を、非常に厳しく設定している」のです。

・【5】「中毒」

多くの人が何らかの中毒になっています。その際、「中毒の対象」は何か、「どんな手段でそのニーズを満たすのか」というのがポイントとなります。

もし、もっと力を与えるような世界観を持つことができれば、たとえば「薬物など」に依存しなくても、人生を豊かに味わい前進することができるのです。

・【6】「喪失への恐れ」

「何かを失うかもしれないという恐怖」です。対象は愛する人かもしれませんし、仕事かもしれません。親や親しい人の場合もあれば、物質的なもののこともあります。

いずれにしても「喪失への恐れは、精神に深く根を張る問題の1つ」となります。

・【7】「男女関係における愛憎」

多くの人のいわゆる「問題リスト」に「男女関係」が含まれています。

根本的原因は、多くの男女は、自分を「不完全な半円である」と思い込んでいるからです。「自分に欠けているものを、異性に埋めてもらうことでやっと完全になれる」と考えるのです。

この考え方には、大きな問題があります。「相手を失うかもしれない、相手に拒絶されるかもしれないという恐れ」を、常に抱き続けなければならないからです。

このパターンから抜け出すには、「自分の内面を深く見つめるという作業」が必要です。すると、「自分1人でも真円となることができる」ようになります。

あなたは、別の異性という「真円」と出会い、その人との関係を祝うことができるのです。「相互に依存しあう関係」ではありません。あなたはすでに「1人でも幸せ」なのですから、「幸せにしてもらおうと、必死に相手にしがみつく必要がない」のです。

・【8】アイデンティティ

アイデンティティとは、「他の人とはっきり区別される自分の個性」のことです。アイデンティティ（個性）に問題がある人は、たいていの場合、混乱しています。

アイデンティティの問題のかたちはさまざまです。性的なアイデンティティの問題であることもあります。自分の性的指向は同性愛なのか、異性愛なのか、両性愛なのか、自分でもわからない場合です。虐待やレイプに関する問題も、このアイデンティティの問題です。

・【9】死と病

「肉体的に、いずれ死すべき運命にあること」を多くの人が恐れています。「人間は不死身ではない」という現実を受け入れられず、怯えるのです。

それに関する「個人的なストーリー」を、最後にお話しします。それを聞けばこのテーマを、より深く理解できるでしょう。


ほかに、「パニック」や「不安」、「恐怖症」なども問題となります。

もちろん、他の原因による苦しみもありますが、今あげた9種類は、人々が問題として持ち込む課題の「95％をカバー」しています。

これらが「足かせ」となって前進できないと感じていたり、「悪いのは世の中だ」というような「力のない世界観」のままでいるのです。

「世界観」や「あなたの前進をはばむ問題」が何であるかを理解した上で、現在の自分の行動を分析した結果、「自分の信念を変えたい！」と思ったら、どうすればいいのでしょうか？


次ページからは、自分の信念を変える「6つのステップ」をお教えしましょう。

Key 4
Live by your values

信念を変える「6ステップ」

【ステップ❶】「変えようという意識」を持つ

最初のステップは、**「変えようという意識を持つこと」**です。

もし、あなたの信念の中に、「もう役に立たなくなったもの」があるのがわかったら、次のように問いかけてください。

「この信念を持つことで、私が得ている隠れた副次的利益は何だろう？」

「副次的利益」とは、メリットに関係しています。

すでに３６３ページでお話したように、ものごとには常に、メリットとデメリットの両方があります。

「主要な無意識の質問」が、たとえば、「どうすれば安全に身を守れるか？」ということだとします。「いつも注意深くなること」はメリットです。デメリットは、「用心ばかりしているので人生を楽しむ選択肢がなくなること」です。このようなことは、「信念」にも当てはまります。多くの信念は、常にメリットが存在しています。たとえそれが「力を奪うような信念」であっても、です。そのメリットを「副次的利益」と呼びます。

例をあげましょう。あなたが「肥満」だとします。自分のことをデブだと思っています。さて、このときの副次的利益は、「肥満を言い訳にして、目立ったり拒否されるのを避けることができる」ということがあるかもしれません。肥満のあなたは、どんな隠れた恩恵を得ているでしょう？

クラブに行っても、見知らぬ女の子に話しかけなくてすむということがあるでしょう。「断られるリスクを冒す義務が免除される」のです。断られるに決まっている、と思っているからです。肥満のままでいることにある種の心地よさがあるのです。積極的にリーダーシップをとり、まわりの人に模範を示すような責任を引き受ける必要がなくなるからです。

自分にとってあまり力とならない信念を見つけ、それを変えたいと思ったら、

「副次的利益は何だろう？」と自問してください。

そして、正直に答えてください。

「私は『副次的利益』を手放したいと真剣に思っているだろうか？」

もし、答が「イエス」であれば、次の第2ステップに進みます。

【ステップ❷】「置き換える信念」を考える

ステップ2の質問は**「どんな新しい信念に置き換えればいいだろうか？」**です。

ここで肝心なのは、「肯定文で表現すること」です。たとえば、「デブになりたくない」とか、「私はデブなんかじゃない」という信念だとしたら、力を与えてくれるとは言えません。それは「否定形の表現だから」です。

実は、「脳は否定形を処理することができない」のです。これは、最近の「神経科学の研究」で明らかになってきたことです。

親が子どもに対して、「ジョニー、お皿を落としちゃダメよ」と言った場合、たいていはお皿を落としてしまいます。すると親は「何てこと！　落としちゃダメって言ったじゃない」と言い、子どもは嫌な気持ちになるのです。

このとき何が起こったのでしょうか？

先ほどもお話ししたように、「脳は否定形の処理ができない」ので、「お皿を落としちゃダメよ」と言うと次のように聞いてしまいます。

・「お皿を落とすイメージ」→「それをしてはダメ」

子どもはこのメッセージを頭で処理する際、最初に皿を落とす映像を思い浮かべてしまうため、結果的に「ガシャーン！」となります。肯定形で表現したらどうなるでしょう？子どもがお皿を運んでいるときに、「ジョニー、しっかりお皿を持って」と声をかけるのです。子どもの頭には

・「お皿をしっかり持つイメージ」

が浮かび、子どもの心理はまったく違ったものになり、それに伴う行動も違うものになる可能性が高まります。

「脳が否定形の情報を処理できない」のなら、「古い世界観の信念」を「新しい世界観の信念」に取り替えたいときは、もちろん、「肯定的な言い回しをする必要」があります。「私はデブだ」という信念ならば、「私は健康的であると信じる」「私は驚くべき体を持っていて、あらゆる面で私のために働いてくれる。運動をすればすぐにその効果を現わしてくれる」という具合に、「肯定的」に表現するのです。

【ステップ③】「古い信念」に疑念を吹き込む

3番目のステップは、**「古い信念に疑念を吹き込む」**ことです。

あなたが「マラソンなんてとても走れない」という信念を持っていて、それを変えたいときは、次のようにやってみてください。

「もし走れるとしたらどうだろう？」とか、「一度に42・195㎞は無理だとしても、1㎞を42回走ることはできるだろうか？」

このように、当初の信念に少しずつ「疑念を吹き込んでいく」のです。

「私は頭がよくない」という信念の場合も同じです。徐々に「疑念を吹き込み」ましょう。「ちょっと待てよ。私は『母国語の言葉』を覚えることができた。一国の言語を喋れるようになるのは、とても大変なことだ。それを私は赤ちゃんのときにできるようになったわけだ。歩けるようにもなった。これもできるようになった。あれもできるようになった。言葉を喋れるようになったのなら、『絶対新しいこと』を身につけられるはずだ」

こうやって**徐々に「古い信念に疑念を吹き込み」、「できる証拠」を見つける**のです。

【ステップ❹】「実現するのに必要なこと」を考える

次のステップ4では、次のように自問します。

「それが実現するために必要なことは何だろう?」

「健康になって体をシャキッとさせたい」のであれば、ジムの会員になって、運動を始めることかもしれません。「頭がよくなりたい」のであれば、本を探して読むことかもしれません。いずれにしても、「入れ替えた信念を、具体的に表現するための、新しい行動」があるはずです。「その行動は何だろう?」と質問するのです。なぜなら、「行動を起こすと、行動した後の証拠ができる」からです。

何年も前のことですが、父が「禁煙」をしようとしたことがありました。父の友人たちがその当時の父は、「禁煙なんてできるはずがない」という信念でした。その証拠でした。

彼らはみな、禁煙しては吸い、禁煙しては吸い、というパターンを繰り返していたからです。そのために、「禁煙=本当に大変」という信念が固まってしまったのです。ところがその固定観念が、ある友人を見て見事に変わりました。

父はその友人を「意志の強い、行動力のあるタイプの人だ」とは思っていませんでした。そんな彼が父に、「俺、煙草をやめるよ」と言って、その日を境にきっぱりと煙草をやめたのです。徐々に本数を減らしたのではありません。

ちなみに、本数を減らそうとしても、決して禁煙は成功しません。喫煙は「中毒」だからです。**「中毒症状というものは、本来の傾向として、必ず量が増える方向に向かう」**というのが常なのです。減ることはありません。

さて、話をもとに戻しますと、父はこの友人が、一夜にして禁煙に成功し、二度と煙草を吸わないのをまのあたりにしました。3週間後、父は言いました。

「ちょっと待てよ。あいつができるなら、俺にできないはずはない」

友人の禁煙は「強烈な証拠」となり、父をして「俺も禁煙する」と言わしめたのです。

このように、あなたが挑戦したいことを誰かがすでに始めていて「あの人の能力は私と同じくらいだ」と感じられる場合、「その人の実績は有力な証拠として利用できる」のです。

【ステップ⑤】「苦痛」を実感する

さらに効果的なのが「186ページ」で説明したレバレッジです。

古い信念があって、それが自分の役に立たないことがわかったけれど、何となく変えるのが億劫《おっくう》なことがあります。そんなとき、信念を変える最大のカギの1つは、「今のパターンにしがみつき続けることが、将来、どれほど大きな苦痛につながるか」を実感することです。

「禁煙か、自分にはできそうもないなぁ…」

と言う代わりに

「この1本の煙草が、今後5年、10年の喫煙生活につながり、健康を蝕んでいく」

と実感するのです。

愛する子供達が喘息《ぜんそく》になったら、その責任を負うことにもなります。あるいは将来生まれる孫の誕生まで生きながらえないかもしれません。20年前にすべきだった「禁煙」をしなかったばかりに、孫を見ることができなくなる…、と実感します。

つまり、**「将来起こることを、頭の中でリハーサルする」**のです。力を奪う信念がもたらす結果を想像するのです。

すると「これは大変だ、今すぐやめよう!」と、以前よりはるかに強い動機が生まれ、当初の願望を叶えようという気になります。備わっていた行動力が、レバレッジでさらに強化されるのです。

【ステップ❻】「決断がもたらす成果」を実感する

レバレッジは反対の面、つまり「快楽にも有効」です。

「その決断が、どれほどの楽しみをもたらすか」、ということにつなげるのです。新しい信念が、「私はマラソンを走れる人である」というものだった場合、どんな「快楽」があるでしょうか？

ロンドンマラソンを完走したら、どれほど気分がよいか、どれほど誇らしい気持ちになるかを「感じる」のです。胸に光る金メダルを見て、みんながどれほどあなたを称賛するかイメージするのです。あるいは、尊敬の眼差しであなたを見る家族を思い浮かべてもいいでしょう。

信念を変える「6ステップ」

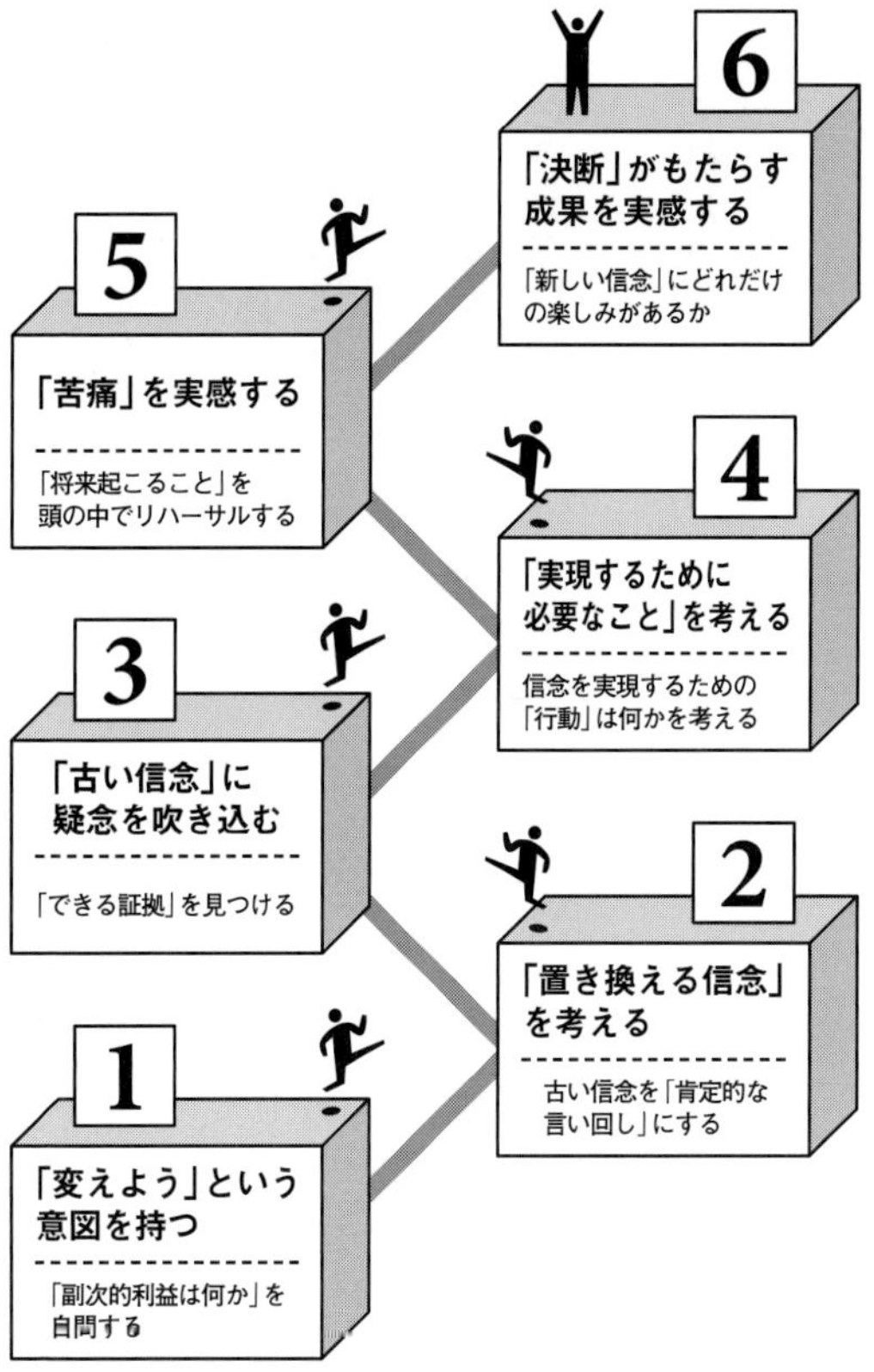
1
「変えよう」という
意図を持つ
「副次的利益は何か」を
自問する
2
「置き換える信念」
を考える
古い信念を「肯定的な
言い回し」にする
3
「古い信念」に
疑念を吹き込む
「できる証拠」を見つける
4
「実現するために
必要なこと」を考える
信念を実現するための
「行動」は何かを考える
5
「苦痛」を実感する
「将来起こること」を
頭の中でリハーサルする
6
「決断」がもたらす
成果を実感する
「新しい信念」にどれだけ
の楽しみがあるか

肥満の喫煙者だったあなたが、４時間～４時間半でマラソンを完走するアスリートに変身したのです。大きな「アイデンティティ（個性）の変化」です。しかも、勢いとやる気が加速しています。

さあ、「自分の中の信念」を探してみてください。
そして、信念の一つひとつに対し「点数」をつけましょう。

「この信念は今でも役に立っているだろうか？　それとも、もっと力を与えてくれる信念に交換すべき時期だろうか？」

と自問し、点数順に並べてみるのです。
役に立たない信念があれば、今覚えた「６ステップ」で、すぐに変えていきましょう。

「トライアド」で一瞬で「力を与えてくれる状態」をつくる

「私は世界一のダンサーだ」と信じれば、ステップがうまくなる

もし、「力を与えてくれる状態」を、意のままにつくり出せたらどうでしょう？

すばらしいことですよね。

では、まずここで言う「状態」とは何かを考えていきましょう。

状態とは、私たちがとっている精神的および肉体的な「態勢」または「雰囲気」を指します。それによって、**「自信を持って自分の望みを行動に移せるかどうか」**が決まります。

簡単にいえば、心や体の構え方です。


「自分に力を与えてくれる状態をつくる」ことについて、具体的に説明しましょう。

たとえば、あなたは「ダンスが苦手」だったとします。職場のパーティーが終わり、次はクラブに行こうと誘われ、渋々みんなについていきます。ダンスフロアでは何人かが

踊っています。すると同僚がやってきて「踊りに行こう！」と誘います。
ダンスが苦手なあなたは、「最高の力を発揮できる状態」ではありません。体はこわばり、精神的にも緊張しています。ダンスフロアに出ると、その状態どおりの踊りになってしまいます。

一方、たとえ「ダンスの技術」をいっさい持っていなくても、精神的にも肉体的にも、「私は世界一のダンサーだ」と信じる状態をつくることができたとしたらどうでしょう？ダンスフロアまで行く歩き方からして違うし、立ち居振る舞いさえも、異なった雰囲気になるのではないでしょうか？
もちろん、一瞬にしてジョン・トラボルタのような華麗なステップができるようになるのは難しいかもしれません（笑）。

けれど、そのような歩き方、状態、身のこなし方、焦点、アイデンティティは、**「はるかにリラックスして、力に満ちた状態をつくり出す」**ことができるのです。たとえ技術を身につけていないダンスでも「なかなかうまいじゃないか！」と言われるぐらい踊れてしまうのです。そして、これはダンス以外の「あらゆる状況でも応用できる」のです。

「体の使い方」「言葉」「焦点と信念」がなりたい自分になるカギ

このような「力に満ちた状態を意のままに生み出す」には「トライアド」をつくります。

トライアドとは、「望むアイデンティティ、望む状態、望む雰囲気をつくり出す手法」です。

これがつくれると、やりたいことをするための最適なチャンスをつかみ、「最高に力を発揮できる資源」を得ることができます。

トライアドには3つの構成要素があります。

【1】「フィジオロジー」…体の使い方

【2】「言葉」……………自分との内的対話

【3】「焦点と信念」………どこに焦点を当て、何を信じているかということ

もっとも重要なのは「フィジオロジー」、つまり「体の使い方」です。

先ほどのダンスの例で見てみましょう。

「世界レベルのダンサーになるにはどういう体の使い方をすればいいだろうか?」と自問します。そして、「力を抜いて、リラックスする。そして、腰を左右にくねらせて、何か流れるような感じの動きをして……」と言いながら、「よしいけるぞ」と思ったら、「ちょっと力を抜いて、実際にやってみよう」と体を動かすのです。


2つ目は「言葉」。自分自身との対話と言ってもいいでしょう。最初に肩の力を抜くことができても、ダンスフロアに向かいながら、「僕が踊ると、ロボットみたいになる」という心のつぶやきが起こってしまっては、力が萎えてしまいます。

一方、フロアまで歩きながら、「ダンスフロアでは、かっこよく動けるぞ」とか、「音楽に合わせて、自分を自然に表現するなんてまったく問題ないよ」とか、「音楽を聞くとますます体を動かしたくなるぞ」などの言葉遣いをするとしたら、前の例とまったく違います。


3つ目は「焦点と信念」です。

たとえば、「私はダンスができる」という信念、または「ダンスは、人間の精神に生来備わった表現方法の1つであり、私たちのＤＮＡに織り込まれている。地球上のあらゆる民族が、これまで何千世代にもわたって後世に伝えてきた本能である」という信念だったとしたらどうでしょう？

「私にダンスなんかできるわけがない」という信念とはちょっと違いますね。

「焦点」とは、今この瞬間を楽しむことに集中することです。音楽を感じながら踊るのと、「みんなは何しているのかな？」とか、「この下手な踊りを、みんな笑ってないだろうか？」と考えるのでは、当てている焦点が全然違います。

とすれば、**たとえ「ダンスの技術」がまったくなかったにしろ、【1】「フィジオロジー」、【2】「言葉」、【3】「焦点と信念」のトライアドを行ったあなたは、まるで「ダンスが苦手」なんて、誰も思わないほどに、軽やかに踊れてしまうことでしょう。**

トライアドの構成要素は「3つ」

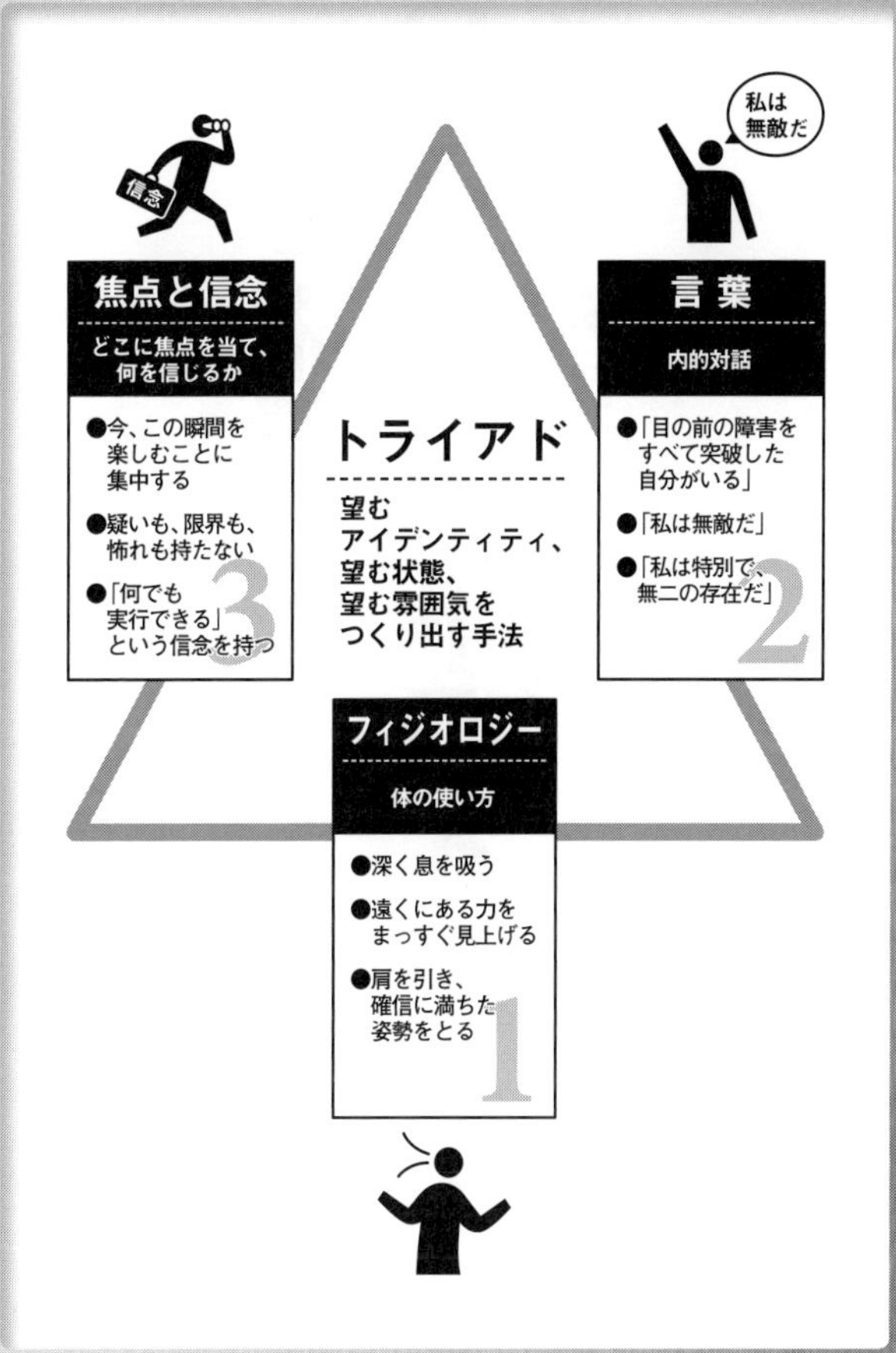

私は無敵だ
信念
焦点と信念
どこに焦点を当て、何を信じるか
●今、この瞬間を楽しむことに集中する
●疑いも、限界も、怖れも持たない
●「何でも実行できる」という信念を持つ
3
トライアド
望むアイデンティティ、望む状態、望む雰囲気をつくり出す手法
言葉
内的対話
●「目の前の障害をすべて突破した自分がいる」
●「私は無敵だ」
●「私は特別で、無二の存在だ」
2
フィジオロジー
体の使い方
●深く息を吸う
●遠くにある力をまっすぐ見上げる
●肩を引き、確信に満ちた姿勢をとる
1

Key 4
Live by your values

一瞬で確信が持てる「自分だけのトライアド」をつくろう

人生の質は、あなたが居心地のよさを感じられる不安定感に正比例する

「不確実な条件下で、確信をもって判断する能力」を持つことは最高の対処方法です。

確信を持って何かしたいとき、「トライアド」は有効な道具となります。

すでに紹介してきた基本的な原則、非常に本質を突いた真実をここでもう一度紹介します。

「人生の質は、あなたが居心地のよさを感じられる、不安定感の大きさに正比例する」

この言葉が真実だとすれば、不確実な状況に直面したとき、「一瞬で確信にアクセスできるトライアドのつくり方」を覚える価値があると思いませんか？

私自身、「確信を得るためのトライアド」を持っています。

何年も前に、ビジネスが不安定となる状況に直面した際、ちょうどトライアドのことを

学び始めたころで、じっくりとトライアドをつくろうと決心しました。

そしてできたのが、「確信にアクセスする」ための次のようなトライアドです。

「最初に、思考、体、精神の3つが圧倒的な力でつながるのを感じる。次に、私は深く息を吸い、見えないけれども遠くにある力を、まっすぐ見上げる。同時に肩を引き、完全な確信に満ちた姿勢をとる**（フィジオロジー）**」

「次に感じるのは、『すべてを掌握できている』という途方もない感覚。そして、目標達成に必要なことは、何でも実行できるという強い信念が続く。エネルギーが全身を駆け巡る。思考と行動が1つになり、私は理性的選択よりも『直感』によって導かれる。心に平安はあるが、次に何が起こっても、柔軟に対処できる自分にも気づいている。呼吸は深く、規則正しく、意図を持っている。心には満足と誇りがある。疑いは1つもない。限界もない。恐れもない**（焦点と信念）**」

「そして私は、自分に言い聞かせる。『どんな困難にも打ち勝つ、勝利した私が立っているのが見える。目の前の障害をすべて突破した私がいる。私は無敵だ。私は特別で、無二の存在だ。私はリーダーとして選ばれた』**（言葉）**」

「自分だけのトライアド」が力を得るための最高の戦略

このトライアドは私の中に深く打ち込まれているので、書いたものをチェックリストのように読みあげることはありません。このトライアドがあるので、**どんな状況であっても、すぐに「確信の状態」にアクセスできます。**

たとえば、みんなが不安におののいていて、確信が必要とされている状況に遭遇しているとき、私は「私が代わりに対処しよう」と言って、すぐにその場を引き受けることができるのです。

弱気になったときも、「私の戦略は何だろう？　確信の戦略は？　トライアドは？」と自問します。そして、「そうそう、あの言葉。自分につぶやくあのセリフ。そして信念、焦点はあれだ。そう、フィジオロジーはあれだよ。思い出した。それだよ、それ！　その調子！」と思い出すのです。

あなたはどんなトライアドをつくりますか？

「どんな姿勢」をとれば、最大限の力を得ることができるでしょうか？

「もっとも力を得られる内的対話」とは、どのような言葉でしょうか？

それらを支えるのに、どのような信念をつくり、自分にインストールすればいいのでしょうか？

どんな状況にも応用できる「自分だけのトライアドをつくること」は、力を得るための最高の戦略の1つです。 それが「あなたの世界観をアップグレード」します。

「世界を動かす5％の人々」は しっかりした世界観を持っている

「世界観が自分の力でつくり直せること」がわかりましたか？ もし、まだそう思えない

追従の法則／95%の法則

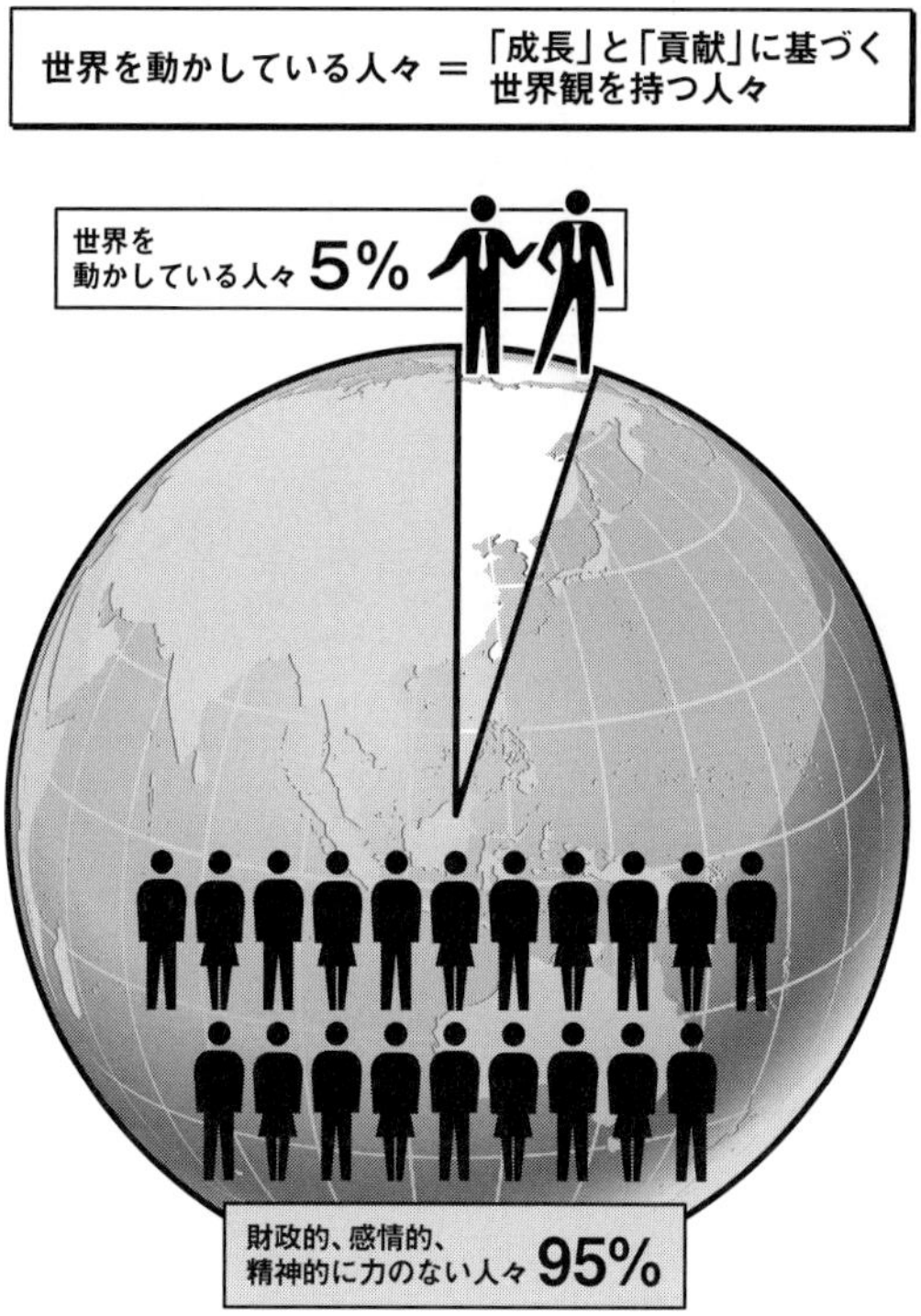
世界を動かしている人々 ＝ 「成長」と「貢献」に基づく世界観を持つ人々
世界を動かしている人々 5%
財政的、感情的、精神的に力のない人々 95%

のであれば、あなたはこれからも外的状況に翻弄されるでしょう。

「追従の法則」、または「95％の法則」という法則があります。

残念なことに、どの国の統計を見ても、95％の人が65歳になると、財政的、感情的、精神的、またその他の点において、「力のない状態」で定年を迎えるという法則です。

一方、**世界を動かしているのは「5％の人々」**です。物質的な面だけではなく、「愛とつながり」、「成長」と「貢献」という意味においてもそうです。

彼らが「日々心満たされて生きている」のは、「しっかりとした世界観を基盤としている」からです。人生の波や不確実性がきても動揺しません。きちんと時間をかけて「意識的に世界観をつくる」ことをしていて、それが彼らに力を与えます。「現実世界」と常に格闘するようなことはしません。

私も以前は、絶えず「現実と格闘」していました。でもあるとき、闘いに飽き飽きしてしまいました。なぜなら、「現実がいつも勝つから」です（笑）。そして、あるとき「悟り」ました。

「何かを変えるためには、自分の世界観を変えるしかない」と。

「母の死」さえ自分の力にできる

人生で力を得るためにもっとも大切なことは、**「外側で何が起ころうとも、すべてを自分の力にする経験に転換する能力」**です。

1つ例をあげましょう。私の「母の死」に関することです。

母は少し前に「他界」しました。これまでの人生で、「もっとも感情的に動揺したできごと」の1つだったことは、疑いの余地がありません。私には近い親戚がほとんどいません。兄弟も姉妹も祖父母もいない。定期的に行き来するような叔母、叔父、いとこなども、ほとんどいません。

そんな私にとって母は、もっとも近い最後の身寄りでした。その母が逝こうとしていました。「ガン」でした。死の数カ月前にわかり、あらゆる努力をしたとしても、治る見込みはありませんでした。

大きく感情が揺れるこのできごとは、私の人生の道のりの「深い区切り」となりました。


私が「母の死の意味」を綴った当時の日記があります。

極めて個人的な内容ですが、みなさんと分かち合おうと思います。

母が逝ったとき、もし「私の世界観が力のないもの」だったら、死別の悲しみから立ち直るのに長い時間がかかったに違いありません。動揺した感情は行動にも現れたでしょう。

「動揺したままの心の状態で、残りの生涯をすごす人」を私は何人も見てきました。


しかし私は、自分なりの「死生観」、そして「不滅の魂と消滅する肉体に対する世界観」をつくり上げていました。私たちが「人生」と呼ぶ、すばらしく「魅惑的なゲーム」に対する「自分の哲学」を持っていました。

これから分かち合おうとしている「私の日記」で、力を与える世界観や、それを持つことでどれほど大きな違いがあるかという「気づき」を少しでも提供できたら幸いです。

「6月23日
ここ数日間、さまざまな感情が嵐のように吹き荒れた。人生でこれほど泣いたことはない、というくらい泣いた。今、私の心は、『母との物理的な絆への執着』を手放している。そして、命の循環と人生の神秘が、完全性と真理の聖なる旅へと出発するのを、静かに送り出している。
一方で、母の亡き後、雑然となった生活をもとに戻すために、日々の世事に煩わされてもいる。奇妙な感覚である。そして今日、私は、**『すべての意味がわかる』**という強い感覚を味わった。
親の手のひらから真に自由となり、私が歩むことを運命づけられた道を、『1人で進む承認を得た感覚』にもつながっている。また、親の圧倒的な愛着や親子の物理的な絆から、もう縛られなくなったという気づきにもつながっている。ひな鳥が成長し、やがて巣立っていくように、私は両親が与えてくれた**すべてに『感謝を捧げる』**。父と母を愛している。そして、これからも愛し続ける」

母の死という経験を、「自分の力にできていること」は、感謝すべきことです。もちろん、喪失感はありました。今でもあります。しかし、それが私を弱くすることはありません。**「自分の力の及ばない状況を、意味あるできごとに転換」できています。**それを自分のために役立てるだけでなく、もしかすると「まわりの人の力になる」こともできるのです。自分の殻に閉じこもり、「世界に貢献したいという魂の叫び」に蓋をする必要がないのです。

「力を与える世界観」は、常に自分が選びとるもの

あなたも、ぜひ、「自分のため」に時間を取ってください。そして、「自分の信念の中で、もう役に立たないものがないか」、問いかけてください。「いったいいつ、どこでその信念を持つようになったのだろう」、と自問してください。

自分に力を与える信念を選んでください。物憂い、古いパターンを捨てるのです。ここで変わらなければ、どれほど「大きな代償」を支払わねばならないでしょう。

「煙草1本くらいいいだろう……」

とんでもない！　ガンになる確率は５００％もアップします！


「たかがハンバーガー1つじゃないか……」

とんでもない！　大切なあなたの体にふさわしくない健康状態へとまっしぐらです！


「なりたい自分」、「あなたにふさわしい自分」になるのを助けてくれるような「状態」を選んでください。その「トライアド」をつくりましょう。

そして、自分の心に絶えず、「船のいかり」のように深く打ち込むのです。やがて「その状態に、自在に移行できる」ようになります。


もう一度言います。「力を与える世界観が偶然手に入ることはない」のです。**「力を与える世界観は、常に自分が選びとる」**のです。

自分の時間、エネルギー、焦点を、もっと有効に使う方法を考えてください。そして、「人生と呼ばれる現実との関わり方を進化させる」のです。

Key 4

自分を超える「5つの法則」

法則4
世界観をつくる

Live by your values

まとめ

- 力を与えてくれる世界観（考え方）が人生の質を変える
- 「正しい、間違い」はない。60億通りの信念があるだけ
- 「感じたくない経験」は条件を上げ、「感じたい経験」は条件を下げる
- 充実した人生を歩む人は、「自分」よりも「外」の世界に焦点を向けている
- 自分への「無意識の質問」を変えると、自由が手に入る
- 「トライアド（体の使い方、言葉、焦点と信念）」で、一瞬で力を与えてくれる状態をつくる

コピー術で競争相手に差をつける

競争力を高めるコピーライティングのポイント

これらが身につくと、
どんなビジネスでも
「高い対価」が得られる

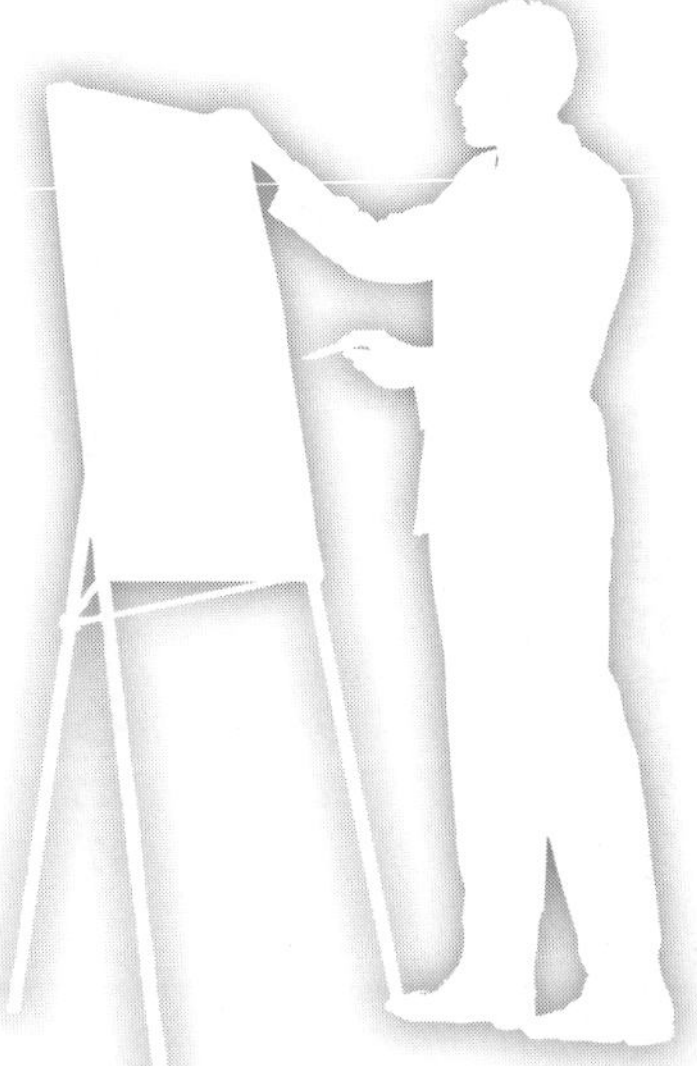

相手に
「行動」を
起こさせる
こと

創造力

読み手に
とって
「重要」で
あるか

信頼性

The five keys to excellence

Key 5

自分を超える「５つの法則」

法則 5

10倍強くなる文章術

The skill of copywriting

5
10倍強くなる文章術
The skill of copywriting

1
成功の心理学
Unstoppable mindset

2
お金のつくり方
Financial freedom

3
リーダーシップを高める
Ultimate leadership

4
世界観をつくる
Live by your values

Key 5
The skill of copywriting

すべての人にとって「文章を書くこと」は、最重要の項目である

「コピーライティング（文章を書く）」は成功に欠かせない要因

さて、最終章では、さらに「実践的」な内容に入ります。

どのようなビジネスでも「マーケティング（顧客の要望しているものを提供すること）」は最重要です。そして、「文字離れの時代」など言われることもありますが、とんでもない！　今日ほど、メール・ブログ・Facebook・Twitter・メールマガジン・ホームページなどで、文字を読んだり書いたりする時間が長くなっている時代は、かつてありません。

そうです、つまり、もはや、**すべての人にとって「コピーライティング（文章を書くこと」は、最重要の項目であり、「成功に欠かせない要因」となってきている**のです。

そして、「コピーライティング」は、多くの人々に「非常に速く影響を与えるスキル」です。あなたの文章や、あなたの広告は、競争で他を凌いでいますか？

そうでないならば、「コピーのスキル（文章術）」を今すぐ高める必要があります。

さて、「コピー（文章）」とは何でしょう？　なぜ重要なのでしょう？　私は、**コピーは「広告がうまく働くかどうかの違いをつくり出す1つのスキルである」**ととらえています。

これから紹介するコピー術は、何年にも及ぶリサーチ、試行錯誤、そして「世界のもっとも優れたコピーライター」を研究し、得た集大成です。

カール・ガレッティ（アメリカの著名なコンサルタント、ジェイ・エイブラハムのコピーを書いている人物）や、ジェフリー・ラント（ハウツー情報のレポートで億万長者になった人物）はもちろん、億を稼ぐ広告の天才、ベストセラーの著者、そして「多くの広告の基礎を作った人々」を研究しています。

ここでは、とくに「コピーライティングと広告」に関する重要なポイントを集めました。**「人々にアクションを起こさせるようなコピーのノウハウ」ばかりであり、これを身につければ、どんなビジネスにおいてももっとも高い対価が得られるスキルとなるでしょう。**

コピーライティングの「基本14ポイント」

（※「広告」が関係ない方は、「広告」という言葉を→「文章」に置き換えてお読みください）

まずコピーライティングの「基本的なポイント」を紹介します。ポイント1〜14までありますが、順番はとくに関係ありません。

・【ポイント1】「ポジティブに」

「明るく、幸福で、魅力的な側面」を見せましょう。暗い側面は見せないようにします。美を見せて、平凡さは見せない。健康を見せて、不健康さは見せないようにしましょう。

・【ポイント2】「相手にしてほしいことを伝える」

コピーを見た人々が、「あなたが頼んだことをしてくれる」と考えてください。たとえば「このサンプルを今すぐご請求ください」と書けば、「請求してくれやすくなる」のです。「なぜ、この提案を無視するのですか？」とは言わないようにしてください。他の人々が、「あなたの商品を無視しているかのような示唆」になってしまうからです。

・【ポイント3】「特定の人に向けて書く」

顧客を集団として想定しないようにします。焦点がぼやけてしまうからです。

あなたが売りたいものをほしがっている人は男性でしょうか、女性でしょうか。どんな人でしょうか。そこを考え「特定の人に向ける」ようにします。

たとえば、優秀なセールスパーソンが、「半分、買おうかと決めている顧客」を目の前にしたときの感じをイメージして、コピーを作ってください。

・【ポイント4】「サービスを提供し、リスクを回避する」

サービスを提供する相手は、みな「自己中心的」です。彼らは「あなたの関心や利益」には興味がありません。最良の広告は「買うようには求めない」ものです。広告はすべて「サービス」に基づいています。広告は「顧客が求めている情報」を提供するのです。

その情報とは「相手にとってベネフィット」になります。「サンプル」を提供しましょう。そうすれば、顧客はコストやリスクを気にすることなく商品を理解してくれます。

・【ポイント5】「より多くを語るほど、より多く売れる」

「1ページの広告スペース」なのに、そこに半分しかコピーを書かないのであれば、コストが倍かかってしまいます。少しでも「文字を多く書く」ようにしましょう。多く語るほうが多く売れます。私は「テスト」で何度もそれを証明してきました。

・【ポイント6】「自慢しない」

特別なサービスは別として「自慢はしない」ようにします。無益な話もしないようにします。注文に面白い話は必要ありません。「余興」を入れないようにしましょう。

・【ポイント7】「見出しの目的は、興味のある人々を見極めること」

あなたの商品は「特定の人々」にしか響きません。あなたは、その「興味のある人だけ」をケアしましょう。そして、「その人々だけに呼びかける見出し」を作りましょう。

・【ポイント8】「好奇心を誘う」

好奇心は人間のもっとも強い動機の1つです。できるかぎり、好奇心を刺激しましょう。

・【ポイント9】「具体的に」

誇張した表現や一般論は人間の理解を妨げます。そして、読み手が感じる「文章の価値」を下げることになります。良識あるメディアでは偽りの記述はできないため、「具体的な事実」こそ、記述されたときに最大の効果を持ちます。

・【ポイント10】「あなたのストーリーをすべて話す」

あなたは「顧客の注目」を引く必要があります。そのため、広告で「道理にかなったストーリー（その商品やサービスができあがるまでの過程などを物語的に語る）」をすべて話さなければいけません。あなたが持つすべての「よいストーリー」を集めましょう。ある事実はある顧客に響き、他のある事実は他のある顧客に響くでしょう。ストーリーを省略すると、ある一定数の人々を説得できず、失うことになります。

・【ポイント11】「写真を賢く使う」

ただ「面白いから」「注意を引くため」という理由だけで、写真を使用すべきではありません。写真は「あなたに利益を与えてくれる顧客を引きつけるため」だけに使用します。同じスペースを「文字で埋める」よりも、「写真で埋める」ほうがよりよいセールスの主張ができる場合にのみ用います。

・【ポイント12】「商品は最良のセールスパーソンである」

「製品そのもの」がセールスパーソンであるべきです。製品に加えて、心証や雰囲気、製品を置く場所も重要です。だからこそ「サンプル」はもっとも重要です。「サンプル」

を作るのがたとえ高価であったとしても、もっとも安価なセールスメソッドとなります。

・【ポイント13】「テストで証明する」

「テストマーケティング（試験的な販売）」をすれば、ほとんどすべての質問に対して、安くて迅速に回答が出てきます。会議であれこれ議論しても、本当の答えは、絶対に出てきません。最終法廷である、「あなたの製品を購入する人のところ」へ行きましょう！

・【ポイント14】「効果が出ている文章は変えてはいけない」

よい結果が出ると証明されている文章は、「変えない」ように気をつけてください。成功する広告では、その文章を変えないように努力が払われるものです。「多くの顧客に成功した文章」は、おそらく「他の顧客にとってもよい文章」です。

新しい顧客に対して、「効果が出ていない文章」でチャレンジ的に紹介するよりも、「既知の効果が出ている文章」を、何度も繰り返しましょう。

「クリエイター側」と「顧客側」では、クリエイター側が「先に飽きて広告の文章を変えてしまう」のです。「効果が出ている文章」は、クリエイターが側が飽きてしまっても、それを「変えない勇気」が必要なのです。

コピーライティングの基本ポイント14

1. ポジティブに
2. 相手にしてほしいことを伝える
3. 特定の人に向けて書く
4. サービスを提供し、リスクを回避する
5. より多くを語るほど、より多く売れる
6. 自慢しない
7. 見出しの目的は、興味のある人々を見極めること
8. 好奇心を誘う
9. 具体的に
10. あなたのストーリーをすべて話す
11. 写真を賢く使う
12. 商品は最良のセールスパーソンである
13. テストで証明する
14. 効果が出ている文章は変えてはいけない

コピーライティングは「創造力を高めた状態」で行なおう

「創造力」を高める方法

コピーを考える際には「創造的」である必要があります。

とくに「ブレーンストーミング（お互いの意見をいっさい否定しない会議）」を行なうときには、創造力が求められます。そのために、次のことをしてください。

・**【ユーモアを用いる】**

ユーモアがなければ「よいアイデア」を得ることは難しいもの。自分に対してユーモアを用いて緊張を緩め、自分をその気にさせましょう。

・**【白い紙に書く】**

白い紙にできるだけ大きく書きましょう。罫線の入った紙に書く場合には、罫線は無視してください。罫線を考えず、自由に発想しましょう。いきなりコンピューターで作業すると、創造力がそがれます。コンピューターで作業する前に紙にコピーを書きましょう。

・**【ときには利き手でない手を使う】**

左脳は体の右側の部分をコントロールし、右脳はその逆です。そして、「左脳は論理的な部分をコントロール」し、「右脳の創造的な部分をコントロール」します。ときには利き手ではないほうの手で書くのもよいでしょう。

・**【仕事以外の経験も持つ】**

仕事以外に「幅広い経験」を持ちましょう。その経験はあなたをより創造的でオープンにします。

「創造力を阻害する要因」を取り除く

創造性を阻害してしまう要因は、

・「自信の欠如」
・「製品に疎いこと」
・「真剣すぎること」
・「自分が課した制限」
・「以前の習慣（いつも同じ場所で何かを行なっている）」などです。

逆にテーマについて、マインドを流れるように動かす方法には次のものがあります。

・【1】記事を集めましょう。具体的な記事と一般的な記事の両方です。
・【2】記事を理解し、異なる要素を組み合わせ、全体もしくは一部のアイデアを書きます。パズルを組み合わせるように書いてください。**「すべての努力をし尽くした！」と感じるまでやり続けましょう。**
・【3】アイデアを組み合わせてランダムにし、違う組み合わせを作ります。

「マインドマップ」とは、あなたのアイデアを解放する方法

ブレーンストーミングでテーマに関するひらめきを促し、考えを集約できるのがマインドマップです。アイデアを創造し、コピーの輪郭を思いつくために用いられます。

空白のページの真ん中にトピックを書き、それに関係する多くのことを（たとえどんなに奇妙なアイデアだとしても）放射状に書いていきます。いくつかのポイントから、同様に放射状に書いていきます。こうすれば、**あなたのすべてのアイデアや考えを、これまでにやったことのない方法で、1つのページに解放することになります**。

また余談ですが、すばらしい「マインドマップ」のソフトウェアである「MindManager（マインドマネージャー）」がwww.mindmanager.comから有料で入手できます）。

有無を言わさず、「創造力を高めるエクササイズ」

コピーを書くのに「効果的なエクササイズ」を紹介します。有無を言わさず自らを創造的な状態に入れ、後戻りや編集をしない練習です。

このエクササイズは、アイデアを発見するためのプロセスであり、書くべきことがスムーズに見つかるでしょう。

・【1】何かテーマを出して、空白のページの上部にその言葉を入れてください。

・【2】次の「5分間」で、そのテーマについて書いてください。書くのをやめないでください。**書くことが尽きたら、出てくるまでは関係のないことでも何でもよいので、とにかく書くことを続けます。**

・【3】「よりよいもの」が書けるようになってきたら、書く時間を「5分間」以上に、長くしてみましょう。

創造力を高めるエクササイズ

何かテーマを出して、空白の
ページの上部にその言葉を入れる

例

お金を得る方法

5分間、そのテーマについて
書き続ける

例

お金を得る方法

●時間と交換して得るもの
●時給では限界がある
●ギャンブルで
　確実に稼ぐのは不可能
●宝くじに当たる確率は
　どれくらいあるのか
●お金は悪なのか？
●お金は健全な交換手段
●給料以上の仕事をする

Point

よりよいものが書けるようになったら、
書く時間を長くしてみる

Key 5
The skill of copywriting

読み手に「私に関係がある」と思わせる

読み手にとって「私に関係がある」と思わせるコピーを考える

「コピー」は「言葉」によって構成されています。あなたは自分の言葉のマスターですが、「言葉を読んで、意味していることを理解すること」と「よいコピーを書くこと」は大きな違いがあります。

では、「よいコピー」を書くためには、どうすればよいでしょう。

人があなたの広告を読むときには、いつも「ある疑問」を心に描いています。

「それは私にどういう関係があるの？」

という疑問です。

あなたがよいコピーを書きたいのであれば、自分の広告を読み直し、書き手ではなく、「読み手として自分自身に次の3つを問いかけること」をしてみましょう。

・【1】だから何なの？
・【2】そんなこと、どうでもいいでしょう？
・【3】私にどういう関係があるの？

あなたの読み手は「潜在的な顧客」であり、「常に彼らと彼らの時間に敬意を持たなければならない」のです。

「書かれていること」＝「彼らにとって重要なこと」であるべきです。彼らの時間を無駄にしないように、「コピーが彼らにとって重要かどうか？」を、常にチェックしましょう。

また、顧客が「自分自身を重要である」と感じるようにするため、何かネガティブなことを言うときには、「直接彼らにそれを向けないようにする」のです。たとえば、「あなたは」とは言わず、「多くの人々は」と言うようにします。

ただし、「ショックを与えるためのコピー」を書くときは例外です。

コピーに求められる「4つの基本要素」

コピーは「ポジティブなアプローチ」を使用します。多くの場合、それがもっとも「有効」だからです。あらゆる広告は、次の「4つの要素」が必要とされます。

- 【1】**注目される（顧客が気づかなければ、読まれることはない）**
- 【2】**読まれる**
- 【3】**信頼できる**
- 【4】**アクションが起こせる（顧客がお金を支払う、無料の情報を請求するなど）**

コピーをワクワクさせる「6つの方法」

忘れてはならないのは、「より多くを語るほどより多く売れる」ということです。それには「右脳（すなわち創造性）」に関わることを明確にしなければいけません。

次に挙げることはあなたの広告をワクワクするものにする「6つの方法」です。

- **【1】「迷信」を解明してあげる**
- **【2】「あまり知られていない事実」を暴露する**
- **【3】「顧客が付加価値として認識するようなもの」を与える**
- **【4】「すばらしいストーリー」を話す**
- **【5】「誤った認識」を修正する**
- **【6】「秘密」をばらす**

コピーは「興味を持っている人達のため」に書く

熱くワクワクするコピーを書くには、「準備が必要」です。

まず、熱いコピーを手に入れるため、気分を高め、興奮し、情熱的な状態になりましょう。そして、次の「2点」をしっかり念頭に入れておきます。

人々は「本当に興味があれば」、あなたのコピーを読みます。**コピーはすべての人に対してではなく、「興味を持っている人達のため」に面白く書かれている必要がある**のです。

とくに長いコピーは、そうした人々に「条件を満たしている」と感じさせるために書きます。

また、「コピーの最初に質問は用いない」ようにします。読者を立ち止まらせ、考え込ませてしまい、流れを止めてしまうからです。

例外は「コピーを作成する際にあなたは、こんな間違いをしていませんか？」というような質問です。このコピーは、読者が「こんな間違いとは何かを探すために、読み続けなければならないから」です。

「見出し」を効果的にして、コピーにワクワク感を添える

では、「見出し」から考えていきましょう。

「見出し」はあらゆる広告でもっとも重要です。「見出し」は「広告のための広告文章」なのです。**人々が「コピーの残り」を読む前に、「その広告のテーマに関心を持っているかどうか」を知るための部分**です。もし、「悪い見出し」であれば、その記事を飛ばして、

「他の興味があるもの」を読むでしょう。

広告をワクワクしたものにするために次のポイントを押さえておきましょう。

【広告にワクワク感を与えるための覚え書】

・見出しは非常に重要

・見出しが広告を「機能」させる

・「最良の見出し」とは、人々の**「個人的な関心」**に訴え、話題を提供するものである

・長い見出しは「何かを語る」。短い見出しでは何も語れない

・見出しの最後に「。」をつけてはいけない。読み手に読むことをやめさせてしまう

・省略符号「……」は効果的。読み手に、情報を得るために読み続けなければいけない……と思わせることができる

・感嘆符「！」は感情や興奮をつくり出す

・引用符「〝〟」は読まれる確率を10％向上させる

【見出しを書くための11の優れた着眼点】

・【1】見出しに「あなた」、もしくは「あなたの」を入れる

・【2】コピーで「もっとも頻繁に使用されている言葉」を、「見出し」にも使用する
・【3】「感情を喚起する言葉」を使用する
・【4】製品もしくは自分の会社について述べる
・【5】「大きな約束」をする
・【6】あなたの「最良の特典」を載せる
・【7】**「個人の関心」**を引くように努める
・【8】可能であれば見出しに「ニュース」を入れる
・【9】単に「好奇心をあおるだけ」の見出しは避ける
・【10】否定的になるのを避け、「ポジティブと快活さ」を強調する
・【11】「速効性のある容易な方法」を提案することを試みる

「読みやすい書式」が親近感を生む

見出しだけではなく顧客が読むほかの部分についても、「親しみやすい書式」にするこ

とが必要です。読みやすくなると、読み手が親近感を持つようになります。

書式で注意すべき点をあげます。

・**【ページの終わり】**
文章が「次のページにまたがる」ようにします。とくに最初のページに関しては、文章の途中で次ページにいくようにします。

これは「読み手にページをめくって読み続けてもらうため」です。できない場合は、「少なくともコンセプトの途中でページを終える」ようにしましょう。

・**【避ける単語】**
「しかし」という単語は使わないようにしましょう。あなたがたった今書いたテキストを否定的にしたり、価値を下げることになります。

「しかしながら」、「まだ」、「とはいえ」が、「しかし」の代わりになります。

・**【不完全な文章】**
「間違った文章」は、読み手にギャップを意識させ、読む流れを止めてしまいます。文章は「完全な形」で終えましょう。うまく書かれていれば、読み手を次のコピーへつなぐ役割を果たすことができます。

・**【文体】**

文体の数（種類）が多くなると混乱します。読みやすくするため、「2つか3つの形式」に抑えましょう。

・**【ネガティブ表示】**

ネガティブ表示とは、黒地に白抜きの文字を指します。見出しへの注意を引くときに用いますが、読みづらいので限られた文字数だけにしてください。

・**【下線】**

単語を「強調する際」に重要です。

・**【太字】**

単語や文章を「強調する際」に用いられます。

・**【イタリック】**

「引用のとき」に重宝します。ただ、ずっと使ってはいけません。読みにくくなります。

感情を動かす「パワフルな単語」

「パワフルな単語」は顧客に感情を感じさせるものです。以下に「感情を喚起する単語」をまとめましたので、必要なときに使いましょう。

『感情を喚起する単語』

・**【コピーの見出しでもっともよく用いられる10個の単語】**

①あなた　②人々　③お金　④どのように　⑤あなたの
⑥今すぐ　⑦知っている　⑧なぜ　⑨何を　⑩誰を

・**【他のよい単語】**

無料　ほしい　驚くべき　すばらしい　判明
保証　大きい　ブレイクスルー　秘密　サプライズ
もっとも大きな　限られた　希少　グラマラス　超大作
パワフル　富　財産　増加する　今すぐ　成功
生涯　（具体的な数字）

Key 5
The skill of copywriting

コピーにとって非常に重要な「信頼性」を高める方法

「1年で1億稼げる」より「1週間に192万円稼げる」と表現する

広告における一番の問題は「信頼性」です。コピーには「信頼性を高めるもの」を入れます。信頼性を高めるポイントは次の「4つ」です。

・【1】「真実を話します」→脚色したり、ドラマチックにすることはしてもいいですが、ウソはつかないようにします
・【2】「推薦文を用います」→信頼性を持たせることができます
・【3】「保証を用います」→信頼を構築することができます
・【4】「一般的な事実よりも、特定の事実を用います」

ときには製品の価値を「低く見せる」ほうがよい場合もあります。たとえば、「1年で1億稼げる」と書くより「1週間に192万円稼げる」と表現すると信頼性も上がり、顧客が関心を持ちやすくなります。**数字が「具体的」だから、読者の関心を引くのです。**

信頼されると、徐々に顧客の関心や要望をつくり続けることができます。

広告には「複数のメディア」を使うのがよいでしょう。ラジオや雑誌など、「いくつかのメディアを使用したほうが、1つのメディアを用いるよりも信頼性が高まるため」です。

「ベネフィット」を明確にすると、よい反応が得られる

「特徴」とはあなたの製品やサービスの性質です。「ベネフィット」とは読み手が製品やサービスを買ったときに「得る利益」です。

「このノートパソコンは12インチと、小さいサイズだ」というのは特徴で、ベネフィットは、特徴のあとに「だから、……」をつけたときに出てくるものを指します。つまり、「だから、このノートパソコンは、カバンに入りやすく、持ち運びがしやすい」というのがベネフィット（利益）です。

読み手は、「製品から何が得られるか」というベネフィットが見えると、より信頼を寄せます。だからこそ、ベネフィットを「明確」にしましょう。

コピーで欠点を認めることもあるかもしれませんが、あやしげな印象を持たれることは避けなければなりません。欠点を認める場合には、欠点をベネフィットに変えましょう。

たとえば、

「12インチという小さなサイズだから見づらさがある」

であれば、

「12インチと小さいサイズだから持ち運びがしやすい」

と書き直すと、よい反応が取れます。

「購入後の顧客の未来」をみせる5ステップ

「買ったらどんな感じになるのか」。購入後の顧客の未来を創造するのは、ベネフィットや特徴を示すためのプロセスです。

顧客の未来を創造するためのコピーの書き方は、次の「5ステップ」で行ないましょう。

・**【ステップ1】**

視覚、聴覚、触覚、味覚、嗅覚、できるだけ多くの感覚が入る文を使います。

・**【ステップ2】**

顧客が詳しくわかるよう、「カラフルで描写的な言葉」を用います（やりすぎは禁物）。

・**【ステップ3】**

製品や顧客の「最終結果に焦点を当てる」ことをします。とくに製品やサービスの主たるベネフィットです。

・**【ステップ4】**

製品やサービスについて「やめることなく5分間書き続けます」。言うべきことがまったくなっても何かを書き続けます。そうすることで、思いもつかないよいコピーがでてくることがあるからです。

・**【ステップ5】**

書いたことを「編集」します（今度は書き続ける必要はありません）。もっともよいところを拾って「ハイライト」にします。「1人称でストーリーを作る」と効果的です（それを引用符〝〟でくくります）。製品のベネフィットについての説明をしながら、よりよいストーリーを描きましょう。

以上は読み手に**「この製品が本当によいということ」**と**「それを持ったらどんな感じがするか」**を伝える方法です。これを関係ある記事などにつなげていきます。広告を作り始める際に欠かせないプロセスです。

顧客は最初に「製品がどんなものであるか」を知りたがるもの。その際に使うのです。この練習は、やり方次第で「痛みを伴うストーリー」という表現形態にもできますが、否定的になりすぎないように注意してください。

「付加疑問文」でYESを連続させる

「付加疑問文」とは「同意を求める疑問文」のことです。たとえば「あれは魅力的でしたよね？」のように使います。読み手が「ＹＥＳ」と答えなければいけないような質問です。ＹＥＳという答えが続くかぎり、非常にポジティブで効率的なコピーです。

「ブレット」は、ベネフィットを箇条書きで表す

「ブレット」とは、コピーの中で、「商品のベネフィットが箇条書きされている部分」のことです。箇条書きの頭に用いられる「・」が、「銃弾（ブレット）」で打ち抜いた弾痕に見えるため、このように呼ばれます。

たとえば、「コンパクトサイズのパソコン」に対するコピーであれば、次のようなブレットが書けます。

・A4のバッグに入る！
・出張先でスイスイ仕事がはかどる！
・電車の中がオフィスになる！

好奇心をつくり出すのによい方法です。ブレットでは「詳しい説明」までは、書くことができないので、読者はその秘密を知るために読み続けます。ですので、ブレットで長すぎるものはよくありません。**「可能なかぎり短く、簡潔で行動に関する単語」**が必要です。

「画像（イラスト・写真）」は、コピーよりも注目を引きやすい

「綺麗な画像」があると売れやすくなります。使用する際のポイントを押さえておきま

しょう。

一般的に「イラスト」よりも「写真」のほうが効果的です。写真のほうが「リアルに見えるから」です。また、テストした結果、「画像」は「コピー」よりも注目を引きやすいことがわかっています。

ただし、写真ではなくコピーのほうが注目を引く場合もあるので、「必ずしも写真を使わないといけない」わけではありません。

むしろ、写真よりも気をつけなければいけないのは「見出し」です。

「写真のついた広告」の最良の形式とは

写真つきの広告の場合の**「最良の形式」**を覚えておきましょう。

・【1】写真を**「最初」**に入れます（これが注目を引きます）
・【2】写真の下に小さな「キャプション（説明）」を入れて写真を説明します（常に必要なわけではありません）
・【3】見出しをその下に置き、目が写真から自然に流れて、「読み手が関心を持ち続けるように」します
・【4】「小見出し」をところどころに入れて、ページを読み続けられるようにします
・【5】コピーの入れ方は、最初の2、3行は大きい文字で入れて、残りの小さな文字のテキストにつながるようにします

常にページの先頭を写真にしておくと、顧客に響くのではないかと思われるかもしれませんが、そうとも限りません。

というのも、それをすると、文章を読まれる率は10％下がります。目が文章を追いかけて、読み進めていくことはそんなに容易ではないからです。

読み手が読み進められるようにするには、「わかりやすい形式」を使用しなければいけません。写真を入れる場合には、「よく考えて選択する」ようにしましょう。

「信頼性」を高めて売りたい場合は、「ターゲットと同じ性別のカテゴリーの写真」にするとうまくいきます。「広告には男性の写真」を、「あなたのマーケットが男性」ならば「広告には男性の写真」を、「あなたのマーケットが女性」ならば「女性の写真」を使用します。

そして、自分の製品の写真を使う場合には、行動をしているものか、状況のわかるものか、最終結果のわかるものを用います。

画像や文字要素の位置には注意を払わなければいけません。もっともよい方法は、「よい結果が出ている他のコピーのフォーマットを参考にすること」です。

写真を使った広告の形式

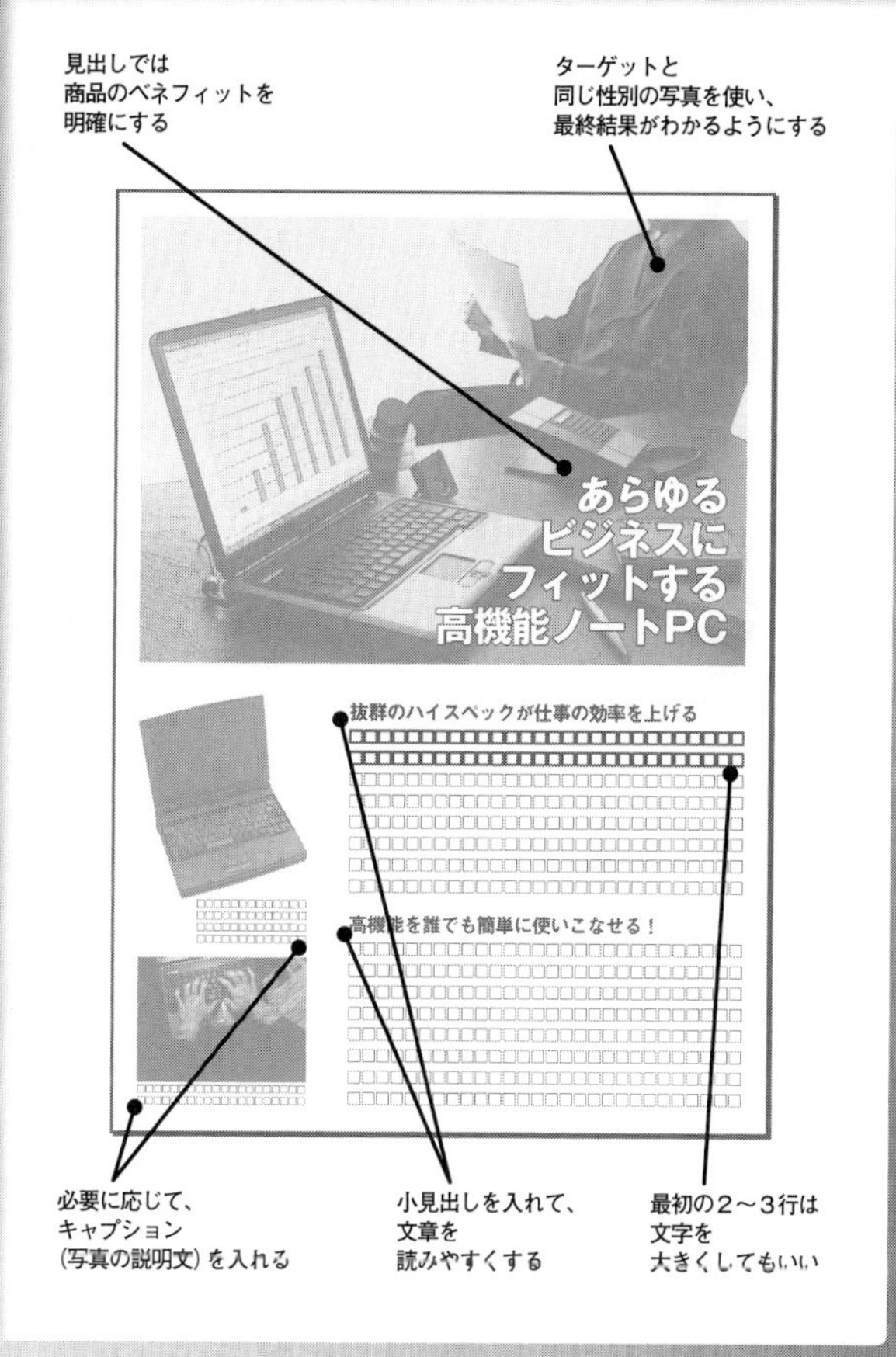
見出しでは
商品のベネフィットを
明確にする
ターゲットと
同じ性別の写真を使い、
最終結果がわかるようにする
あらゆる
ビジネスに
フィットする
高機能ノートPC
抜群のハイスペックが仕事の効率を上げる
高機能を誰でも簡単に使いこなせる！
必要に応じて、
キャプション
（写真の説明文）を入れる
小見出しを入れて、
文章を
読みやすくする
最初の２～３行は
文字を
大きくしてもいい

「推薦文」を入れる

「推薦文」を載せましょう。ただし、「この人が推薦するから、買いましょう」とは書かずに、「この人はこうすすめています」というように、「すすめる理由」だけを書くに留めましょう。「推薦する人と信頼関係を築く」と顧客は興味を持ちます。推薦する側には信用を与えることができます。もっともよい推薦文は**「お金の支払い関係のない状況で行なう推薦」**の場合です。

「差し込み葉書」をつける

製品に「差し込み葉書」をつけましょう。これによって「他の製品やサービスを売る機会」がつくれます。

「顧客が買ったばかりの製品」に差し込みの葉書をつけることで、驚くべきすばらしい効果が得られるでしょう。それは、ワクワクしている顧客を獲得することができるからです。

ダイレクトメールは「白い封筒」で送ると開封率が上がる

ダイレクトメールでは「白い封筒」が最良です。顧客がダイレクトメールを手に取った際に、「手作り」のように見え、**「手紙を開けて中に何が入っているか読まなければいけない」**と思わせるからです。いったん手紙を開けてもらえさえすれば、顧客は「見出し」を読んでコピーへと読み進めてくれます。

「ティーザーコピー」（ティーザーは「焦らす」の意味）を書く、という手もあります。

「ティーザーコピー」とは封筒上に書くコピーのこと。

これは実際に封を開け、ゴミ箱には入れないように人々を刺激する方法の1つですが、コピーが非常によいものでないかぎり、顧客が「企業のプロモーションである」と容易にわかってしまうため、失敗もしやすいです。

「何も書いていない封筒」であれば、**何が入っているのかを知るために読み手はそれを開ける**ため、目的は半分果たされたといってよいのです。

「白い封筒」か、「ティーザーコピーを入れたもの」にするか、よく考えて選びましょう。

また、料金別納ではなく「切手」を使用すれば、より、「手作りのダイレクトメール」に見えます。

レスポンスが高い「ダイレクトメール」の作り方

「読まれるダイレクトメール」の構成とは

「読まれるダイレクトメール」にするため、次のような構成にします。

・**【見出し】**
読み手の目は通常、「ページの最大の文字」に向けられるので、「見出しの文字」はもっとも大きく18〜24ポイントの間（もしくはそれ以上）にし、通常は「太字」を用います。

・**【小見出し】**
見出しとコピーの本文の間の「橋渡し」となるのが小見出しです。14〜18ポイントで、通常は「太字」を用います。

・**【写真】**

適切な場合使用します。

・**【キャプション】**
写真の「すぐ下」に置きます。これは本文よりも重要です。

・**【時間、日付、場所】**
きちんと、「時間」、「日付」「場所」がわかるように、明確にします。これは見出しと本文の間に書きます。

・**【あいさつ】**
可能ならば、「○○様」と顧客の名前で送るようにします。これは、「親近感」を持ってもらうためです。難しい場合は、「～なあなたへ」のようにします。

・**【オープニングの段落】**
見出しと同じくらい「重要」。もし、これが注意を引かなかったら「顧客は読み進めない」でしょう。最初の2～3行は文字のサイズを「若干、大きく」します。小見出しと残りの文章の間の「橋渡し」をするためです。

・【最初の文】

もっとも重要な文章です。

・【ブレット】

「ブレット」は「商品のベネフィットを箇条書きにすること」でしたね。ポイントを見せるために効果的です。

私は空白のチェックボックスを使用して、読み手が見たとき、チェックをはずさなければいけないような印象を与えるようにしています。また、余分なブレットは混乱を招くので使用してはいけません。

・【表】

ブレットと同じ効果があります。

・【コピーの本文】

文字の本文です。

・【署名】

本文と「違う色」を用いるようにします。個別的に見える効果があるからです（「手書きの署名」を印刷するのもよいでしょう）。

・【追伸】

追加のメモです。

「ダイレクトメール用のコピー」の作り方

ダイレクトメールの構成はわかりましたね。では、「実際のコピー作り」に進みます。

コピーは次の点を意識して作るようにしましょう。

・【1】注目を引きましょう。コピーの小見出しは**「読み手の注目を引くため」**にあります。パワフルで感情を喚起する言葉を使います
・【2】「継続的」に関心をつくり出すようにしましょう
・【3】「刺激」を与え、願望を増大させましょう
・【4】「価値」を認識してもらい、証明します。顧客に価格を告げたら、その価格の正当性を繰り返し証明します。これはどこに置いても構いません
・【5】**「信頼性」を高め、推薦文を用います**
・【6】「保証」をつけて、確信を持たせます
・【7】「提案」を要約して短く、正確に伝えます
・【8】「行動」を起こしてもらいます
・【9】「オーダー」しやすくします
・【10】行動を「遅らせると痛み」があるようにします
・【11】「特典」で反応を増やします（申し込まないのが馬鹿げていると思わせます）
・【12】「オファー」を繰り返します
・【13】「行動の喚起」を繰り返します

「ダイレクトレスポンス広告」は、問題を提起→問題の解決をする

通信販売のような、「顧客から注文や問い合わせを直接受けることを目的とする広告」を「ダイレクトレスポンス広告」といいます。

「ダイレクトレスポンス広告」では、**「問題提起」をして、「文中でその問題を解決」していきます**。これを行なうことで、顧客の頭の中で「1つの問題を発見」してもらい、あなたはそれらをかき回して「顧客自身の真の問題」を見せます。

そして、「なぜ、顧客が問題を持ち、それが足を引っ張っているのか」を伝えます。顧客は「自分に関わりのあることだ」と感じることができます。

コピーは「短い」文章、「短い」言葉で書きます。**「短いコピー」であれば、あらゆる人があらゆることを理解できるから**です。

もし、顧客が「意味を理解できない」と、顧客を失うことになります。多くを研究する必要はありませんが、製品知識は必要です。

あなたは顧客に「自分が何か特別なものを持っていて、無料の特典を与えられる」と伝えなければいけません。

一度作ったコピーはしばらく「寝かせて」→「再編集」

コピーの「最初の下書き」ができたら、しばらく**「寝かせて」**から、再編集します。

再編集のためのステップは次のとおりです。

・【1】コピーをはじめから終わりまで全部読む。「流れやリズム」に注意します

・【2】読んでいる途中で、コピーのどこかで「滞る」なら、読み手も滞ります。表現を変えましょう

・【3】気になった点は印をつけて「編集し直す」か他の人にそれをやってもらいます

・【4】「問題になりそう」であれば、すべて書き直す覚悟でいましょう
・【5】何か否定的なことを言う場合は、読み手ではなく、「第三者に向けるような言い回し」にします。「多くの人々は生活費を稼ぐことに対して非常に怠惰です」という感じです。実際の読み手のことを「直接否定せず」に、関係づけるのです
・【6】10人の潜在的な顧客に読んでもらい、反応を見ます。彼らが単に「ふうん、よい文章だね…」と言ったら、あなたの「負け」。それは「おせじ」です。逆に、**彼らが興味を持って「質問」をし始めたら、あなたは勝利への道を歩んでいます**

「長期の保証」にすることで、逆に、返品率が下がる

最良の保証は、「長期間の保証」です。すると、**逆に、「人々は製品を返品しようとはしなくなる」**のです。つまり、「急ぐ必要がない」ため、より快適に感じるからです。「保証」すれば、ユーザーは気軽に製品をお試しできます。

「テストと検証」は、販売を続ける限り、やり続ける

メールで注文を受けると、ダイレクトレスポンスとして「結果を測定すること」ができます。常に「テストして検証し続ける」ようにしましょう。テストをやめてはいけません。**「テストは、販売を続ける限りやり続ける」**のです。

社会には「常に新しい流れ」がありますし、テストによって、あるグループはあるものに反応し、他のものには反応しないことがわかります。

価格が適正かどうか、何がきちんと認識され、価値があるものかどうかも、「テストをし続けること」でわかるのです。

「ラポール」を築き、「顧客のニーズ」を理解し、「購入者への質問」をして、コピーをよりよくする

「ラポールを得る」には、顧客の立場に身を置くこと

「ラポール」という言葉があります。フランス語で「かけ橋」という意味ですが、簡単に言うと、「自分と相手との間の信頼関係のこと」を指します。

コピーを書くとき、ラポールが「非常に重要」です。

コピーを書く際には、「顧客の立場に立つ」ことをしなければいけません。

コピーライターとして、**「見込み客の立場に身をおいて読み手の１人にならなければならない」**のです。

「私は何が好きなのか？」

「何が私にとって重要か？」

「私は何を考えているか？」

それらを理解する必要があります。理解すれば、あなたはラポールを得ることができま

す。親近感がわき、読み手はより多くの信頼を感じ、あなたの製品を買いやすくなるでしょう。

「顧客のニーズ」を見つけるために、さまざまな「質問」を行なう

ラポールを得たら、「顧客のニーズ」をさらに見つけるために、次のような質問に答えてみましょう。それによって自分が正しい方向に進んでいることが明確になります。

- 私の「最良の顧客」は誰？……………（ターゲットの再確認）
- 私は「どこで」彼らを見つけるのか？…………（ターゲットの位置）
- 彼らは「何を」求めているのか？…………（ウォンツ）
- なぜ彼らは**「私から」買わなければいけない**のか？……（自分の優位性）
- どのようにして彼らに「連絡」するのか？…………（広告手段）
- 市場をいつ「スタート」させるのか？…………（開始時期）

さらに人々に影響を与えるために、できれば「購入した人に質問」をしてみましょう。
次に示すのはアメリカ周辺での「ビジネスを変えた5つの質問」です。

・【質問ステップ1】「なぜ私たちから購入しましたか?」
・【質問ステップ2】「私たちがした仕事についてどのように感じますか?」
・【質問ステップ3】「何に満足していますか?」
・【質問ステップ4】**「もう一度購入し直すならば、何を変えますか? または、どのような行動をしますか?」**
・【質問ステップ5】「将来のよりよいサービスとして、どのようなことを望まれますか?」

これらの質問はテストされており、**「この順番で質問」**したほうがよい結果が得られます。

コピー力を高める「エクササイズ」

「練習」によってコピー力は向上する。簡単にできるエクササイズ

「練習」によってコピーライティングの技術は向上できます。「習うより慣れよ」です。ここではコピー力を高める、誰でも簡単にできるエクササイズをいくつか紹介します。

【継続的に行なう練習】

「詩（腕のよいライターのもの）」を選び、朝昼晩、30分間ずつ復唱します。完全に暗記するまで実行します。数週間暗記し続けて、自分の解釈に少し変更ができるまで行ないます。十分に暗記し、「詩の作者と同じ位置」に立てるようにします。

あるいは、誰かの書いた「コピーのスタイル」が好きならば、そのコピーを取り出してこの練習をやってみてください。繰り返すうちに、**「自分がその人のスタイルで実際に書き始められるようになっていること」**に気づくでしょう。

【雑誌のコピーの練習】

・【1】あなたの製品やサービスに関する「業界紙」を選びます

・【2】「12個の全面広告」を選び、以下のことを行ないます

・【3】ページの余白に次の4点をリストアップしてください。「1会社の名前」「2製品やサービスの名前」「3見出し」「4提供していること」

・【4】「特徴とベネフィット」が書かれた部分を2箇所選び、印をつけます

・【5】「その特徴とベネフィットの組み合わせ」を、少なくとも20箇所、リストアップしてください。「1つの特徴」に「2つ以上のベネフィット」がある場合もあるでしょう。とにかく20個の組み合わせを見つけます

【雑誌の見出し作りの練習①】

・【1】自分のビジネスの分野の雑誌を1冊選びます

・【2】1の雑誌にある「12個の全面広告」を練習に用います

・【3】その「12個の見出し」を書き出します

・【4】「ブレーンストーミング（否定をいっさいしない会議）」を行ない、少なくともそれぞれについて**「10個のよりよい見出し」**を自分で作ります

・【5】オリジナルも含めて見出しのリストを他の人にプレゼンテーションし、「どの広告が読みやすいか評価」してもらいます
・【6】あなたの見出しが雑誌のオリジナルの見出しより、**「よい評価」**が得られるまで続けます

【雑誌の見出し作りの練習②】

次の練習を「12個の全面広告」について行ないます。

・【1】それぞれの広告を研究します
・【2】その広告を見て、他のすべてのものの中で、**「それがもっとも買いたくなる理由」**を選びます
・【3】その広告を「書き出し」ます
・【4】この広告について「5つの見出し」を書きます
・【5】「練習①」の例で全員が10点満点で6点をつけるまで続けます

【ICレコーダーを使った練習】

・【1】うまくいっているセールスレターを選びます

・【2】それを自分で「ICレコーダーに録音」します
・【3】「複数」のセールスレターをICレコーダーに録音します（最低1時間）
・【4】それを30日間、毎日、聞き続けましょう

これらの**練習を「続ける」**こと、最良の広告やセールスレターの「スワイプファイル（実際に売れた商品の広告やコピーを集めたもの）」を手に入れることが、自分自身によい広告の書き方を教えてくれます。

ここまでの内容には、あなたが必要としているコピーを書くための「すべての情報」が含まれています。ここで与えられた知識で、広告がうまく機能するだけでなく**「99％の競争に勝つことができる」**ようになるでしょう。

さあ、今すぐ、始めましょう！

Key 5

自分を超える「５つの法則」

法則5

10倍強くなる文章術

The skill of copywriting

まとめ

●すべての人にとって「文章を書くこと」は最重要項目
●読み手に「私に関係がある」と思わせることが大切
●コピーには「創造性」と「信頼性」が必要である
●「ベネフィット」を明確にするとよい反応が得られる
●「ダイレクトレスポンス広告」では、問題を提起→問題の解決をする
●「ラポール」を築き、「顧客のニーズ」を理解し、「購入者への質問」をして、コピーをよりよくする

~Special Presents~

Peter Sage "ISM"

ピーターからの“格言”

【ピーター・セージ イズム】

Key 1

自分を超える「5つの法則」

法則1 成功の心理学

Unstoppable mindset

●多くの人々は、「前進して不安定感を享受し充実感を得ること」よりも、「安定感を得て不幸になること」のほうを優先させています

●歴史は常に「リスクを取る者の味方」をします

●私の人生の報酬は、「私が貢献した量」に等しい

●今この瞬間、あなたの「自信」を感じてみてください。
今、「100%の完全な確信」があるかのように呼吸をしてください。
そして、あなたが決断しなければいけないとき、

「100%の完璧な確信を持った状態」で行なってください

●人生の質は、「不安定感をどれくらい快適に受け入れたか」に比例します

●見渡すと自然界のものはすべて、2つの原則に基づいて営まれています。「成長」して「貢献」する、これだけです。私たち人間も同様です

●あなたが、「あなた自身が誰であるか」を超えて成長し、貢献するとき、本当の充実を理解できるでしょう

●失敗することが不名誉ではないということを実行するためには、あなたが「高いレベルでの確信」を持てる必要があります

●本当の失敗とはうまくいかなかったときに「意気消沈してしまうこと」です

●「100%の確信」があれば、成功しかありえない

ピーター・セージイズム
Peter sage "ISM"

Key 2

自分を超える「5つの法則」

法則2 お金のつくり方

Financial freedom

●あなたがお金を少ししか持っていないとき、それを気分が落ち込んでいることの言い訳にしているのであれば、「常にお金が少ないという状態」が続きます

●よりよい戦略とは、「よりよい質問をすること」です

●「人の感情を動かし、行動を起こしてもらう能力」は、どんなビジネスにおいてももっとも高い価値が支払われるスキルです

●意思決定をする際に、この3つの質問をすることが大切です

「1何がもっとも大切なのか？」「2私は何が本当にほしいのか？」「3何がもっとも貢献できるのか？」

●方法はまったく関係ありません。「情熱」さえ注げれば、方法は必ず現れるのです。どんな状況でも常に「道はある」のです

●お金とはあなたが社会に「どういう貢献をしたか」の証明なのです。そして、豊かなマインドとは、「先に貢献し、そのあとでお金をもらうというマインド」なのです

●ビジネスをスタートするのに「お金」は必要ありません。「よりよい質問」を自分自身に投げかける必要があります。それは、「どうしたらより多くの価値を加えることができるのか？」という質問です

Key 3

自分を超える「5つの法則」

法則3 リーダーシップを高める

Ultimate leadership

●心にとっての唯一の罪とは、「自分自身が自分自身を否定すること」なのです

●私たちは「意味づけを選ぶ」ことができます。できごとが意味を決めるのではありません。どんな状況においても「力をつける意味づけを探すこと」があなたを幸福にします

●組織の責任者としてやるべきことは、「人々が持っている最良のものを出させること」で、それは「人々が持っている最良のものを発見させること」で、よりなされるのです

●リーダーシップとは「正しいことを行なう勇気」のことです

●ゴールを設定するときに「達成の仕方がわかっている」とすれば、そのゴールは小さすぎます。成長の余地はありません

●その人の人間性を試したければ、「力」を与えよ

●目標設定する理由は目標達成するためではありません。「目標達成できる自分に成長するため」です

●「自分への無条件の愛」が最初にあり、その後で「他人への無条件の愛」がある

●すべての中心は「愛」でなければならない

●あなたが何をしても、しなくても、あなたには「愛される価値」がある

Peter Sage "ISM"

Key 3

●「愛」とは宇宙でもっともすばらしい力である

●人生は常に「上のレベル」が存在します。基準を上げてください。「基準を上げることはリーダーの責任」です

●自分の信念、価値観に従ってください。お金と価値観を引き替えてはいけません

●リーダーシップは、まず「自分自身を導くところ」から始まります

●私から見た、指導者のゴールとは、「生徒が指導者を越えていくこと」です。それ以外のすべてはエゴなのです

●私にとってのリーダーシップは、何人の従者がいるかではなく、「何人のリーダーを新たに生み出すか」なのです。しかし、それと同時に

優れたリーダーとなるために、リーダーは「最初に進まなければなりません」

●他人を導き、優秀なリーダーに育てるためにインスパイアしようとしたとき、それが現実性を持つためには、私たちは「自分の基準を上げなければいけない」のです

●信仰とは信念のようなもので、どちらかというと宗教的なニュアンスが強いです。「自分が目標としている結果が絶対に自分のものになる」という、宇宙への信頼です。それが神に対する信仰であってもよいと思います。「自分より偉大な存在」に対する信頼です

●もしあなたが低い基準で、「自分ができること」に対してのみ信念を持つのであれば、奇跡は決して起こりません。どうやったらできるか常に考えながら、「絶対に宇宙が私を助けてくれる」という信念、信仰のもとに努力すれば、それは必ず実ります

Key 4

自分を超える「5つの法則」
法則4 世界観をつくる
Live by your values

●自分が「すでに十分である」と感じることで何かが起こります。
より多くを得る必要はありません。
したがってもっと楽しむことができます

●あなたがしなければならないことは、「自分自身であること」です

●銀行口座には2種類あり、普通の「会計上の銀行口座」と、
自分自身をどう思っているかという「感情の銀行口座」があります。
「感情の銀行口座」がリードすれば「会計上の銀行口座」はそれに従います

●「あなた自身」があなたを幸福にします。他の誰でもなく、ものでもなく、休日でもなく、パートナーでもありません

●すべての人は美しく、完璧です。ただ「美しくない行動」があるだけです

●頭ではなく、「ハート」で感じてください。頭で考えたことは、あなたを制限します。「ハートはウソをつきません」

●成功者のコピー（真似）をしたいという人は成功者をコピーしたいのではなく、成功者が得ている結果をコピーしたいだけなのです。あなたは、「誰かになる」必要はありません

Key 5

自分を超える「5つの法則」

法則5 10倍強くなる文章術

The skill of copywriting

●コピーを考える際には「創造的」である必要があります

●よいコピーを書きたいのであれば、自分の広告を読み直し、書き手ではなく、「読み手」として自分自身に「だから何なの?」と問いかけてみましょう

●コピーでより多くを語れば、より多く売れます

●「1年で1億稼げる」より「1週間に192万円稼げる」と表現するほうが信頼度が上がります

●人の行動を起こすスキルは、もっとも高い報酬がもらえるスキルです

●90%の人は、最初に問い合わせをした会社からは買いません。
あなたの会社でクロージングしてください

●あなたがどのようなビジネスをしているとしても、
あなたはマーケティングビジネスをしています

●あなたが美容院をしているのであれば、美容院のビジネスではなく、
美容院のマーケティングビジネスをしているのです。
あなたが車の機械工ならば、
車の修理のマーケティングビジネスをしているのです

●コピーは、広告がうまくいくかどうかの「違いをつくるスキル」です

ピーター・セージがおすすめする「良書」

あなたの人生をすばらしく変えてくれる19冊の本

①『富を「引き寄せる」科学的法則』
ウォレス・ワトルズ（著）／山川亜希子・山川紘矢（訳）
角川インタラクティブ・メディア
◆この書籍は約100年前に書かれましたが、驚くべきことに今日の世界を反映しています。

②『思考は現実化する―アクション・マニュアル、索引つき』
ナポレオン・ヒル（著）／田中孝顕（訳）
きこ書房
◆今まで出合った、「お金持ち」に関するいかなる書籍よりも信頼できる「最高傑作」です。

③『バビロンの大富豪「繁栄と富と幸福」はいかにして築かれるのか』
ジョージ・S・クレイソン（著）／大島豊（訳）
グスコー出版
◆私はこの本を17歳のときに読みました。そして、お金に関するすべてを学びました。

④『ハイパワー・マーケティング』
ジェイ・エイブラハム（著）／金森重樹（訳）
インデックス・コミュニケーションズ
◆より少ないコスト、あるいはコストゼロで集客する戦略と考え方について書かれています。

⑤『はじめの一歩を踏み出そう―成功する人たちの起業術』
マイケル・E・ガーバー（著）／原田喜浩（訳）
世界文化社
◆あなたなしでビジネスが回るようにする方程式について、胸が躍る洞察を与えてくれます。

⑥『1分間顧客サービス―熱狂的ファンをつくる3つの秘訣』
K・ブランチャード（著）S・ボウルズ（著）／門田美鈴（訳）
ダイヤモンド社

◆これは私が立ち上げてきた会社にとっての聖書です。顧客サービスについて学べます。

⑦『富を手にする10の戦略』
ジャック・キャンフィールド（著）レス・ヘウィット（著）
マーク・ビクター・ハンセン（著）／福岡佐智子（訳）
たちばな出版

◆私が今まで読んだ「フォーカス」に関する書籍の中で、もっともすばらしいものです。

⑧『Fats That Heal, Fats That Kill: The Complete Guide to Fats, Oils, Cholesterol and Human Health』
Udo Erasmus（著）※未翻訳

◆健康業界における重要な誤解について説明されています。とても面白く、何より正確です。

⑨『病気を治す飲水法—万病を予防し治す水の力を総解説！』
F・バトマンゲリジ（著）／林　陽（訳）
中央アート出版社

◆あなたがもし一度この本を読むと、二度と水の重要性について過小評価しないでしょう。

⑩『Slow Burn: Burn Fat Faster By Exercising Slower』
Stu Mittleman（著）Katherine Callan（著）※未翻訳

◆楽しみながら、いつまでも走り続ける方法を知りたいなら、この本をおすすめします。

⑪『「原因」と「結果」の法則』
ジェームズ・アレン（著）／坂本　貢一（訳）

サンマーク出版

◆「私たちの思考」が「どのように人生に表れるのか」因果関係を示してくれています。

⑫『**さとりをひらくと人生はシンプルで楽になる**』

エックハルト・トール（著）／あさりみちこ（訳）／飯田史彦（監修）

徳間書店

◆スピリチュアルな世界へのすばらしい、非常に楽しく重要な価値を提供してくれています。

⑬『**神との対話 ―宇宙をみつける自分をみつける**』

⑭『**神との対話（２） ―宇宙を生きる自分を生きる**』

⑮『**神との対話（３） ―宇宙になる自分になる**』

ニール・ドナルドウォルシュ（著）／吉田利子（訳）

サンマーク出版

◆私が信じることに対する、スピリチュアルな理解と宗教的メッセージを統合してくれます。

⑯『富と成功をもたらす7つの法則―願望が自然に叶う実践ガイド』
ディーパック・チョプラ（著）／渡邊愛子（訳）
大和出版
◆宇宙の法則を見つける方法を理解する偉大なガイドです。７つの法則にまとめています。

⑰『「いいこと」が次々起こる心の魔法―この〝奇跡の力〟が自分のものになる！』
ウエイン・W・ダイアー（著）／渡部 昇一（訳）
三笠書房
◆私が聞いた中で、もっとも実践的なマニフェスティングを調整するためのガイドです。

⑱『「気分」の力で人生うまくいく！』
リン・グラブホーン（著）／山下理恵子（訳）
講談社
◆非常に楽しく読むことができ、あなたが人生を楽しくすごすためのすばらしい本です！

⑲『クリエイティング・マネー ―光の存在オリンとダベンが語る豊かさへの道』
サネヤ・ロウマン（著）デュエン・パッカー（著）／高木悠鼓（訳）
マホロバアート

◆富を生む方法をスピリチュアルの観点から理解し、マニフェスティングと結びつけます。

あとがき

最後まで読んでいただきありがとうございます。

いかがでしたか？
たくさんの「インスピレーション」を感じていただけたのなら嬉しく思います。

多くのことを書きましたが、まず、**「不安定感とうまくつきあえる」**ようになってください。安定を求めすぎず、飛行機からはジャンプしてください。

世の中に絶対的な安定はありません。

不安定感にうまく対処していくことができればできるほど、あなたの「人生の質」は上がっていきます。**「歴史はリスクを取る者の味方をする」**のでしたね。

リスクを取れる「挑戦する」リーダーになってください。

お金がなくても大丈夫。「戦略」を考えるのです。

あなたのほしいものが手に入るでしょう。

世界観を変え、人生との関わり方を進化させてください。

世の中で起こるできごとは変えられませんが、「それをどう解釈するかは、あなたが自由に選べる」のです。

さて、私が、セミナーで質疑応答の時間を取ると、決まって同じ、このような質問があります。

「ピーター、あなたのようなモチベーションがほしいのですが、どうすればいいですか」

「ピーターのようになりたいのですが、何をすればいいのですか」

私にこういう質問をしてくださることについては、本当に光栄です。そして、私のコピー（真似）をしたいという考えもよくわかります。

ただ、私の目的は、あなたにインスピレーションを与えることなのです。あなたにモチベーションを与えることは、私の目的ではありません。

コピーしたいと言いますが、私はあなたに、私にはなってほしくはないのです。

イギリスの劇作家のオスカー・ワイルドの言葉で

「自分自身であれ。他の人はもうみんな埋まっているから」

という言葉がありますが、まさにこの通りです。

あなたは私になる必要はありません。他の誰かになる必要もありません。

自分自身でいてください。

成功者のコピーをしたいという人は成功者をコピーしたいのではなく、成功者が得ている結果をコピーしたいだけなのです。

ポイントは、私のことを理解するよりも、**自分のことを理解したほうがよい**ということです。

他の成功者をコピーする必要はないのです。ぜひ、自分の価値観や信念と向かい合ってください。

強い愛を持つ友人のあなたへ。旅が終わる時間が来ました。

私は、あなたが投資してくれたこの時間を尊重します。

まずは、あなたに感謝を捧げたいと思います。**あなたはとても特別な方です**。

あなたには、心の中にある、すばらしい最高のビジョンを成し遂げていく力があります。

あなた自身の人生にも、あなたの家族の人生にも、友達の人生にも、あなたの属しているコミュニティにも、日本という国にも、大きな影響力を与えていくことのできる力が、あなたの中にすでに今あります。

そして、最終的には全世界に大きな影響を与えていく力があります。

本書で学んだことを、ぜひ、「実践」してください。**「学んだことを実践しないのであれば、学ばなかったことと同じ」**です。

最後に、あなたに本当に感謝しています。あなたは本当にすばらしい方です。

あなたのことが、大好きです。愛しています。

あなたとお目にかかれるのがそう遠くないことを願っています。

私のハートはあなたへの贈り物です。

私のハートを受けとめてくださってありがとうございました。
あなたの人生が、豊かさと成長に満ちたものになることを心から祈っています。
いつかお目にかかれる日まで、**「すばらしいあなた」**でい続けてください。

ピーター・セージ

訳者あとがき

ピーター・セージを日本に呼んで、はじめて講演会を開催したのは今から3年前のことでした。

それから、多くの方に口コミでピーターのことを紹介していただいたおかげで、ここまで来ることができました。

今回の本は、**ピーターのはじめての出版**ということで、できるだけ多くの方に読んでいただきたいという思いから、心理学について多くをお伝えしています。**起業家・事業家として、今まさに最先端で活動している側面**についてはまたいずれお伝えできることでしょう。

さて、ピーター・セージ・ジャパンには、お客様から、感動のメールや手紙がよく届きます。

「会社を辞めて独立し念願の海外留学を果たし、安定的な収入まで得ることができました」

「出版し、講演家として招かれるようになりました」
「ネットから不労所得の流れを3つつくれました」
「海外でスローライフを送れるようになりました」

このように、みなさんが結果を出しているのはすばらしいことだと思っています。
同時に、これがピーターの強みでもあります。

ノウハウや考え方に再現性があることは当然として、そのほとんどを、**「ピーター本人」の実例を通して伝える**ので、普通の本やセミナーではあり得ないほど、結果を出すために必要な資質が腑に落ちるのだと思います。

また、ピーターはもう、お金を稼ぐ必要がないほど稼いでいますので、いつでもビジネスをリタイアすることができます。
しかし、これからの世界の人口増加に備え、原子力発電に換わるような、クリーンで安全な太陽光エネルギーを届けたいという思いから、人生をかけてエネルギービジネスに取り組んでいます。

そのビジネスの合間を縫って、講演活動や出版に力を注いでくれているのは、**多くの方に、「本当に自分らしい人生」を送るお手伝いをしたい**という思いからに他なりません。

ピーターは、このように言います。

「あなたは、成功するために生まれてきたのでなければ、幸せになるために生まれてきたのでもありません。**あなたは、あなたらしく生きるために生まれてきた**のです」

ぜひ、あなたが、あなたらしく自己実現をしていただければこんなに嬉しいことはありません。

また、本書『自分を超える法』は、全国のTSUTAYA（一部店舗除く）で、2011年9月2日（金）からDVDがレンタル開始予定です。詳しくは、「TSUTAYAビジネスカレッジのサイト（http://tsutaya-college.jp/）」でご確認ください。

ここで、これまで温かいご支援をいただいたみなさまにお礼を申し上げたいと思います。宇敷珠美さん、エドウィン・コパードさん、賀集美和さん、クリス岡崎さん、小森康充さん、斎東亮完さん、ジェームス・スキナーさん、寺田和未さん、はまち。さん、早川周作さん、堀江信宏さん、松田一完さん、堀内恭隆さん、堀内瑠美さん、松本千春さん、安藤嘉一さん、黒崎英臣さん、佐久間将成さん、真田武司さん、多田悦子さん、後藤勇一郎さん、高木英行さん、横田透さん、吉田浩さん、セミナーの運営を担ってくださった方々、ピーターの来日セミナーの参加者の方々など、本当にたくさんのみなさまのおかげで出版することができました。友人、家族にも支えられました。心から感謝しております。

本書の作成にご助力いただきました、クロロスの小川真理子さん、藤吉 豊さん、斎藤充さん、アペックスデザインの佐藤慶典さん、重原 隆さん、そして、本書の編集を担当していただきました(株)ダイヤモンド社の編集者である飯沼一洋さんにも多大なる感謝を申し上げたいと思います。ピーターのはじめての出版が、飯沼さんと、すばらしいチームのおかげでこのように完成しましたことを本当に嬉しく思います。

最後に、忙しい中、日本にすばらしいメッセージを伝えてくれているピーターに、心からの尊敬と感謝を送ります。

株式会社PSJ(ピーター・セージ・ジャパン)
代表取締役　駒場美紀/取締役　相馬一進

[著者プロフィール]

ピーター・セージ Peter Sage

(日本語ホームページ　http://www.teampsj.com)

イギリス若手No.1起業家。
お金を使わずに、ビジネスを作り出すプロフェッショナル。

世界No.1マーケッター　ジェイ・エイブラハムのビジネスパートナーであり、史上最年少で世界No.1コーチ　アンソニー・ロビンズのトレーナーに認定。

資金なしから20社以上の企業を成功に導き、そのビジネス手腕は世界的に高く評価されている。

ヨーロッパのハーバード大学と言われるINSEADでも教鞭を取り、経営のかたわら、講演家やコンサルタントとしても活躍中。

過去に二度、ビジネスパートナーを選び間違えて無一文になったものの、２回とも再起してすぐに億万長者に戻った。

また、３カ月間で、資金ゼロから５億円の不動産を買うなど、極めて短期間で大きな結果を出してきたことで知られる。

■ ピーター・セージのビジネスについて

ピーター・セージは、20社以上の企業を成功に導いた世界有数の起業家。さまざまな業種でビジネスを始め、発展させたことで知られる。

「WWHコーポ」という1998年に彼が設立したアンチエイジング会社は、立ち上げから数年で年間売上数億円を超え、3万人の顧客を抱えるまでに成長。2004年に売却した。

「エナジー・フィットネス・グループ」という、2002年に彼が共同設立した事業は、イギリスでもっとも速く成長しているヘルス＆フィットネスセンターチェーンの１つとなり、多数の権威ある産業賞を受賞。

現在は「スペース・エナジー」という事業に関わっており、宇宙空間で太陽光エネルギーを発電し、地球に供給するプロジェクトを商業化することを目指している。これは１兆円プロジェクトであり、環境保護と博愛的な恩恵を世界にもたらす壮大な試みである。

■ さまざまな組織からの認定

ピーターは、起業家組合「アントレプレナーズ・オーガニゼーション」の活動的なメンバーであると同時に、彼が築いた６つの会社が現在までに当組織に認定されている。

彼は数々の世界的な出版物で特集を組まれている。

また、彼も終身会員である世界最大の社会起業家協会“XL”に2008年と2009年に「エクストラオーディナリー・ライフ・アワード」(驚くべき人生賞) でノミネートされた。

2004年に、彼はヨーロッパにおける最大の自己啓発組織である、ロンドンYESグループの議長も務め、最高位の表彰である「名誉終身会員」に認定された。

これは当組織への重要な貢献をした人への賞であり、これまでわずか３人しかいない受賞者の１人である。

ピーターは、世界で著名なライフ・パイロット協会により、ナビゲーターの資格認定を受けた。最近では、起業家精神の分野で、世界のトップビジネススクールの１つである、INSEAD(欧州経営大学院) の顧問委員会 (パリ) に招聘されたり、学生企業家協会の世界大使としてCEOに任命されたりと、活動の幅を広げている。

■ 講演家としての実績

ピーターは、引く手あまたの国際的基調演説家、モチベーションのスペシャリスト、人間行動学の専門家として評判をよんでいる。

世界中で個人と法人の聴衆のどちらも楽しませ、インスピレーションを与えている。彼のクライアントのリストには、ドイツ銀行、カナダ・ロイヤル銀行、フィットネス・ファースト（有名なスポーツジムの会社）、その他多数の会社が含まれている。

彼はまた、2005年と2006年にCAPS（カナダプロスピーカー組合）のプロメンバーの資格を与えられ、2009／2010年版の世界的なビジネス専門家たちのケンブリッジ名士録のリストに掲載。

■ 心理学の専門家としての側面

約20年間、彼は歴史上のすばらしい成功者たちから絶えず学び、自己啓発とそれ以外からの研究から得た学びを法人組織へもたらしてきた。彼はアンソニー・ロビンズ（ロビンズ・リサーチ・インターナショナル）の数少ないエリートとして、トレーナーに認定された。

ヒューマン・ニーズ・サイコロジー（ロビンズ・マダネス協会）の専門家としても訓練を受けた。

NLPのマスタープラクティショナーとして認定されており、言語学の専門家でもある。

■ ピーター・セージのチャリティについて

ピーターは年に約１カ月間、自発的にボランティアとして世界中を旅しており、最高に成功した人々からホームレス、薬物中毒、乱用や自殺者のケースまで、あらゆる背景の人々に戦略的な介入をして、彼らの近くで一緒に働いている。

ピーターはチャリティとして世界中からのべ数千万円もの金額を集めた。

この中には、個人の寄付、活動的な基金調達者、また過激な耐久イベント、アンソニー・ロビンズ基金、セントポール病院基金、アライアンスネットワーク共同体、貧しい子どもが貧困から抜け出すための教育機関、サイの救済機関、身体障害者の生活の質・自己肯定感等の向上のための機関、その他多数の活動が含まれている。

彼は、クリスマスの時期に何千ものホームレスや恵まれない家族に、バスケットに詰まった食品を配る役割を務めたこともある。

■ アスリートとしての側面

ピーターは肉体の面でも、熟達したアスリートとして、かなりの時間を身体のコンディションに投資しており、栄養学の専門家でもある。

以前は競技レベルのボディービルダーであり、世界でもっとも過酷な競技として知られるサハラ砂漠マラソン（第18回）やロンドンマラソンなど、いくつかのマラソンも完走している。

また、インドアボートでは熟達したブリティッシュ・チャンピオンシップレベルであり、オープン・ウォーター・ダイバーの資格者、経験に富んだスカイダイバー、そして悪名高いデンジャラス・スポーツ・クラブの長年のメンバーとしても知られている。

[訳者プロフィール]

駒場美紀（こまば・みき）

株式会社PSJ（ピーター・セージ・ジャパン）代表取締役

國學院大學文学部卒業後、大手通信会社に入社。新規事業の立ち上げをバイヤーとして大成功させた後、初の女性営業職として3年間で20数億円を売り上げる。その後、受注センターの運営、リスクマネジメント部門の責任者として事業継続計画の策定と実行などを行なう中、スタッフのストレスマネジメントの問題に直面する。

2008年、ピーター・セージ・ジャパンの創立に関わり、彼との出会いからインスピレーションを得て、長年の希望であった臨床心理学大学院への入学をわずか2カ月で実現。臨床の現場で、200名を超えるクライアントへのカウンセリングを実施。2009年9月、自身の人生を大きく変えたピーター・セージをもっと広く日本に伝えることで、自分らしさを大切にしながら輝く人を増やしたいと、株式会社PSJ（ピーター・セージ・ジャパン）を設立。同社代表取締役に就任。

アライアント国際大学カリフォルニア臨床心理大学院 修士課程在学中。

相馬一進（そうま・かずゆき）

株式会社PSJ（ピーター・セージ・ジャパン）取締役
マーケティングコンサルタント

大学在籍時に独学でマーケティングを学ぶ。1000冊以上の文献を読破。全国700店舗を展開するレストランチェーンで3位の売上を達成、教育会社で23名の営業スタッフ中、学生でありながらNo.1のセールスを記録するなど、学んだものを即実践し、成果をあげる。

大学卒業後は、松坂屋に入社。手掛けたイベントがオープン前から長蛇の列になることから話題となり、マスコミから取材が殺到する。その功績が評価され最年少で社内表彰を受ける。独立後は、マーケティングコンサルタントとして活躍。年商200万円のプロジェクトを2000万円に引き上げ、広告費ゼロで500名を集客など、数々の実績を打ち立てている。

ピーター・セージとの出会いは2007年、オーストラリアにて。「リーダーはリーダーを作る」というピーターの信念に共感し、ピーター・セージ・ジャパンの創立に関わる。2009年、株式会社PSJ（ピーター・セージ・ジャパン）取締役に就任。

[お問い合わせ先]
株式会社PSJ（ピーター・セージ・ジャパン）
Eメール：info@teampsj.com
http://www.teampsj.com

自分を超える法

2011年7月22日　第1刷発行
2011年8月26日　第4刷発行

著　者―――――ピーター・セージ
訳　者―――――駒場美紀＋相馬一進
発行所―――――ダイヤモンド社
〒150-8409　東京都渋谷区神宮前6-12-17
http://www.diamond.co.jp/
電話／03･5778･7236（編集）　03･5778･7240（販売）

装丁―――――――重原 隆
編集協力――――小川真理子（クロロス）、藤吉 豊（クロロス）
本文デザイン・DTP―斉藤 充（クロロス）、佐藤慶典（アペックスデザイン）
製作進行――――ダイヤモンド・グラフィック社
印刷―――――――勇進印刷（本文）・共栄メディア（カバー）
製本―――――――本間製本
編集担当――――飯沼一洋

ISBN 978-4-478-01653-4